새로운 HR을 꿈꾸는
인사
담당자 를 위한
실무 안내서

김재순 지음

새로운 HR을 꿈꾸는
인사 담당자를 위한
실무 안내서

20년 차 컨설턴트가 들려주는 HR, 진단, 조직문화 이야기

★★★
J& COMPANY
대표이사가
직접 들려주는
이야기

★★★
인사에 관한
고민의 실마리가
되어줄 책

★★★
함께 생각해보는
기회를
제공하는 책

바른북스

서문

안녕하십니까? J& COMPANY의 대표이사 김재순입니다.

이 책은 저와 저희 회사가 2021년부터 2023년까지 고객사에 격주로 보내드렸던 뉴스레터 중 좋은 글을 모아서 편집한 결과물입니다. 따라서, 이 글에 나오는 '나'는 김재순을, '우리 회사'는 J& COMPANY(제이앤컴퍼니)를 의미함을 미리 밝힙니다. 이 책에서 주로 다루는 내용도 저희 회사의 사업 영역인 인사제도 컨설팅과 각종 진단(리더십 다면진단, 조직(문화)진단)에 해당합니다.

저는 이 책에 담긴 30여 편의 글을 쓰면서 무척 즐거웠습니다. 돈벌이와 관련 없는 순수한 글쓰기로 즐거움을 만끽한 기분입니다. 처음에는 가벼운 마음으로 시작했다가, 많은 분이 좋아해주셔서 점점 더 강한 책임감을 갖고 임했습니다. 때로는 본업 이상으로 많은 시간과 노력을 들이기도 했습니다. 제가 배우고 경험한 것을 다른 사람과 나누는 일이 참 기분 좋았습니다. 그런 결과물이 쌓여 이렇게 책으로 출간되는 것에 감회가 새롭습니다.

저는 좋은 인사담당자가 되려면 지식, 테크닉, 정보 못지않게 철학과 상식이 중요하다고 생각합니다. 그래서 이 책에 담긴 글은 일방적으로 가르치거나 훈계하는 듯한 태도를 경계하고, 저의 경험에서 비롯된 HR에 관한 철학과 상식을 많은 분과 나누어, 함께 생각해보는 기회를 제공하기를 바랍니다. 더 나아가, 독자 여러분이 인사에 관해 고민이 있을 때 여기 실린 글이 작으나마 해결의 실마리가 된다면 금상첨화일 것 같습니다.

이 공간을 빌어, 이 책을 내는 데 많은 도움과 영감을 준 우리 회사 구성원과 고객 모두에게 감사드립니다.

감사합니다.

2023년 10월
김재순 올림

목차

서문

인사관리 편

12	제대로 면접을 보는 법(좋은 면접관 키우기 1)
22	면접 시 적절한 질문 & 진행하기(좋은 면접관 키우기 2)
32	직무평가, 그리고 직무급의 도입
42	직급을 없애고 반말을 쓰면 수평적인 문화가 되는가?
50	답이 없는 인사평가, OKR이 유일한 답인가?
61	평가센터(Assessment Center)를 잘 설계하고 운영하려면
71	KPI는 어떻게 도출해야 하나?
82	역량(Competency)의 유래와 진실
90	보상제도를 잘 설계하기 위한 고려 요소
99	주식 보상의 종류와 장단점
108	핵심인재는 누구이고, 어떻게 육성되는가?
117	적정인력 산정은 과연 가능한 것인가?
127	우리 회사에 맞는 HRIS 고르는 법
133	문제직원과 잘 이별하는 법
143	스타트업 HR은 무엇을 잘해야 하는가?
154	애자일 조직은 무엇이고, HR은 무엇을 해야 하는가?
163	CIC는 무엇이고, HR은 어떤 준비를 해야 하는가?

진단
편

174	진단도구 개발 및 적용에 관한 생각
182	설문지 잘 만드는 Tip
191	다면평가(진단)를 위한 변(辨)
198	다면진단 운영 시 주요 쟁점 여덟 가지
208	다면진단 결과의 활용 유형과 특징
219	조직을 망치는 리더의 심리적 위험 요소
229	다면진단 결과를 통해 본 최악의 리더 유형
240	신규 입사자는 왜 1년 이내에 회사를 떠나는가?

조직문화
편

252	일의 의미(Meaning of Work)
261	귀사의 조직문화는 안녕하십니까?
273	미션, 비전, 핵심가치
282	직원들이 느끼는 답답함의 원인은 무엇일까?

기타 편

- **292** 인사담당자가 자주 틀리는 맞춤법 바로잡기
- **303** PowerPoint 보고서 예쁘게 쓰는 Tip
- **312** 벤치마킹의 허와 실
- **322** 좋은 컨설팅 팀을 고르는 법

새로운 HR을 꿈꾸는
인사담당자를 위한
실무 안내서

인사관리편

Dreaming of a new HR

제대로 면접을 보는 법
좋은 면접관 키우기 1

면접 관련 이슈

몇 년 전, 인사담당자 사이에서 이슈가 됐던 사건이 있었다. 모 회사의 면접에서 면접관이 여성 지원자에게 성차별적인 질문을 해서 뒤늦게 문제가 됐다. 면접 현장에서 그 질문의 톤이 어떠했는지는 모르겠으나, 기사로 접한 정보로 추정해보건대 첫 번째 질문(Opening Question)은 보상제도상 대졸 초임에서 남녀 간 차이를 두는 것이 적법한지를 물었던 것 같다. 문제는 그 후속 질문(Probing Question)이었다. 그 후속 질문의 의도가 정말 성차별이었는지, 아니면 압박 면접을 의도했는지는 모르겠으나, 오해 내지는 비난받을 만한 여지가 있는 질문이었다.
이러한 면접관의 부적절한 질문과 관련한 사건은 이번만이 아니다.

위 사건으로부터 또 수년 전 모 화장품 회사에서도 지원자의 정치적 성향을 확인하는 면접 질문을 해서 기사화된 적이 있었다. 모 공공기관에서는 외국어 능력을 평가한다면서, 여성 지원자에게 영어로 "나는 면접관님을 사랑합니다"라고 말하라고 여러 차례 강요한 사건도 있다. 심지어 그 직무가 영어 능력이 있어야 하지도 않았는데 말이다.

이렇게 사회적 이슈가 되지 않았더라도 지금도 면접 관련 문제가 매일 발생하고 있고, 이는 잡플래닛에만 가도 쉽게 찾아볼 수 있다. 나는 직업상 종종 이것들을 조사하는 경우가 있는데, '이게 정말 21세기 대한민국에서 일어나는 일인가?'라는 의문이 들 정도로 황당하고 안타까운 이야기를 자주 접한다.

부적절한 면접관의 행동 패턴

나는 가끔 고객사로부터 전문면접관으로 배석해달라는 요청을 받는다. 신규 입사자를 선발하기 위한 면접에 배석해서 전체적인 진행을 도우면서 면접관을 모니터링하는 역할을 한다. 특히, 요즘 공공기관/공기업은 주요 면접 시 전문면접관 1인 이상이 배석해야 한다는 가이드라인이 생겨서 더 자주 요청을 받는다. 그래서 아래의 사례들은 실제로 내가 직접 목격 또는 경험한 사례이다. 빈번하게 일어나는 일이기 때문에, 절대 독특하거나 특이한 사례가 아님을 미리 밝힌다. 그렇게 보면, 귀사에서도 이러한 문제사례가 발생하고 있다고 가정해도 무방하다.

인사관리 편 **13**

사전 준비 미흡: "제발 이력서는 한번 읽고 오세요"

이 문제는 항상 있다고 말해도 과언이 아니다. 오히려 면접관이 사전 준비를 잘하고 면접에 임하는 경우가 드물다. 사전 준비가 미흡한 대표 사례는 면접관이 지원자의 이력서 및 자기소개서를 단 한 줄도 읽지 않고 면접에 들어오는 것이다. 이런 분들은 공통점이 있다. 면접이 시작됐는데도 지원자와 인사도 하지 않고 눈도 마주치지 않는다. 자기 책상 위에 놓인 이력서를 읽기 바쁘다. 면접을 시작하자마자 이력서 읽으랴, 질문거리 생각하랴, 지원자 인상 파악하랴 정신이 없다. 이런 분들은 면접 중에도 엉뚱한 질문을 한다. 이미 이력서/자기소개서에 다 기재된 내용을 다시 묻는 경우도 허다하다. 지원자 입장에서는 '아! 저 면접관은 내가 쓴 지원 서류를 훑어보지도 않았구나!'라는 인상을 받을 수밖에 없다. 그러면 이렇게 생각할 것이다. '내가 꼭 이 회사에 입사해야 하나? 나를 좀 더 소중하게 생각해주는 회사가 있다면 그곳으로 가야겠다'라고….

또 하나 빈번한 사례는, 면접관이 여러 명일 때 발생한다. 그것은 면접관끼리 역할을 나누는 등의 사전 협의가 없는 경우이다. 이러면 지원자에게 중구난방의 질문을 던지게 된다. 질문의 흐름도 맥락도 없다. 지원자에게 중요한 포인트가 발견되어 그것을 파고들어야 마땅한데, 갑자기 그 맥락을 끊고 다른 이야기로 흘러간다. 그것보다 더 부끄러운 점은, 면접 전체가 프로페셔널하지 못하게 흘러간다는 것이다. 최소한의 면접 진행을 맡은 사회자도 없고, 어떤 사람이 어떤 포인트에 대해 집중적인 질문을 던질 것인가에 대한 역할 배분도 없고, 시간 관리 하는 사람도 없다.

| 복장, 태도, 기본예절 부족: "복장은 프로페셔널하게, 태도는 고객을 대하듯이"

요즘은 회사의 드레스 코드가 정장인 경우가 많지 않다. 일부 금융회사나 전문직을 제외하면 대부분 비즈니스 캐주얼이다. 그런데 이 비즈니스 캐주얼이란 것이 참 애매하다. 어디까지 비즈니스인지, 어디서부터 캐주얼인지 헷갈린다. 그래서인지 면접관이 너무 과하게 편한 복장으로 면접에 나타나는 경우를 종종 접한다. 옷을 어떻게 입는지는 각자 개성이고 그 회사의 문화를 드러내는 행위이기 때문에 지적하기 어렵다고 해도, 종종 슬리퍼를 신고 오는 면접관을 보면 놀라는 것은 어쩔 수 없다. 지원자가 면접 때 갖는 진지함과 절박함을 생각하면 면접관도 어느 정도 복장에서 예의를 갖추는 것이 옳다. 그래서 나는 면접관들에게 되도록 평소 복장보다 조금 더 격식을 차려서 입고 오라고 안내하고는 한다.

복장보다 더 큰 문제는 태도이다. 요즘은 많이 없어지긴 했지만, 여전히 면접관이 무슨 큰 벼슬이라도 된 마냥 갑질하는 경우가 있다. 거의 눕다시피 한 자세로 의자에 앉아 지원자에게 처음부터 끝까지 반말하는 예도 봤다. 지원자의 출신 학교, 지역, 거주지를 비하하는 듯한 표정이나 제스처를 보이는 일도 있다. 보통 자의식 과잉 상태, 즉 본인의 사회적 지위에 크게 도취되어 있는 분이 이런 행동을 많이 한다. "우리 딸도 비슷한 또래라 자식 같아서 그랬다", "누구나 그렇게 생각하는데 입 밖으로 내지 않을 뿐 아니냐"라고 변명하는 것을 몇 번 들었는데, 요즘 이러면 큰일 난다. 신문에 날 수도 있고, 직장을 잃을 수도 있다.

| 목적을 알 수 없는, 수다에 가까운 면접: "면접은 소개팅이 아니잖아요"

이 사례도 아주 빈번하게 발생한다. 면접을 어떻게 봐야 하는지 전혀

교육받지 않은 분들은 이럴 수밖에 없다는 생각도 든다. 나도 한때 면접은 좋은 분위기 속에서 회사와 지원자가 서로에 대해 조금씩 알아가는 과정이라고 생각한 적이 있으니까 말이다. 면접관 중에 과거의 나와 비슷한 생각을 하는 분들이 많다. 훈훈한 분위기 속에서 서로의 취미, 좋아하는 음식, 최근에 본 영화 같은 것으로 1시간 정도 신나게 이야기하고 헤어지면, '내가 이 사람의 무엇을 보고 뽑아야 하는지를 판단하지?'라는 의문이 들 것이다. 그러면 지난 1시간의 면접이 의미 없었다는 것을 깨닫는다. 면접은 소개팅이 아니다. 잘 준비해야 하고, 잘 구조화되어 있어야 한다. 때로는 좋은 사람 콤플렉스를 버리고, 다소 드라이하고 단호하게 진행해야 할 수도 있다. 면접관은 그럴 수 있는 마음가짐과 스킬을 갖춰야 한다.

> **자기 편견에 따라 평가 및 결정: "나랑 잘 맞는 사람이 아니라 회사가 원하는 구성원을 뽑는 것이다"**

면접은 준수하게 잘 진행했는데 마무리가 좋지 않은 상황에 해당한다. 이 역시 꽤 자주 목격한다. 면접을 준비하고 진행하는 수고만큼 많은 공을 들여야 하는 것이 평가이고, 채용 여부 및 다음 라운드 진행 여부를 결정하는 것이다. 그런데, 대부분은 면접을 진행하느라 진이 다 빠져서인지 평가는 대충 해버리고 만다. 특히, 임원과 팀장급이 섞여서 면접관 팀이 구성되면 더 이런 경향이 강해진다. 아무래도 직급으로 인해 생기는 권한/권력의 차이 때문에 임원이 먼저 "난 저 친구 마음에 든다. 웬만하면 뽑지그래. 다들 어떻게 생각해?"라고 말하면 그걸로 토의는 종결된다. 더 최악인 것은 면접관이 의사결정을 할 때, 본인의 검증되지 않은 편견을 한껏 발휘할 때이다. 나는 "그 친구는 나와 똑같이 교회 성가대 활동을 열심히 하니까 직장에서도 나처럼 성실할 것이다", "이 지원자는 조기축구가 취미이니까 단체 생활도 잘할 것이다" 같은 이유로 지원자가 합격하고 떨어지는 것을 종종 본다. 내가 그 회사의 CEO라면 우리 회사 면접에서 이런 식으로 합격과 불합격이 나뉜다는 것을 알면 불같이 화가 날 것이다.

면접관을 어떻게 교육하고 모니터링할 것인가?

면접관 교육은 꼭 필요하다. 최소 과장급 이상이 되면 기본 교육은 받는 것이 좋다. 적어도 면접관으로서 해야 하는 행동(Do)과 해서는 안 되는 행동(Don't) 정도는 이해하고 있어야 한다. 그 후에는 회사 내에서 소수의 전문면접관을 키우는 것이 효율적이다. 그래서 이 사내 전문면접관이 다른 면접관을 교육하거나 모니터링하는 역할을 하게 하는 것이 좋다. 제대로 된 면접을 진행할 수 있으려면 교육 이외에 실습과 실전 경험이 중요하다. 강의로 들어서 머리로 이해하는 것은 어렵지 않지만, 실제 면접 장면에서 배운 것을 적용하려면 적어도 수십 번의 경험이 필요하다. 이 정도 경험이 쌓여야 전체적인 면접의 흐름을 파악하고, 중간에 적절히 개입할 수 있으며, 사람 보는 눈도 조금 생긴다.

참고로, 구글(Google)은 면접관이 되기 위한 과정이 따로 있다. 이는 일회성 교육이나 지필고사가 아니라, 꽤 오랜 기간 숙련을 거쳐야 하는 프로그램이다. 우선, 면접 시 유의 사항을 숙지하는 교육을 받는다(미국은 차별적 질문을 하면 EEOC을 통해 소송이 진행될 위험성이 크기 때문에…). 또, 실제 진행되는 면접을 참관하는 일종의 Shadowing을 한다.

자체 면접 시스템인 Q-Droid(보조면접관 역할을 하는 AI)에 있는 구조화된 질문들도 익힌다. 선배 면접관이 작성한, 지원자당 40~50장에 이르는 채용 보고서를 열람하면서 과거 사례도 학습한다. 이렇듯 Google뿐만 아니라, 한때 내가 몸담았던 글로벌 컨설팅 회사도 자체적인 면접관 인증 제도가 있었다. 이 인증을 받아야만 신입 컨설턴트를 선발하는 면접에 들어갈 수 있는 자격을 준다. 게다가 이 면접관 인증을 받으려면 ('우수한 사람만이 우수한 사람을 알아본다'라는 가정하에) 업무 성과와 리더십 평가가 일정 수준 이상이어야 했기 때문에, 본인이 사내 전문면접관임을 자랑스러워했다. 명함에 이를 새기는 분도 많았다.

더불어, 면접 자체에 대한 모니터링 체계를 갖출 필요도 있다. 우리 회사 면접에서 문제사례가 없었는지를 미리 모니터링해야 한다. 만약 있다면 그 사건이 더 커지기 전에 조치해야 한다. 특히, 대규모 상시 채용이 지속되는 업종이라면 더욱더 그렇다. 아무래도 사건·사고가 발생할 확률이 높으니까 말이다. 모니터링을 위해 가장 효율적인 방법은 잡플래닛 등의 기업평판 조회 서비스와 네이버 카페 중 취업 관련 카페의 정보를 조회하는 것이다. 단언컨대, 이 글을 읽는 여러분도 지금 이런 곳에 접속해서 각 사의 면접 관련 후기를 확인해보면 꽤 충격을 받을 것이다. 생각보다 훨씬 더 자세하고 생생하게 후기가 올라온다. 면접을 마친 지원자가, 문제가 될 만한 면접관의 (이름을 알기는 어려우니까) 외모나 복장에 대해 묘사해서 기록해두기도 한다. 또는, 몇 월 며칠, 몇 층에 있는, 몇 번 회의실에서 있었던 면접에 관한 이야기라고 구체적으로 기록하기도 한다.

여기서 한 번 더 Google의 사례를 들겠다. Google은 두 가지 모니터링 체계를 쓴다. 하나는 VoxPop이라는 자체 설문 시스템을 이용해 면접을 마친 지원자들에게 면접 자체에 대한 만족도를 묻고 피드백 의견을 청취하게 되어 있다. 모든 지원자에게 전수 조사를 하지는 않고, 일정한 기준에 의해 랜덤 샘플링한다. 그와 동시에 함께 면접을 본 면접관끼리 동료평가(Peer Review)도 한다. 즉, 면접관끼리 그날 면접 그 자체에 대해 종합 평가할 뿐만 아니라, 동료 면접관의 질문/태도/준비도에 대해 피드백하고 기록을 남긴다. 두 번째는 지원자가 채용된 후에 그 신규 입사자의 성과 및 평가 결과를 계속 트래킹하며, 계속해서 저성과자를 채용한 면접관은 자격을 박탈한다. 한마디로, 사람 보는 눈이 없는 면접관은 면접관으로서 자격이 없다는 것이다. 이 정도 페널티는 있어야 면접관이 지원자에 관한 판단을 내릴 때 신중해지지 않을까?

AI 면접에 관해서

짐깐 다른 이야기기 되는 것 같지만, AI 면접에 대해 몇 자 적겠다. 팬데믹이 바꿔놓은 풍경 중에는 채용 면접도 있다. 나는 다국적 기업의 채용 업무를 돕는 일을 오랫동안 한 적이 있는데, 그 고객사는 면대면 인터뷰 전에 꼭 전화 인터뷰를 하도록 규정되어 있었다. 본사 직원에게 그 이유를 물으니, 미국이나 유럽처럼 땅이 넓은 국가에서는 면대면 인터뷰에 들어가는 비용이 상당하기 때문에 직접 만나기 전에 최대한의 필터링을 해야 한다고 했다. 우리나라는 굳이 그럴 필요가 없다고 주장했지만 잘 받아들여지지 않아서, 그냥 시키는 대로 해보자고 생각하고 진행했다. 그런데 내 예상보다 전화 인터뷰가 효과적/효율적이라는 것을 깨달았다. 지원 의사가 불분명하거나, 지원한 포지션에 대한 기초 지식이 없는 사람은 전화 인터뷰만으로도 쉽게 파악할 수 있었다. 그래서 이 때부터 나는 경쟁률이 수백 대 일인 기업에서는 전화 인터뷰 또는 화상 인터뷰를 하나의 채용 절차로 두는 것도 좋다고 권한다.

그런데 AI 면접은 좀 다른 것 같다. 전화 인터뷰, 화상 인터뷰는 직접 만나지 않을 뿐이지 사람과 사람이 만나는 것이다. 반면, AI 면접은 지원자가 사람이 아닌 기계와 대화하는 것이다. 그 면접 결과에 관한 판단도 기계가 내린다. AI가 아주 발전한 미래에는 어떨지 몰라도, 현재의 AI는 일정한 패턴의 질문을 던지고 그에 대한 답변을 저장 후 분석하는 수준이다. 게다가 AI 면접을 서비스하는 회사 중 일부는 지원자의 눈동자나 표정을 통해 감정 분석까지 한다고 홍보하던데, 이것 때문에 구직자들은 취업에 불리한 감정을 감추고 유리한 표정이 드러나도록 연습한다고 한다. 이렇게 AI를 속여서 본인의 목적(=취업)을 달성하는 사람이 과연 우리가 찾는 인재일까? 어떤 심리학자가 이런 이야기를 한 것을 기억한다. "채용 면접에서 면접관의 마음에 들기 위해서 그 어떤 압박 면접도 견디고 웃는 얼굴로 차분하게 말하는 사람은 어쩌면 소시오패스일지 모른다. 소시오패스는 본래 자신의 목적 달성을 위해서는 무슨 짓이든 하는 사람을 말하는 것이기 때문이다" AI 면접이 인간을 넘어서 기계까지 속일 수 있는 지원자를 찾는 것이라면 진짜 소시오패스를 뽑는 수단이 될까 무섭다.

내가 AI 면접 시스템에 대해 깊은 이해를 갖춘 것은 아니라서 조심스러운 주장이기는 하지만, 사람이 사람을 판단하기도 어렵고, 이때 여러 감각이 아주 예민하게 동원되는데, AI가 온라인으로 취합한 한정된 정보만으로 한 사람을 판단하기는 더 어렵다고 믿는다. 게다가 AI 면접으로 선발한 인력이 입사하여 회사에서 보인 성과나 역량에 대한 실증 데이터가 아직 충분히 쌓이지 않아서, 그 분석 기준에 관한 검증도 어렵다. 그래서, 나는 인간 면접관이 제대로 된 교육과 경험을 갖춰서 편견을 최대한 내려놓게 하는 것이, 정확한 로직과 근거를 알 수 없는 AI에 모든 것을 맡겨버리는 것보다 훨씬 더 효과적이라 생각한다. 당분간 AI 면접은 인간 면접관을 돕는 보조 수단으로만 활용되어야 한다.

글을 마치며

HR에서 제일 중요한 일이 무엇이냐는 질문을 받으면, 항상 채용이라고 말한다. "Garbage in, garbage out"이라는 말도 있듯이, 채용에서 실패하면 그 뒤에 HR의 모든 절차가 힘들어진다. 그래서 채용 담당자와 면접관은 그 회사의 문지기(Gatekeeper)이다. 그분들이 얼마나 역할을 잘해주는지에 따라 그 회사에 계속 좋은 인재가 들어오느냐, 아니면 그분들보다 못한 사람들만 쌓이게 되느냐가 결정된다.

그런데, 우리가 채용에 얼마나 진지한 노력을 하는지 묻고 싶다. 채용은 HR의 업무 영역 중 가장 육체노동 같은 면이 있다 보니, 막내 직원에게 시키는 경우도 많다. 심하게 말하면, 채용을 잡무(雜務)로 생각하는 경향마저 있다. 그러나 채용에 관해서 회사 구성원 모두가 더 진지해질 필요가 있다. 인력 규모가 작은 회사일수록 신규 입사자 한 명이 미치는 영향이 크기 때문에, 채용에 대해 약간은 집착적/강박적일 필요도 있다.

면접 시 적절한
질문 & 진행하기

좋은 면접관 키우기 2

면접 질문의 종류

일반적으로, 면접 질문의 유형은 크게 네 가지로 구분할 수 있다. 첫째, 생활사(史)형 질문이다. 입사지원자의 이력서 내용을 중심으로 정보를 확인하는 질문이다. 주로 이런 식이다. "○○에서 근무한 경험이 있으시네요? 이때는 무슨 일을 하셨죠?", "2020년과 2022년 사이에 경력이 비네요. 이때는 무슨 일이 있었나요?" 이렇게 사실을 확인하거나 세부 사항을 묻는 질문이다. 둘째, 상황제시형 질문이다. 미래에 발생 가능한 상황을 주고, 그 상황에서 지원자의 신념, 의지, 사고방식, 업무처리 방향성 등을 묻는 질문이다. 예를 들어, "만약 귀하가 입사해서 억울한 이유로 상사에게 미움받는다면 어떤 행동을 하겠습니까?", "모든 가족이 이번 주말에 여행을 가기로 했습니다. 그런데 갑자기 상사가 급한 과제가 생겼다면서 주말에 출근하라고 합니다. 어떻게 하겠습니까?"와 같은 것이다. 셋째, 돌발 질문 또는 Brain-teaser가 있다. 구글(Google)에서 많이 묻는다고 알려진 "서울시 내 가로등의 개수는 몇 개일까요?", "이 방을 탁구공으로 가득 채운다면 몇 개 정도 들어갈까요?" 같은 것이다. 논리적 사고 또는 번뜩이는 창의력을 평가하기 위한 질문이다. 마지막으로, 경험 중심 질문이 있다. 지원자의 과거 경험을 최대한 상세하게 파악하는 것이다. "최근 2년 이내에 ○○○와 관련하여 성공적이었다고 자평하는 프로젝트는 무엇입니까?" 같은 것이 대표적인 예이다.

역량면접은 경험 중심 질문에 초점을 맞춘 면접 방식이다. 그렇다고 해서 면접 내내 다른 유형의 질문을 전혀 하지 않는다는 것은 아니다. 당연히 생활사(史)형 질문을 통해 지원자의 경력을 확인하는 것은 필요하다. 가끔 상황제시형 질문을 하는 것도 가능하다. 다만, 이것들이 메인이 되지는 않는다. 이들은 어디까지나 면접을 풍부하게 하기 위한 양념 같은 조연이다. 역량면접의 주연은 경험 중심 질문이어야 한다.

역량면접의 두 가지 가정(假定)

역량면접이라는 표현은 공식적인 것은 아니다. 부르기 편하게 만든 표현 같다. 원래는 구조화 면접(Structured Interview) 또는 행동사건 면접법이다. 영어로는 Behavioral Event-based Interview이고, 이를 줄여서 통상 BEI라고 말한다. 이하에서는 BEI로 통일해서 쓰겠다.

이 BEI에는 두 가지 중요한 가정이 있다. 첫 번째는 '어디에나 고성과를 내는 뛰어난 인재는 있고, 그 인재에는 특징이 있다'이다. 이 특징이 바로 우리가 흔히 역량이라고 부르는 것이다. 이를 면접에 적용해보면 이런 가정이 가능하다. '우리 회사의 우수인재가 보이는 특징/특질/특성과 닮은 지원자를 잘 찾는다면, 그 역시 높은 성과를 창출할 가능성이 크다.' 첫 번째 가정보다 두 번째 가정이 더 중요하다. 이 가정은 '인간은 과거의 행동으로 미래의 행동을 예측할 수 있다'이다. 이를 좀 더 쉬운 표현으로 바꾸면, '사람은 그리 쉽게 변하지 않는다'일 것이다. 즉, 홍길동이 과거 A라는 상황에서 B라는 행동을 했다면, 이 홍길동이 우리 회사에 입사해서 다시 A라는 상황에 처하면 유사하게 B 또는 B'라는 행동을 할 가능성이 크다는 것이다. 여기서 잠깐 역량의 빙산 모형을 설명하겠다. 역량 개념을 처음 창안한 데이비드 맥크렐랜드(David McClelland) 박사에 의하면 개인차를 구성하는 요소는 아래 그림과 같다.

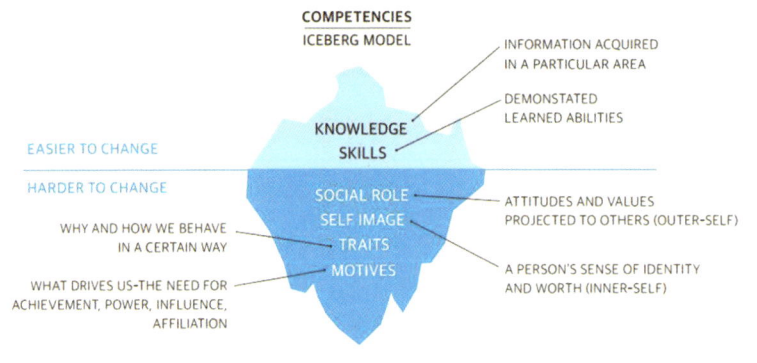

그림 1. 역량의 빙산 모형(Iceberg Model)

수면 위에 보이는 기술 및 지식은 학습과 훈련으로 개발할 수 있다. 그러나 수면 아래 있는 자기 이미지, 기질, 동기 같은 것은 단기간의 연습으로 잘 바뀌지 않는다. 개인의 생애사 및 경험에 좌우되고, 심지어 타고나는 것이기 때문에 상당한 일관성이 있다. 그래서 우리는 입사지원자의 과거 행동 사건을 잘 파악한다면, 이 사람의 수면 아래의 것들을 잘 알게 되는 셈이고, 그것을 통해 이 사람의 미래 행동까지 예측할 수 있다고 가정한다. 이 대목에서 사이먼 사이넥(Simon Sinek)의 말을 인용하겠다. 이 말이 위에 있는 역량의 빙산 모형과 BEI의 철학을 잘 표현하는 것 같다. "You don't hire for skills. You hire for attitude. You can always teach skills"

BEI의 진행 프로세스: S.T.A.R.

BEI는 기본적으로 사실 확인법이다. 과거의 중요한 사건을 깊이 파고드는 질문 기법이다. 언뜻 들으면, 수사(搜査) 기법과 유사하게 느껴지기도 한다. 실제로 형사나 수사관이 피의자에게 하는 질문 기법과 유사하다. 이 BEI에는 질문하는 프로세스가 있다. 줄여서 S.T.A.R.라고 하는데, Situation(상황), Task(과제/과업), Action(행동), Result(결과)의 약자이다. 하나의 중요 사건에 대해 이 순서대로 질문하고 대화를 이끌어가는 것이다. 예를 들어, 이런 것이다. 실제로 이렇게 드라이하게 질문하진 않지만, 각각의 콘셉트가 이렇다는 것이다.

그림 2. S.T.A.R.

| 당시 당신이 처했던 상황에 대해서 자세히 말씀해 주십시오. (Situation)
| 당신이 수행했던 과제/과업은 무엇이었습니까? (Task)
| 그 과제/과업을 수행할 때 당신이 했던
  구체적인 일 또는 행동은 무엇입니까? (Action)
| 그 의사결정과 행동의 결과는 무엇입니까? (Result)

위 S.T.A.R. 중에서 어떤 질문 단계가 상대적으로 더 중요하다고 생각하는가? 나는 경험상 첫 번째인 S(Situation)와 세 번째인 A(Action)라고 생각한다. BEI가 효과성을 발휘하려면, 우선 대화의 소재가 좋아야 한다. 다시 말해, 지원자가 의미 있는 사건/이벤트를 잘 떠올릴 수 있도록 유도해야 한다. 이것이 바로 S(Situation)이다. 이에 해당하는 질문의 사례는 다음과 같다.

| "학창 시절에 다른 사람보다 더 잘하기 위해 높은 목표를 세우고 노력한 적이 있나요?"
| "개인적인 희생이나 손해를 감수하면서 법이나 원칙을 지켜냈던 경험이 있었나요?"
| "누군가와 함께 일/과제를 수행할 때 팀워크가 맞지 않아서 힘들었던 사례에 관해 이야기해 주십시오"
| "짧은 시간 내에 여러 업무를 동시에 처리해야 했던 상황(=멀티태스킹) 중 가장 긴박했던 때는 언제였나요?"

또 중요한 질문의 단계가 A(Action)이다. 우리말의 특성상 '우리(We)'와 '나(I)'라는 주어(主語) 사이에 구분이 모호한 경우가 많다. 그래서 어떤 질문을 했을 때, 지원자가 주체로서 자신이 한 일이나 행동을 말하고 있는지, 아니면 그저 관찰자/참여자로서 지원자가 속했던 팀/지점에서 결정하고 대처한 것을 말하고 있는지 잘 구분해야 한다. A(Action)는 그 상황(S)과 과업(T) 속에서 지원자 개인이 한 일과 행동을 의미한다. 따라서, 지원자가 애매모호하게 자꾸 "그때 우리는…", "그 당시 우리 팀은…", "저와 제 동료들은…"으로 시작하는 문장으로 답변한다면, 면접관은 대화를 잠깐 중단하고 "그때 그 상황에서 귀하 본인은 무슨 일을 하셨습니까? 우리는 그것이 궁금합니다"라고 되물어야 한다. 이 A(Action)를 잘 파악해내는 것이 BEI를 진행하는 면접관의 임무라고 말해도 과언이 아니다.

면접을 부드럽고 깔끔하게 진행하는 법

위의 S.T.A.R.는 순수하게 BEI에 해당하는 프로세스이고, 이번에는

BEI를 포함한 전체 면접을 어떻게 진행해야 하는지를 알아보겠다. BEI를 배웠다고 해서, 그리고 우리 회사의 면접은 모두 BEI 콘셉트로 진행한다고 결정이 났더라도, 1시간 또는 그 이상 되는 면접 전체를 BEI로만 할 수는 없는 일이다. 참고로, 나는 10여 년 전에 모 컨설팅 회사에 입사하기 위해 처음부터 끝까지 순수하게 BEI로만 이루어진 면접을 본 적이 있다. 결국 그 회사에 입사하지 않기로 했지만, 그때 그 면접에 관한 기억은 지금도 몹시 나쁘다. 지금은 세월이 지났고 나도 경험이 쌓이다 보니, 그 당시 내가 만난 면접관이 숙련되지 않았기 때문이라고 생각하게 됐지만, 그때는 '뭐 이런 회사가 다 있지'라며 분개했다. 그만큼 BEI를 잘못 사용하면 드라이하고 차갑다. 지원자에게 불쾌감을 가득 안겨줄 수 있으므로 주의해야 한다. 그래서 BEI를 둘러싼 전체 면접 프로세스를 부드럽고 자연스러우며 매너 있게 잘 진행해야 한다.

| [도입부] Rapport 형성, Small Talk, 면접 안내

"시작이 반이다"라는 말이 있듯이, 면접에서도 도입부가 중요하다. 흔히 라포르(Rapport)가 잘 만들어져야 한다. 면접관이 지원자를 처음 만나면, 당연히 인사를 나눠야 하고, 오늘의 날씨 같은 스몰토크(Small Talk)를 해야 한다. 더불어, 면접에 참여해준 것에 대해 감사를 표시하고, 면접관에 대해 간단한 소개를 하면 좋다. 이런 도입부 없이 무턱대고 질문 공세를 퍼부으면 안 된다. 이것은 사람에 대한 예의가 아닐뿐더러 효과적인 면접에 방해가 된다. 만약 어떤 회사에서 BEI의 콘셉트로 면접을 본다는 원칙이 있다면, 면접이 시작되기 전에 이에 대한 것도 미리 설명해두길 추천한다. 대놓고 "우리 회사는 BEI로 면접을 볼 것이다"라고 말하는 것이 아니라, "우리 회사의 면접은 귀하의 과거 사건이나 실제 경험에 관해 질문할 것입니다. 그러니 당황하지 않길 바랍니다. 우리 질문에 떠오르는 과거 사건이 없다면, 충분히 시간을 드릴 테니 걱정하지 마십시오"라고 설명 겸 안내를 하는 것이 좋다. 요즘 신입사원이야 이 BEI에 대해 거의 다 알고 있지만, 오히려 경력직 지원자가 이를 낯설어 할 수 있다. 그러므로 마음의 준비를 할 수 있게 해주는 것이 도움이 된다.

| **[중반부] 본격적인 질의응답**

도입부가 지나면, 본격적인 면접이 시작된다. 일종의 본론이고 메인 스테이지라고 할 수 있다. 이때도 시작은 입사지원서, 이력서에 있는 정보에 관한 확인 질문, 즉 생활사(史)형 질문으로 하는 것이 좋다. 보통 입사지원자도 이 정도 질문에 대해서는 다들 준비하고 오니, 그 준비된 것을 풀어내라고 하는 의미도 있고, 동시에 서로 입을 푸는, 다시 말해 워밍업의 효과도 있다. 어떤 분들은 이때 간단한 자기소개를 해보라고 하는 경우도 있는데, 이는 신입사원에게는 적당하고, 경력직에는 적당하지 않다. 신입사원은 자기소개를 통해서 지원동기나 각오 같은 것이라도 엿볼 수 있지만, 꽤 나이와 경험이 있는 경력직에게 자기소개를 하라고 하는 것은 결례일 수 있다.

이런 생활사(史)형 질문이 끝나면 앞 장에서 말한 BEI의 S.T.A.R.기법으로 BEI 면접을 본다. 일반적으로, 한 명당 3개의 중요 사건(Behavioral Event)을 파악하라고 한다. 성공적이고 자랑스러운 경험, 그다음에는 실패 또는 좌절했던 경험, 다시 성공의 경험으로 진행하는 것이 좋다. 그래야 그 사람의 다양한 측면을 파악할 수 있다. 성공뿐만 아니라 실패와 좌절의 경험 속에서 그 사람이 어떻게 행동했는지를 아는 것이 그를 이해하는 데 더 도움이 된다. 이렇게 3개 정도의 중요 사건을 파악하다 보면 전체 면접은 최소 1시간은 소요된다. 그러니 제대로 된 BEI를 하려면 꽤 오랜 면접 시간이 필요하다. 多:多로 면접을 보면서 한 사람당 10분도 안 되는 시간을 배정하여 중요 사건 하나도 깊이 있게 파악하지 못하는 면접은 엄밀히 말하면 BEI라고 말해서는 안 된다. BEI의 콘셉트만 흉내 낸 것이다.

| [종결부] 지원자에게 질문 기회 제공, 감사 표시, 작별 인사

면접을 마무리할 때는 먼저 면접에서 성실히 응답해준 것에 대해 감사 표시를 하고, 지원자에게 거꾸로 질문의 기회를 줘라. 보통 "우리 회사에 관해 궁금한 것이 있다면 편하게 말씀해 주십시오. 면접관의 권한 내에서 성실히 응답해 드리겠습니다"라고 말하면 된다. 이러면 두 가지 문제 유형이 있는데, 하나는 "나는 궁금한 것이 없다"라고 하는 경우가 있다. 이때는 "궁금한 것이 없으면 오늘 면접은 이 정도로 마무리하겠다"라고 깔끔하게 정리하면 된다. 두 번째 문제 유형은 면접관에게 과한 정보를 물어보는 것이다. 예를 들어, 연봉 및 복지 같은 것이나 본인이 오늘 면접을 잘 봤는지, 면접관으로서 조언하고 싶은 것은 없는지를 묻는 것이다. 이런 질문에 대해서 면접관은 사사로이 대응해서는 안 된다. 즉답을 피해야 한다. 연봉을 함부로 말하면 채용 시 연봉 협상에서 문제가 될 수 있다. 그리고 면접관으로서 함부로 조언해서도 안 된다. "오늘 면접 내내 즐거웠고, ○○○ 님도 잘해주셨다" 정도로 간단히 대응하는 것이 좋다. 면접관이 좋은 마음에서 지원자에게 충고한다고 해도, 그것을 듣는 입장에서는 자칫 꼰대 짓으로 느낄 수 있기 때문이다.

글을 마치며

　나는 HR에서 채용이 가장 중요하다고 생각한다. 채용에 투자와 노력을 아끼지 않아야 한다고 믿는다. 그래서 채용관리 시스템, 인·적성검사, 전문 리크루터(Recruiter) 도입 등에 투자하는 고객사가 참 아름다워 보인다. 그런데, 이런 인프라에는 통 큰 투자를 하면서, 정작 면접관과 지원자가 만나는 MOT(Moment of Truth)인 면접에는 별로 신경을 쓰지 않는 곳을 만나면 의아해진다. BEI는 적은 투자로 큰 효과를 거둘 수 있는 면접 기법이라고 생각하기에 도입을 권장한다. 물론, 요즘은 이 면접 기법이 시중에 많이 알려져서 새로운 맛이 떨어진 데다가, 취업준비생조차 취업 스터디에서 이를 연습해 오기 때문에 효과성이 감소했다는 평이 있다. 그러나, 적어도 내가 아는 범위 내에서, 정말 제대로 된 BEI를 진행하는 회사는 적었다. 제대로 된 BEI를 해서 창(創)을 날카롭게 벼른다면, 취준생들이 사전에 준비해서 달달 외우는 족보 같은 방패는 쉽게 뚫을 수 있다. 그러니 AI 면접 같은 새롭고 시기한 것만 찾아 헤매지 말고, 기본에 충실함으로써 하나로 모든 것을 꿰는 일이관지(一以貫之)를 추구하는 것도 생각해봐라.

Dreaming of a new HR

직무평가,
그리고 직무급의 도입

직무가치란 무엇이고, 어떤 의미를 갖는가?

정부도 수년 전부터 직무가치에 따른 직무급제를 주장하고 있으니, 공공기관/공기업에서도 이제 직무가치라는 표현이 어색하지 않다. 기업에서 직무가치를 따지는 이유는 간단하다. 우리 모두 각자의 자리에서 성실하게 일하지만, 각 직무가 회사의 성과에 기여하는 정도는 다르다는 것이다. 언뜻 들으면 뭔가 차별적으로 들린다. '지금 내가 하는 일의 가치가 낮을 수 있다고?'라는 생각이 들면 기분이 나빠진다. 그러나 '세상은 원래 불공평하다'라는 전제를 수용하면, 같은 회사에서 일하지만 각각이 하는 일의 난이도와 기여도가 다르다는 것도 엄연한 현실임을 이해할 수 있다. 예를 들어, 은행을 떠올려보자. 순간의 판단으로 수십억 원이 왔다 갔다 하는 외환 딜러도 있고, 창구에서 고객들을 친절히 맞이하여 개인 금융 업무를 처리해주는 직원도 있다. 물론, 이 두 직무 모두 회사에는 필요한 존재이고, 또 전체 성과 창출에 기여하고 있다. 그런데도 이들이 동일한 급여를 받는 것이 공평한 것일까? 최소 10년 이상의 숙련이 필요한 업무와 몇 개월의 교육 후 1~2년 정도 성실하게 근무하면 비슷한 숙련도에 이르는 업무 사이에 처우상 차이가 없다면, 누가 어려운 일을 하려 할까? 공평과 공정은 다른 개념이다. (어떤 분은 이렇게 직무 간에 가치가 다르다고 보는 것에 거부감이 있을 수 있다. 각 개인이 사회와 조직을 바라보는 관점에 따라 수용하기 어려울 수 있다는 점을 나도 인정한다)

직무평가(Job Evaluation): 직무가치를 매기는 행위

직무평가의 방법은 여러 가지가 있다. 가장 단순한 방법은 서열법과 비교법이다. 옛날 TV 예능에서 유행했던 '이상형 월드컵'을 떠올리면 된다. 직무를 2개씩 계속 비교해서 직무가치가 높은 것과 낮은 것을 계속 선택해가는 방식이다. 이렇게 하면 자연스럽게 직무 간에 순위가 매겨진다. 단순해서 시간과 비용이 적게 소요된다는 장점이 있지만, 너무 직관에 의존하는 방법이라 구성원 수용성이 낮다는 단점이 있다. 이것으로 인사제도상 변화를 도모하는 것은 무리이다.

또 다른 방법으로는 시장임금조사법이 있다. 시장임금을 조사해서 그 결과가 곧 개별 직무의 가치라고 생각하는 방법이다. 이 방법도 꽤 설득력이 있기는 하다. 시장가(시가, 市價)가 그 직무의 가치를 상징한다고 봐도 무방하기 때문이다. 다만, 이 방법에는 세 가지 문제가 있다. 첫째, 우리 회사에만 존재하는 독특한 직무에 대해서는 시장임금조사 자체가 어렵다. 만약 시장 내에 있는 유사한 직무의 시장임금조사 데이터가 있다 하더라도, 비슷할 뿐 엄연히 다른 직무인데 그것으로 직무가치를 매겼다고 주장하기 어렵다. 둘째, 시장임금조사가 직무평가보다 더 많은 시간과 비용이 들어갈 수 있다. 그 데이터를 얼마만큼 믿을 수 있을지도 모른다. 셋째, 우리 회사에 새로운 직무가 신설됐을 때 즉각적인 직무평가가 불가능하다. 시장임금조사를 수시로 할 수 없으므로 직무평가를 위해 길면 1년 이상을 기다려야 할 수 있다.

그래서, 제일 많이 사용하는 것이 점수법이다. 모든 직무에 공통적으로 적용할 수 있는 평가 기준을 선정하고 가중치를 부여한 후 평가 요소별로 평가한 점수를 토대로 직무가치를 결정하는 것이다. 상대적으로 신뢰도가 높고, 객관적으로 보이는 장점이 있다. 우리 회사에만 존재하는 직무에도 쉽게 적용할 수 있고, 새로운 직무가 신설됐을 때도 즉각적인 대응이 가능하다. 물론, 평가 기준, 가중치, 요소를 사전에 정하는 데 진통이 있을 수 있고, 외부의 공신력 있는 도구를 이용할 때 드는 비용이 있을 수 있다. 그럼에도 불구하고, 이 점수법에 의한 직무평가가 가장 무난하고, 과학적으로 보이며, 구성원의 결과 수용성도 높다.

주요 HR 컨설팅사의 직무평가 도구

시중에 공신력 있는 직무평가 도구는 몇 개 없다. 그래서 이 도구들은 HR 관련 서적이나 대학 교재에도 실려 있다. 물론, 직무평가를 위해 꼭 컨설팅사가 제공하는 도구를 써야 할 필요는 없다. 각 사가 만들어 써도 된다. 내부적인 합의만 잘 끌어낼 수 있다면 그 무엇을 써도 괜찮다. 다만, 컨설팅사가 만들어서 수십 년 동안 발전시켜온 도구를 썼다는 사실만으로도 직무평가 결과에 대한 신뢰도가 높아지는 효과는 있다. 실제로 경험해보니, 이 도구만큼은 컨설팅사의 것이 그 철학이나 방법론 면에서 꽤 우수하다. 참고로, 이 두 가지 도구 모두 위에서 말한 점수법에 해당한다.

먼저, H사의 도구가 있다. 이 도구는 크게 세 가지 영역을 평가하게 되어 있다. 'Know-how', 'Problem-solving', 'Accountability'가 그것이다. 'Know-how'는 직무 수행에 요구되는 지식/기술을 의미한다. 이 지식/기술은 단순한 스킬이 아니라 관리적 노하우, 대인관계 기술까지 포함한다. 'Problem-solving'은 앞의 'Know-how'의 활용을 위한 사고의 범위 및 복잡성이다. 다시 말해, 그 직무가 업무상 맞닥뜨리는 문제가 얼마나 다양한지, 또 그것을 해결하기 위해 요구되는 독창성이 어느 정도인지를 평가한다. 마지막으로, 'Accountability'는 의사결정 권한의 크기, 재무적 책임의 정도를 포함한다. 결과적으로 영역은 3개, 평가 요소는 8개이다. 각각에 점수 또는 등급을 매기면, 그것이 총점(Total Point)이 되어 직무평가 등급이 나오게 되는 구조이다.

두 번째는 M사의 도구이다. 이 역시 H사의 것만큼 유명하고 널리 쓰인다. 기본적인 평가 요소는 비슷하다. M사는 4개의 영역을 평가한다. 'Impact', 'Communication', 'Innovation', 'Knowledge'가 그것이다. 이 각각의 영역이 2~3개의 요소로 나뉘기 때문에 12개 요소를 평가하게 된다. 그런데 이 영역을 자세히 뜯어보면, H사와 방향이 거꾸로 되어 있음을 알 수 있다. H사의 도구가 지식/기술 같은 전문성과 경험을 제일 중시해서 앞에 배치한 것에 비해, M사의 도구는 그 반대이다. 각 컨설팅사가 생각하는 직무평가의 철학이 다소 다름을 엿볼 수 있는 부분이다.

구분	평가요소	평가요소 세부항목	Tool Image
H사	Know-How	• Specialized Know-How • Managerial Know-How • Human Relations Skill	
	Problem Solving	• Thinking Environment • Thinking Challenge	
	Accountability	• Freedom to Act • Magnitude • Impact	
M사	영향력	• 공헌수준 • 조직규모 • 조직내에서의 영향력	
	의사소통범위	• 의사소통수준 • 속성	
	혁신성	• 혁신수준 • 복잡성	
	지식	• 사용자역할 • 지식수준 • 적용범위	

그림 3. H사와 M사의 직무평가 도구 비교

    다시 한번 말하지만, 직무평가를 할 때 꼭 이 2개 중 하나를 써야 하는 것은 아니다. 국내 대기업 중에는 자체적으로 만들어 쓰는 곳도 있다. 제조업 분야의 한 회사는 근무 환경의 안락함, 육체적 노동 강도 같은 것을 직무평가 요소로 넣은 예도 있다. 다시 말해, 환경이 좋지 않고 육체적 피로도가 높을수록 더 높은 직무가치를 인정하겠다고 선언한 셈이다. 나 개인적으로는 납득이 조금 어려운 면도 있지만, 어차피 직무평가는 절대적인 가치가 아닌, 회사 내 여러 직무 간 상대적인 가치를 매기는 행위이므로 그럴 수 있다고 생각한다.

직무평가 결과를 어디에 쓰나?

직무평가는 인사상 준거를 연공이 아닌 직무가치에 두고자 한다. 이 직무가치를 인사제도에 연계하는 방법 중 가장 쉽게 생각할 수 있는 것이, 직무평가 결과를 바로 보상제도에 연계시키는 직무급제이다. 그러나, 이는 신규 도입이 쉽지 않다. 여러 이유가 있다. 우선 노조와 갈등이 발생할 것이 불 보듯 뻔하다. 어떤 노조가 직무가치에 따른 보상 차별화에 흔쾌히 동의하겠는가? IMF 시절 연공 중심의 인사제도를 성과 중심으로 바꾸는 것도 쉽지 않았다. 그런데 그보다 한 걸음 더 나간 직무급제가 노조의 동의를 받기는 쉽지 않다. 직무급 도입이 어려운 또 다른 이유는, 우리나라의 채용이 과거 공채 중심이었고 순환보직으로 인사를 운영했던 역사 때문이다. 지금 하는 이 일(직무)이 내가 선택한 것이 아니고, 회사가 시켜서 돌고 돌다가 하게 된 것인데, 이 일로 나의 임금을 결정한다고 하면 누구라도 화가 날 것이다. 마지막으로는, 직무급으로 인해 직장 내 불평등이 커지고, 특정 직무에 최저임금에 가까운 임금을 정할 것이라는 우려가 크다. 실제로 일부 공공기관에서 이렇게 해서 노동계가 크게 반발한 적이 있었다. 한마디로, 몇몇 직무가 인건비 절감을 위한 회사의 꽃놀이패가 되지 않을 것이란 보장이 없다.

그래서, 직무평가 결과를 바로 직무급제에 적용하는 경우는 그리 많지 않다. 그 과도기적인 형태로 직무평가 결과를 직급(직무등급)체계에 연계하는 경우가 많다. 즉, 직무가치가 높은 직무가 도달할 수 있는 직급의 상한선과 직무가치가 낮은 직무의 상한선을 다르게 설정하는 것이다. 예를 들어, HR에서 급여 업무(Payroll)만 해서는 과장까지만 승진할 수 있고, 보상제도 기획까지 할 수 있어야 차장 이상으로 승진할 수 있게 해놓는 식이다. 물론, 이 제도도 문제가 없진 않다. 각 직군 또는 부서 내에서 소위 고급 직무는 한정되어 있다 보니, 그 한정된 자리를 놓고 내부 경쟁이 격화될 것이다. 승진하려면 꼭 그 직무를 맡아야 하는데, 이미 그 직무에 사람이 너무 많다면 누군가가 빠져나가기 전에는 승진 기회가 박탈된다. 언제 승진할 수 있을지 기약이 없다면 동기부여가 되지 않을 것이다. 직무평가 결과를 아웃소싱 전환 또는 인력구조조정에 쓰는 일도 있다. 직무가치가 낮은 소위 저부가가치 업무를 외주화하거나, 해당 인력을 구조조정 시 우선적으로 고려하는 것이다. 정말 이런 목적을 갖고 직무평가를 하는 것은 아니더라도, 언제나 이런 오해를 받을 수 있다는 점은 인지해야 한다. "우리 회사에서 직무평가를 한다!"라는 소식이 전해지자마자, 절반 정도의 구성원은 '아! 우리 회사도 구조조정을 하나 보다!'라고 생각할 수 있음을 알아야 한다.

직무평가를 잘하려면…

첫째, 직무평가에 앞서 직무조사 및 분석이 잘되어 있어야 한다. 직무평가를 할 때 기초 자료는 어쩔 수 없이 직무기술서이다. 그런데, 직무기술서조차 없는 상태에서 직무평가를 해달라는 요청을 받으면 난감하다. 물론, 직무조사부터 시작해서 전체 프로세스를 진행할 수는 있지만, 이 경우 너무 시간과 비용이 많이 들어간다. 회사 규모가 크면 몇 개월을 통째로 내던져야 가능할까 말까 한다. 직무기술서가 존재한다고 하더라도, 몇 년간 한 번도 업데이트하지 않았다면 역시 비슷한 문제에 부딪힌다. 아예 없는 상태보다는 조금 낫지만, 그래도 업데이트하는 데 상당한 시간이 들어간다. 그래서, 직무평가를 할 계획이 있다면 미리미리 직무조사 및 분석을 해둘 것을 추천한다.

둘째, 다시 한번 강조하지만, 직무평가는 개별 직무들의 가치를 매기는 행위이다. 직무를 수행하는 사람(Job Holder)에 대한 평가가 아니다. 직무 그 자체(Job Itself)에 대한 가치평가이다. 실제 직무평가를 할 때 이 개념 구분이 쉽지는 않다. 회사 내부에서 성과와 능력을 인정받는 사람이 맡은 일은 왠지 더 가치 있어 보이기 때문이다. 직무 수행자의 성과/능력과 직무 그 자체의 가치를 개념적으로 잘 구분하는 것이 중요하다. 이 개념 구분이 잘 안되면, 직무평가 결과도 엉망진창이 되어버린다.

셋째, 외부 전문가와 내부 인력의 조화가 중요하다. 직무평가를 컨설턴트에게 일임하는 경우도 있지만, 그다지 추천하지 않는다. 컨설턴트가 해당 산업과 회사에 정통하면 모를까, 대부분은 내부 구성원만큼 지식이 많지 않다. 게다가 직무 하나하나의 내용에 대해서 속속들이 알 확률은 낮다. 따라서 컨설턴트가 도출한 직무평가 결과는 외부의 객관적인 관점으로 중요하게 생각해야 하지만, 그만큼 내부 구성원들의 의견도 중요하다. 내부 구성원 중 일정 기간 이상 그 직무를 수행해서 상당한 경험을 가진 전문가의 의견도 충분히 존중받아야 한다. 이들에 대한 1:1 인터뷰도 좋고, 이들을 모아 한두 차례 워크숍을 하는 것도 좋다.

넷째, 이는 너무 당연한 이야기이지만 자주 망각하기에 몇 자 적어본다. 직무평가가 회사 내부에 존재하는 각 직무에 관한 편견을 과학적으로 정당화하는 수단에 불과하지 않은지를 늘 성찰하라. 예를 들어, 우리는 대부분 특정 직업이나 직무에 대한 편견이 있다. 머리와 컴퓨터를 쓰는 기획성 업무를 높게 평가하고, 몸을 쓰는 기능직 업무를 낮게 평가하는 경향이 있다. 실제로 직무평가를 해보면, 직무명이 'ㅇㅇ 기획', 'ㅇ

○ 총괄'이면 점수가 높게 나오고, '○○ 운영', '○○ 제조'이면 낮게 나온다. 그러나, 이것이 정말 직무가치가 그러한 것인지, 아니면 우리의 편견이 그대로 투영되어서 그런 것인지 깊이 들여다봐야 한다. 좀 더 신랄하게 말하자면, '○○ 기획'이라고 할 때 그 기획이 진짜 기획인지, 아니면 단순 보고서 작업인지 잘 보면서 평가해야 한다. 세상의 모든 일은 머리, 입, 손의 조합이다. 이 세 가지의 비중이 조금 다를 뿐이다. 손만으로 일하는 직무는 없다. 장인(匠人)을 '생각하는 손'이라고 표현하기도 하지 않나? 입노동이 손노동보다 더 우월하다고 생각해서도 안 된다.

HR의 직무평가 결과는…?

이 글을 어떻게 마무리할까 고민하다가, 직무평가 관련해서 강의하러 가면 교육생들에게 자주 받는 질문에 대한 답으로 하기로 했다. "여러분은 HR의 직무가치를 어느 정도로 생각하나요? 직무평가가 회사 내 상대적 가치를 매기는 것이라는 점을 상기할 때, 귀사에서 HR은 상대적으로 높은 가치를 인정받을까요, 아니면 낮은 편에 속할까요?"

이 질문에 대한 답은 회사마다 다를 것이다. 사람 하나하나가 소중한 업종이 있고, 반대로 장치, 원료, 시스템이 더 중요한 업종이 있으니 말이다. 업종뿐만 아니라 각 회사의 브랜드 가치나 발전 단계에 따라서도 다를 수 있다. 이러한 변수를 모두 고려하면 영원히 답을 못할 것이고, 다소 거칠게 단순화해서 답하자면 HR 직무는 꽤 높은 직무가치를 인정받는다. 최근 인재 유치와 유지가 중요해진 상황이 되면서 더욱 그렇다. 만약 한 회사에 총 100개의 직무가 있다고 가정하면, HR 관련 직무들은 대체로 20위 내에 든다. 그만큼 HR이 꽤 중요한 일임은 사실이다. 흔히 그런 말도 있지 않은가? "최고경영자는 세 가지만 잘 챙기면 된다. 사업, 돈, 사람". 이 중 하나를 우리 인사담당자가 담당하는 것이기 때문에 당연히 직무가치는 꽤 높다. 그만큼 인사담당자가 중요한 일을 한다는 자부심을 갖길 바란다. 시대가 바뀌면서 HR이 더 이상 권력 부서는 아니지만, 그럼에도 우리가 중요한 일을 하고 있다는 사실은 달라지지 않았다.

Dreaming of a new HR

직급을 없애고 반말을 쓰면 수평적인 문화가 되는가?

직급/호칭을 단순화 또는 폐지하는 분위기

10년여 전만 해도 우리나라 기업의 직급체계는 거의 똑같았다. '사원-대리-과장-차장-부장-이사-상무-전무-부사장-사장'이었다. 이 중에서 임원 직급을 빼고 직원의 직급만 따지면, 소위 우리가 '사대과차부'라고 부르는 5단계가 대부분이었다. 간혹 어떤 회사는 사원과 대리 사이에 주임이 있어서 6단계인 경우도 있었다. 그리고 이 직급체계를 그대로 호칭으로 썼다. 즉, 직급이 대리인 홍길동이 있으면, 반드시 "홍길동 대리"라고 불렀다.

요즘은 사회적 분위기가 많이 달라졌다. 스타트업이나 IT/게임 회사들은 당연하고, 보수적인 문화로 알려진 제조 산업 분야의 대기업조차도 직급/호칭을 간소화하는 경향이 있다. 현대자동차가 2019년에 직급을 4단계(호칭은 2단계)로 간소화했고, 그보다 2년 앞선 2017년에 LG그룹은 '사원-선임-책임'의 3단계로 바꿨다. 아예 직급을 없애버린 곳도 있다. 예를 들어, 위메프의 경우 부장 이하는 모두 '매니저'로, 임원급은 모두 '리더'로 통일했다. 네이버도 직급은 없고 직책만 있다. 여기서 한발 더 나아간 과감한 시도를 한 기업도 있다. 모 온라인 교육업체는 2017년 창업 이래 직원이 수백 명이 넘는 지금까지 반말로 소통하고 있다. '각자의 생각을 더 솔직하고 정확하게 말할 수 있게 하려고 가장 날것의 소통을 한다'라는 취지라고 한다.

무엇을 기대하기에 이러는 걸까?

이렇게 직급을 단순화하거나 폐지하는 이유는 여러 가지가 있지만, 한미디로 요약하자면 모두가 놓지 말고 열심히 일하는, 즉 웬만하면 실무를 놓지 말고 끝까지 최선을 다하는 분위기를 만들기 위함이다. 꼭 직급체계 때문에 그런 것은 아니겠지만, 일반적으로 직급이 다단계로 되어 있으면 위로 갈수록 실무는 하지 않고 관리만 하려는 경향이 있다. 다단계 직급체계에서는 어쩔 수 없이 연공서열이 중요하기 때문이다. 직급/호칭 파괴는 연공이 아닌 성과와 역할에 의해 조직 내 처우를 결정하려는 목적이 가장 크다. 그리고, 직급 단계가 줄어들면 아무래도 의사결정이 신속해지고 실행력이 높아진다고 믿는 것도 있다. 그러면서 자연스레 수평적인 조직문화까지 형성될 것으로 기대한다.

회사 차원에서는 이런 기대 효과도 있다. 우선, 매년 돌아오는 승진

심사의 압박을 다소나마 덜 수 있다. 회사의 대표이사들과 이야기를 나눠보면, 승진 심사가 매우 큰 스트레스라고 토로한다. "승진 시즌이 왜 이리 자주 돌아오냐", "꼭 이렇게 매년 꼬박꼬박 승진시켜줘야 하냐", "누구는 올려주고 누구는 떨어뜨리는 것이 너무 괴롭다"라는 하소연을 자주 듣는다. 아무래도 직급 단계가 간소화되면 승진 심사의 빈도나 양(量)이 줄어드니 의사결정자로서 압박감은 다소 줄어들 수 있다. 게다가 요즘 같은 저성장 시대에서는 과거처럼 조직이 팽창하기 어렵다. 다시 말해, 그만큼 새로운 자리가 많이 생겨나기 어렵다. 이 와중에 정년도 60세로 늘어났다. 그러니 자칫하면 고령화된 인력들이 승진 또는 직책 보임에 불만을 품고 유휴인력 또는 불만 세력이 될 수 있다. 그렇다고 회사로서는 일정한 연령 또는 직급이 된 모든 직원을 팀장 자리에 앉힐 수 없으니, 보직은 없어도 실무 전문가로서 자신의 역할만 충분히 해주길 바라는 마음으로 직급을 단순화하는 것도 있다.

　이렇게 승진 심사의 압박감을 덜어내는 것에서 파생되는 또 하나의 효과가 있다. 우리나라는 승진을 하면 소위 승진급 또는 승진가급이라는 것이 있다. 즉, 같은 직급 내에서는 연봉인상률이 낮게 유지되다가 승진하는 시점에 수백만 원에서, 많게는 1,000만원 이상이 뛰어오르는 것이다. 직원 입장에서는 이 맛에 승진하려고 노력하는 것일 수 있다. 그런데, 거꾸로 회사 입장에서는 승진급(승진가급) 때문에 발생하는 인건비 부담이 크다. 직급 단계를 줄이면 이 승진급(승진가급)을 줄일 수 있으니 인건비 상승도 어느 정도 통제할 수 있다고 믿는 경향이 있다.

　직급 간소화의 또 다른 효과는 유연한 인사운영, 특히 유연한 보상결정이 가능해진다는 것이다. 외부에서 우수인재를 영입하거나 우리 회사 내에서 핵심인재를 파격 승진시키는 데 유리해진다. 예를 들어, 모 대기업이 AI 사업을 새로운 미래 먹거리로 점찍었다고 가정하자. 이를 위해서는 외부에서 관련 전문가를 대거 영입해야 한다. 그런데 이렇게 떠오르는 신(新)분야의 전문가들은 대체로 젊다. 과거 직급체계상으로 잘해야 과장 정도에 해당할 것이다. 이들에게 "우리 회사 기준으로 당신 나이나 경력이면 대체로 과장 직급이고 제도상 기본급은 6,000만원이 최대치이다"라고 말하면 과연 그 회사에 입사할까? 직급 단계가 적을수록 Pay Band가 넓어지고 그 Pay Band 간 중첩(Overlap)도 커지니 유연한 보상 운영이 가능해진다. 그리고 직급/호칭에 신경 쓰지 않고 파격적인 연봉 계약도 할 수 있게 된다.

부작용은 없을까?

이런 직급 간소화/폐지에 따른 부작용은 없을까? 부작용을 살펴보기 전에 지금 간소화/폐지 방식에도 몇 가지 유형이 있다는 점부터 짚고 넘어가야 하겠다. 겉으로 보이는 것이 전부가 아니기 때문이다.

첫 번째 유형은, 직급은 엄연히 존재하는데 호칭만 수평적으로 통일한 경우이다. 인사상 처우의 기준이 되는 직급은 존재하나, 상호 간 호칭만 '매니저', '~님', 영어 이름, 닉네임 등으로 바꾼 것이다. 직급과 호칭을 분리시켰지만, 직급이 살아 있으므로 완전한 직급 파괴라고 말할 수는 없다. 가장 변화폭이 작은 제도인 셈이다. 두 번째 유형은, 직급 단계를 축소하고 호칭은 그 단순화된 직급에 연동시킨 것이다. 앞서 언급한 LG가 대표적인 예이다. 직급을 '사원-선임-책임'의 3단계로 단순화했고, 이름 뒤에 그 직급을 붙여 부르는 것이다. '홍길동 과장'이 '홍길동

선임'으로 바뀐 것이다. 세 번째 유형은, 직급체계를 완전히 없앤 것이다. 직급은 없어도 직책은 있으니, 직책자(예: 팀장)가 되기 전에는 상당 기간 팀원으로 남는다. 호칭도 '~님'이나 닉네임을 섞어서 쓴다. 회사에서 특정한 규칙을 강요하지 않는다. 각자가 편한 대로 부르면 그만이라는 분위기이다. 네이버를 비롯한 IT/게임 기업들이 대표적인 예이다.

위 3개 유형 중에서 첫 번째와 두 번째는 큰 부작용이 없는 것 같다. 일부 개인은 소소한 불만이 있을 수 있지만, 직급이 그대로 유지된 상태에서 호칭만 바뀌거나 직급 단계만 한두 개 줄어든 것이기 때문에 큰 변화가 아니라고 느낀다. 일정 연차가 되면 승진해야만 할 것 같은 압박감이 줄어서 오히려 좋다고 하는 경우도 많다. 부작용이 많이 발생하는 것은 세 번째 유형이다. 직급이 아예 없는 것에서 오는 부작용이 꽤 있다. 첫째, 직원 입장에서는 본인이 성장한다는 체감이 어렵다. 직책을 맡는, 즉 파트장이나 팀장이 되기 전까지는 신분상에 변화가 없어서, 잘 성장하고 있는 것인지, 남들보다 뒤처지고 있는 것은 아닌지를 알 수 없다. 여기서 (직급이 없는) 한 회사의 직원을 인터뷰한 내용을 인용하겠다. "내가 늘 그 자리에 머무는 듯한 느낌이다. 다른 회사처럼 승진하면서 느끼는 재미나 변화가 없어 굉장히 무료하다" 둘째, 앞에서도 언급한 대로 직급 승진이 없으면 승진급(승진가급)을 통한 연봉의 점프가 없어지니, 매년 큰 차이가 없는 기본급 상승에 직원들이 만족하기 어렵다. 이러다 보면 보상을 통한 동기부여 효과가 점점 떨어진다. 그리고 처음부터 직급이 없었던 것이 아니라 중도에 직급이 없어진 회사에서는, 이미 15년 이상 회사에 다닌 고연차자와 입사한 지 몇 년 되지 않은 저연차자 간 총생애소득에서 너무 큰 차이가 발생한다. 여러분도 복리(複利)의 마법을 잘 알 것이다. 우리나라 기본급 인상은 대부분 전년도 기본급을 베이스로 하여 누적 인상을 적용하는 방식이다. 그러므로 과거 승진급(승진가급)을 통해 몇 차례 확확 연봉이 올라간 고연차자의 연봉을 최근에 입사한 주니어 직원이 따라잡는 것이 불가능해진다. 셋째, 아이러니하게 연차나 나이에 따른 서열문화가 심해질 수 있다. 직급이 없다 보니, 직원 간에 위아래가 없어진다. 누가 선임인지 후임인지가 불명확해진다. 다 같은 팀원이기 때문이다. 그러다 보니 속된 말로 "나이가 깡패이고, 연차가 계급"이 된다. 직급은 인사운영상 처우의 기준으로서 역할을 하는데, 이 처우의 기준이 없어졌으니 연령이나 근속연수 같은 것이 암묵적인 기준이 되어버린다. 넷째, 직원 간 위아래가 없어지니 사수-부사수 같은 교육과 학습의 관계형성이 어렵다. 선배가 후배를 가르치는 것이 당연시되는 시대는 아니지만, 선배가 좋은 뜻으로 후배에게 업무와 직장 예절을 가르치는 것조차도 꼰대 짓이 되어버리고는 한다. 수평적인 문화를 추구하는 것도 좋지만, 이쯤 되면 극단적인 개인주의로 인해 회사가 망해버리는 것은 아닐까 걱정된다.

그럼 어떻게 해야 하나?

위와 같은 부작용 때문에 직급 간소화/폐지를 시도했다가 다시 예전 방식으로 돌아간 회사도 꽤 많다. 이런 소수 사례에도 불구하고, 직급 간소화/폐지 경향성은 거스를 수 없는 대세인 것은 분명하다. 인사담당자로서 우리는 직급 간소화/폐지 경향성을 따르는 쪽으로 생각하되 부작용을 최소화하는 방안을 찾는 것이 현명하다. 그에 대한 내 생각을 몇 가지 적어보겠다.

첫째, 전통적인 직급이 아니더라도, 인사상 처우의 기준은 필요하다. 직급이 완전히 폐지된 회사에서 연령/연차가 어설픈 기준이 되어, 오히려 수평적인 문화를 해치는 것을 자주 목격했다. 그래서 나는 직급을 완전히 폐지하는 것은 바람직하지 않다고 믿는 편이다. 만약 어쩔 수 없이 직급을 완전히 없앤다고 하더라도, 그것을 대체할 수 있는 다른 기준을 마련해둘 필요가 있다.

둘째, 수평적인 일하는 문화를 조성하는 것이 목적이라면, 꼭 직급체계에 변화를 줘야만 하는지 근본적으로 생각해봐라. 직급체계가 조직문화에 미치는 영향은 분명히 있지만, 또 이 둘이 엄청나게 강하게 연동되지도 않는다. 조직문화는 핵심 리더들의 리더십 행동에 더 큰 영향을 받는다. 직급체계만 간소화한 것으로 수평적인 조직문화가 자연스럽게 꽃피우리라 생각해서는 안 된다.

셋째, 직급 승진이 주는 동기부여 효과를 완전히 무시하지는 마라. 직장생활을 하다 보면, 사람들은 생각보다 쉽게 지치고 매너리즘에 빠진다. 직급이 달라진다 해도 역할이 크게 바뀌지 않는 경우도 많지만, 개인의 기분이나 일을 대하는 태도에는 변화가 생길 수 있다. 한마디로, 새로운 각오를 다지는 기회가 될 수 있다. 승진 시에 적절한 승진자 교육까지 제공한다면, 직장생활을 이어가는 데 있어 좋은 모멘텀이 될 수 있다.

넷째, 무슨 수를 쓰더라도, 구성원 간 교육/학습의 관계를 해쳐서는 안 된다. 위에서 언급했듯이, 직급이 무너지면 이 교육/학습의 관계도 함께 무너지는 것을 자주 봤다. 물론, 요즘 같은 시대에는 서로서로 가르치고 배우는, 복잡한 학습관계망(Developmental Network)이 형성되는 것이 맞다. 하지만, 이는 어느 정도 전문성이 쌓이고 사회 경험이 있는 사람들 간에나 가능하다. 이제 막 사회에 첫발을 내디딘 신입사원마저 '너나 나나 다 똑같은 팀원이지'라고 생각하여 아무것도 가르치지 않은 채 방치해서는 안 된다.

글을 마치며

HR의 모든 업무가 그러하듯, 직급체계에도 정답은 없다. 우리 회사에 잘 맞는지가 중요할 뿐이다. 'One-size-fits-all Policy' 같은 것은 이제 없다고 보는 것이 맞다. 그러니, 직급체계를 바꿀 때는 "현 직급체계에서 나타나는 이슈는 무엇인가?", "그 이슈가 정말 직급체계에서 비롯된 것인가?", "직급체계 개선을 통해 달성하고자 하는 목표는 무엇인가?", "직급체계가 바뀌었을 때 발생할 수 있는 부작용, 특히 직원들에게 생기는 불리함은 무엇이고 그것을 어떻게 보완할 것인가?" 같은 질문에 대한 답을 충분히 생각한 후에 결정하기를 바란다. 직급체계가 물이나 공기 같은 면이 있어서, 평소에는 잘 모르다가 변화가 생기면 확 체감되는 것이기 때문이다. 다른 인사제도보다 더 인프라적인 측면이 강해서 직급체계가 바뀌면 다른 인사제도 전반에 영향을 미칠 것이다. 그러니 그 어떤 것보다 신중한 접근이 필요하다. 그리고 만약 직급/호칭체계에 큰 변화를 줬다면, 그것이 현장에서 잘 정착되도록 꾸준히 노력해야 한다. 습관과 관행은 생각보다 바꾸기 어렵다. 제도 변경 공지 한두 번으로 바뀔 거라 기대하지 말아라.

Dreaming of a new HR

답이 없는 인사평가, OKR이 유일한 답인가?

인사평가는 정말 어렵다. HR의 다양한 영역 중 가장 어려운 것이 평가이다. 뭘 해도 욕먹고, 아무것도 안 해도 욕먹는, 애물단지가 아닐 수 없다. 인사담당자가 제일 맡기 싫어하는 업무이자, 그 때문에 컨설팅 프로젝트가 제일 많이 나오는 영역이 평가인 것 같다.

인사평가 개선의 역사

그림 4. 인사평가 개선의 역사

내가 컨설턴트로 일을 시작한 것이 2002년이니까, 그때부터 지금까지 20여 년 동안 어떤 변화가 있었는지 생각나는 대로 한번 적어보겠다. 이것은 학술적인 연구물에서 발췌한 것이 아니라, 순전히 나의 경험에서 비롯된 것이므로, 나의 개인적 생각이 많이 들어가 있다.

2000년 이전에는 흔히 말하는 고과(考課) 방식이 주를 이뤘다. 성실성, 전문성, 협조성 같은 몇 가지 항목에 대해 점수 또는 등급을 매기는 방식이다. "어? 다른 평가 방식도 다 그런 것 아닌가요?"라고 묻는 분이 있을 것이다. 맞다. 평가 결과를 도출하는 방식 면에서는 다른 평가제도도 대동소이하다. 이 고과 방식의 특징은 다른 데 있다. 바로 목표 설정, 중간 점검, 평가자(/리더)와 커뮤니케이션이 없다는 점이다. 말 그대로, 연말 또는 연초에 일방적으로 평가자가 점수를 매기고 끝나는 것이다. 우리가 마치 학교 다닐 때 교수님께 학점을 받는 것처럼 말이다. 평가 결과에 대한 이의 제기도 할 수 없다. 각 구성원에게 평가 결과를 알려주지 않는 것이 일반적이었기 때문이다.

이를 개선하고자 2000년 초중반에는 피터 드러커(Peter Drucker)가 1950년대에 소개한 것으로 알려진 MBO(Management By Objectives)가 유행했다. 고과 방식에 평가 절차/프로세스를 도입한 셈이다. 목표를 설정하고, 목표마다 수행계획을 적어내고, 이에 대한 달성도를 평가하려 했다. 그런데, 이 MBO의 핵심은 제대로 된 목표를 잡는 것인데, 이 목표를 잡는 것에 다들 애를 먹었다. 무엇이 목표이고, 무엇이 과제나 수행계획인지 알기 어려웠다. 경중(輕重)을 따지지 않고 무조건 목표와 지표를 많이 잡는 경우도 잦았다. 나도 현업 인사팀에서 평가 담당자로 일할 때, 전 임직원의 MBO 목표를 받아서 리뷰해보면, 다시 써오라고 돌려보내고 싶었던 적이 많았다.

그 때문에 주목을 받은 것이 KPI(Key Performance Indicator)였다. 목표 및 평가지표를 잡을 때 이것저것 많이 잡지 말고, '핵심에 집중하자'는 것이 KPI의 근본 취지이다. KPI는 2000년대 후반 BSC(Balanced Score Card)가 유행하면서 더욱 중요해진다. KPI를 도출할 때 균형 잡힌 관점으로 해야 한다는 것이 취지이고, 이것은 개인 단위 평가보다 조직성과관리에 적합하긴 하나, 어쨌든 KPI를 잘 도출하는 것에 인사담당자가 매달렸던 시절이 있었다.

그러다 2010년대에 들어서면서, 이 모든 개선 작업에 몇 년 동안 일시정지 상태가 왔다. 소위 새로운 테마가 나오지 않았다. 이 무렵, 평가무용론도 꽤 자주 등장했던 것 같다. 실제로 이때 창업해서 지금은 상당한 유니콘 기업이 된 스타트업 중에는 인사평가를 하지 않는 곳도 많았다. 대표적인 예가 카카오였다. 우리나라만 그랬던 것이 아니라, 해외 유명기업들도 인사평가를 폐지하거나 대폭 축소했다. 그럼에도 불구하고, 여전히 인사평가의 필요성을 느끼는 기업에서는 대안을 찾으려 노력했다.

OKR의 등장

2010년대 중반에 혜성처럼 등장한 대안이 OKR(Objective and Key Results)이다. OKR은 앤디 그로브(Andy Grove) 전 인텔 회장 겸 CEO가 처음 고안한 개념이다. 그러나 이렇게 인텔에서 시작됐지만, 구글의 성공을 타고 실리콘밸리 전체로 확대된 성과관리 기법이다. '어떤 방향으로 갈 것인가(Objective)'와 '그곳으로 가고 있다는 것을 어떻게 알 수 있는지(Key Results)'가 핵심이다. 이것이 우리나라에서도 유행처럼 번졌고, 이 OKR의 운영을 돕는 여러 IT 솔루션도 등장했다. ICT 기업이나 스타트업이 아닌, 전통 산업 분야의 대기업도 이 OKR을 적극적으로 도입하면서 우리나라에서도 주류(主流)가 되어가는 느낌이다.

| OKR의 핵심, MBO와 차이

내가 HR 업무를 오래 하면서 갖게 된 하나의 철학이 있다. 그것은 'HR은 기본적으로 인간의 상식 위에 서 있고, 또 반드시 그 위에서 작동해야 한다'라는 것이다. HR은 자연과학이 아니다. 물리학처럼 절대적인 규칙이 있을 수 없다. 법학처럼 오랜 세월 축적된 기반이 있는 것도 아니다. 따라서 HR이 기대야 하는 것은 결국 건전한 상식과 시민의식이다. 그래서, 우리의 두 눈을 번쩍 뜨이게 할 만한 새로운 것도 잘 없다. 완전히 새롭지 않다고 무시해서도 안 되지만, 반대로 약간 새로워 보인다고 열광할 필요도 없다. 그러므로, OKR도 무엇이 핵심인지, 그리고 그것이 어떠한 고민과 상식 위에 서 있는지를 살펴보는 것이 필요하다. 그 핵심만 잘 알면, 꼭 인텔이나 구글의 OKR과 같은 모습은 아니더라도, 우리에게 잘 맞는 K-OKR을 만들 수 있을 것이다.

OKR의 핵심은 크게 세 가지이다. 사소해 보이지만 가장 중요한 것은 바로 평가 주기이다. MBO가 1년에 한두 번 정도 평가를 하는 것에 반해, OKR은 최소 3개월 단위로 한다. 이는 구글이 OKR을 도입할 때 가장 많은 조언을 제공했던 인텔 출신의 전설적 투자자인 존 도어(John Doerr)가 제시한 3-3-3 원칙에서도 잘 드러나 있다. 요즘에는 이 주기를 더 짧게 설정한 회사들도 있다.

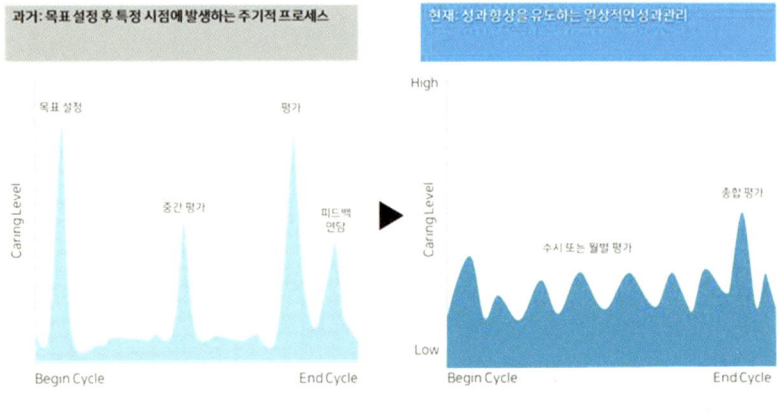

그림 5. OKR의 짧은 평가 주기

　OKR의 두 번째 핵심은 피드백이다. 이는 평가 주기와 관련이 있기도 하다. 과거 전통적인 평가제도 아래에서는 피드백을 잘 하지 않거나, 하더라도 1년에 한두 번에 불과했는데, OKR은 주 2회, 월 8회, 연간 100회 이상의 피드백을 한다. OKR의 목적 자체가 조직의 목표 달성뿐만 아니라, 달성 과정에서의 조직과 개인의 성장이기 때문이다.

　세 번째 OKR의 핵심은 목표와 지표에 있다. MBO에서 목표는 반드시 달성해야 하는 무엇인가이다. 그러나 OKR은 도전적인 자세로 원대한 목표를 갖는 것을 중요하게 여기기 때문에, 어느 정도 실패도 용인한다. 따라서 목표에 따른 지표를 세세하게 정의하고, 그것을 100% 달성하기 위해 노력하는 것은 맞지 않는다. OKR은 원대한 목표 1개를 잡고, 그에 따른 핵심결과지표 3개를 설정한 후, 70~80% 정도만 달성해도 적정하다고 판단한다. 오히려 100%를 달성하면, 목표 자체가 너무 쉬웠다고 판단한다. 누군가는 OKR의 핵심을 이렇게 말하기도 했다. "하루에도 수십 개씩 쏟아지는 일을 모두 뒤로 하고, OKR만 하자는 것은 아니다. 그러나, 당신이 수많은 업무 중에서 3개월 동안 머릿속에 분명하게 기억해야 할 것이 무엇인지 정하는 것은 중요하다"

이 세 가지가 OKR의 핵심이라면, 우리 HR이 항상 추구해왔던 것과 비슷하지 않은가? OKR을 완전히 새로운 무엇이라고 보기보다는, 우리가 이상적으로 생각했으나 이런저런 현실적 이유로 인해 추구하지 못했던 모습이라고 보는 것이 더 맞다. 그것을 OKR이라고 하는 예쁜 포장지로 잘 싸준 분들에게 감사하는 마음 정도 갖는 것이 적당하다. 그러나, 이 이상적인 동시에 상식적인 모습을 현실에서 이루기 힘든 이유는 따로 있다. '현실의 벽'이라고 표현해도 될 듯하다.

평가제도 운영 시 현실의 벽

OKR이든 뭐든 우리가 생각하는 이상적인 평가제도를 현실에서 구현하기 어려운 이유에 관해서 솔직하게 풀어보겠다. 첫째, 평가자(/리더)와 인사담당자가 너무 바쁘다. 오리지널 OKR처럼 3개월에 한 번씩 평가하라고 하면 당장에 큰 반발이 생길 것이다. 현업 부서장도 그렇지만, 그 운영을 챙겨야 하는 인사담당자도 한숨부터 나올 것이 분명하다. 평가제도 컨설팅을 하면 고객사 임원들에게 자주 듣는 말을 인용해보겠다. "우리 회사가 일을 해서 돈 버는 회사이냐? 아니면 1년 내내 평가에 매달리는 회사이냐? 평가를 잘하면 돈이 자동으로 벌리냐?" 이렇듯, 돈을 버는 행위와 평가를 분리해서 생각하는 인식이 있는 한 평가제도는 제대로 작동하지 않을 것이다.

둘째, 위의 첫 번째 이슈와 관련이 있는 것인데, 평가자(/리더)가 피드백을 너무 불편하게 생각한다. 매일 몇 시간씩 회의하고 일주일에 몇 번씩 회식은 하면서도, 진지하게 업무상 성과와 과정을 논하는 것은 어색해한다. 한 명 한 명 마주 앉아서 진지한 이야기를 하는 것이 영 불편하고 적응이 안 된다. 그래서 바쁘다는 핑계로 자꾸 외면하고 싶어지나 보다.

셋째, 평가 결과를 보상이나 승진, 더 나아가 직책 임면에 반영해야 한다는 현실적 압박이 있다. 즉, 평가 결과가 여러 인사운영의 근거 데이터가 될 수밖에 없다. 그러다 보니, OKR의 과정을 통해 나온 평가 결과를 등급화하는 것을 넘어 상대 서열화시켜 순위를 매긴다. 아마 "꼭 인사평가 결과를 보상에 연계해야 해? 따로 움직이면 안 돼?"라고 반문할 분도 있을 것이다. 물론 그럴 수 있다. HR에 어떻게 절대적인 법칙이 있겠는가? 각 사의 상황과 요구에 따라 선택하는 것이다. 그러니 그렇게 분리운영 해도 된다. 다만, 내가 실제로 경험한 고객사 중에 평가와 보상/승진/직책 임면 등이 완전히 분리된 곳이 있었는데, 이 역시 많은 문제를 안고 있다. 회사의 모든 것을 몇 명의 임원이 인사를 좌지우지한다는 반발이 생긴다. 그 때문에 오히려 노조가 차라리 상대 서열화하고 그 등급을 공개해달라고 주장하기까지 했다. 평가 결과라도 있어야 인사가 공정하게 작동하고 있다는 근거가 된다.

그럼에도 조금이나마 진보하려면

평가제도를 완전히 폐지하는 것은 그것 나름대로 부작용이 있으니, 웬만하면 평가제도는 있어야 한다고 믿는다. 완전히 없애버리는 것보다 100% 완벽하지는 않더라도 조금씩 고쳐가면서 쓰는 편이 낫다. 여러 가지 현실의 벽이 있지만, 그럼에도 우리가 조금이라도 진보하기 위해 아래의 몇 가지를 제안하고 싶다.

첫째, 완전한 상대평가, 소위 스택랭킹(Stack Ranking)은 너무 구시대의 산물이다. 그렇다고 한 번에 완전한 절대평가로 가기에는 두려움이 있으니, 부분적 절대평가라도 도입해볼 것을 추천한다. 즉, 평가등급별 배분율 가이드라인을 제시한 상태에서 절대평가를 하거나, 상대평가를 하되 최상/최하 등급(일반적으로 각 S등급, D등급)은 종합적인 판단에 의해 결정하는 것이다.

둘째, 상시/수시평가는 가야 하는 길인 듯하다. 다만, 속도 조절과 지원방안이 중요할 뿐이다. 바쁜 현업 부서장이 동의할 수 있는 수준에서 상시/수시평가 주기를 설정하고, 이들이 이런 기록을 잘 남기고 소통할 수 있도록 돕는 시스템 도입을 검토하라. 시중에 이런 종류의 시스템은 많다. 요즘에는 SaaS 방식의 클라우드 서비스도 많이 있으니 적당한 것을 선택하기만 해도 된다.

셋째, 상시/수시평가가 의미를 가지려면 목표가 수정 또는 재조정에 유연해야만 한다. 요즘같이 변화무쌍한 시대에 연초에 수립한 목표가 12개월 동안 유효한 경우가 얼마나 되겠는가? 큰 틀에서 OKR의 목표(Objective)에 해당하는 원대한 방향만 정해두고, 그 안에서 전략/전술적인 목표는 계속 변화할 수 있게 하라. 특히, 짧은 프로젝트를 여러 개 수행하는 형태로 업무 구조가 짜여 있거나, 지식/기술을 기반으로 하는 전문성 높은 직종이라면 더 그렇다.

넷째, 평가자(/리더)가 소통을 원활하게 할 수 있도록 교육을 시행해야 한다. 이것은 만고불변의 진리이지만, 평가자(/리더)가 바뀌지 않으면 새로운 평가제도는 작동하지 않는다. 물론, 과거 고과(考課) 시절에도 평가자 교육은 있었다. 그때 평가자 교육이 주로 인사평가가 왜 중요한지를 주지시키고, (회사가 바라는 대로) 평가 결과를 내는 방법을 가르치는 데 치중했다면, 이제는 피드백과 소통 중심으로 교육 내용이 바뀌어야 한다. 이렇게 하면 교육 내용이 의사소통 또는 코칭 교육에 더 가까워진다. 더불어, 이렇게 피드백을 잘하는 소수의 평가자(/리더)를 찾아 포상하고, 그들의 성공사례를 전파하는 노력도 병행해봐라. '나는 팀원들에게 피드백을 잘했을 뿐인데, 우리 부서 성과가 확 올랐네요?' 같은 주제로 말이다.

다섯째, 다면평가의 도입도 검토해봐라. 다면평가를 영어로는 Crowd-sourced Evaluation 또는 Multi-sourced Appraisal로 부른다. 한 조사 결과를 보니, 미국 기준으로 IT 회사의 70%, 법률/회계/세무법인의 50%가량이 이러한 다면평가를 도입하고 있다고 한다. 요즘 평가제도를 만들고 운영할 때 염두에 둬야 하는 키워드는 공정성이다. 그러므로, 상사로부터 받는 평가 결과와 피드백도 중요하지만, 자신을 둘러싼 업무상 관계자들이 주는 피드백도 상당히 의미 있다고 느낀다. 다면평가 결과를 인사평가에 직접 반영하는 것보다는, "네가 상사로부터 받은 평가 결과나 피드백이 상사 한 사람만의 의견은 아니다"라는 것을 증명하는 데 쓰이는 정도면 충분하다. 그러면 자연스럽게 공정하다는 인식도 높아질 것이다.

마지막으로, OKR 또는 그 비슷한 방식의 성과관리제도를 도입한다면 그 결과를 인사평가 결과로 직접 연결 지을 것인지 사전에 결정하라. 나는 OKR은 인사평가보다는 성과관리 도구로 보는 것이 적절하다고 생각한다. 게다가 OKR 도입 초기에는 꽤 큰 혼란을 겪을 수 있는데, 이를 인사평가에 바로 반영하면 더욱 반발이 심해질 것이다. 더 근본적으로,

OKR의 성취도를 바로 인사평가로 반영하는 순간, 그 어떤 누구도 원대한 목표를 세우지 않을 것이기에 그 취지도 많이 훼손될 것이다.

평가, 참 어려운 그대

이 글을 시작할 때도 말했지만, 평가는 정말 어렵다. 평가를 하는 평가자도, 평가를 받는 피평가자도, 평가제도를 운영하는 인사담당자도 모두 힘들고 어렵다. 그래서, 평가 시즌이 되면 모두가 불편하고 어색해하다가, 결국 무탈하게 어물쩍 넘어가길 바라는 마음마저 생긴다. 그러나, '좋은 사람을 우리 버스에 태우는' 차원에서 HR에서 제일 중요한 것이 채용인 반면, '우리 버스에 탄 승객이 정말 좋은 사람인지를 판단하고, 또 정말 좋은 사람이라면 그에 맞는 처우를 해주는' 차원에서 제일 중요한 것이 평가이다. 평가가 무너지면 많은 것이 무너진다. 제대로 된 평가 데이터가 없어서 승진이나 지채 임면을 정해야 할 때마다 골머리를 앓는 회사를 많이 봤다. 개인 차원에서는, 누가 봐도 저성과자인데 수년간 제대로 피드백을 받지 않다 보니 자기 혼자서 고성과자라고 생각하여 회사에 이상한 요구를 해오는 직원도 생긴다.

평가가 아무리 힘들고 어려우며 불편한 것이더라도, 끝까지 포기해서는 안 된다. 마치 좋은 대학에 진학하기 위해서는 수학을 포기하지 말아야 하는 것처럼 말이다. 수포자가 되는 순간 명문대 진학이 멀어지듯, 아름다운 평가제도와 원활한 운영을 포기하면 좋은 회사 및 좋은 HR이 되는 것은 어려워진다. 이상적이고 아름다운 평가제도는 가까이 보이지만 절대 닿을 수 없는 북극성 같은 존재이더라도 그것을 향한 노력은 유지되어야 한다.

　이 글을 읽은 귀하가 평가 담당자라면, 내가 하고 싶은 조언은 이것이다. 평가제도를 효율적으로 잘 운영할 생각에 앞서, 현재 우리의 평가제도가 조직의 성과 창출과 개인의 성장을 돕는 데 과연 효과적인지 돌아보아라. 만약 평가제도가 그냥 제도일 뿐이라면 과감한 시도를 해볼 것을 추천한다. 시대와 구성원은 빠르게 변하고 있는데, 평가제도만 구시대에 머무르고 있는 것은 아닌지 점검해봐라.

Dreaming of a new HR

평가센터
Assessment Center를
잘 설계하고 운영하려면

Assessment Center란?

회사 대부분은 구성원을 평가하는 인사평가제도를 갖추고 있다. 그런데 우리는 그 인사평가 결과를 100% 신뢰하지도 않는다. 왜냐하면, 인사평가가 상급자의 관점으로만 이루어지는 경우가 많기 때문이다. 또한, 인사평가의 속성상 한 사람이 가진 다양한 측면을 평가하기도 어렵다. 더 근본적으로는, 인사평가가 보상이나 승진과 연계되어 있어서 여러 정치적/인간적/상황적 요소가 섞일 수밖에 없다. 이 때문에 많은 기업과 공공기관에서 평가센터(Assessment Center, 이하 A/C)를 활용한다. 특히, 과거 민간기업 중심으로 진행되던 A/C가 최근 공기업/공공기관에서 승진 심사 목적으로 많이 활용되는 것을 보면, A/C가 평가의 객관성 및 신뢰도를 높이는 데 효과가 있다고 믿는 분위기가 형성되어가는 느낌이다.

A/C는 진단 참여자들의 실제 업무 역량을 살펴볼 수 있는 다양한 과제 및 상황을 통해, 그들의 반응/행동/결과물을 다수의 평가자(Assessor)가 평가하는 것이다. 이 A/C는 2차 세계 대전 때 독일군이 장교를 선발하는 과정에서 고안됐다고 전해진다. 지필 검사만으로는 장교 후보자의 능력을 제대로 평가할 수 없다고 판단하여, 2~3일간 실제 군 장교의 일상생활을 모의 상황으로 제시하고, 그 상황 속에서 후보자들이 판단하고 행동하는 모습을, 심리학자, 의사, 기존 장교가 관찰한 후에 선발했다고 한다. 이 다중 평가(Multi-rating Process) 방식이 영국과 미국의 군대로 확산됐고, 나중에는 영국에서 고위 공무원 선발, 미국 AT&T에서 중간관리자 선발 시에 사용됐다. 특히, AT&T가 특정 건물에 Assessment Center라는 물리적 장소를 마련해서 해당 프로세스를 진행한 데서 지금의 명칭이 유래했다고 한다. 그 후 미국을 중심으로 발전하여 1970년 중반에 완전한 형태를 갖췄는데, 현재는 GE, Ford, Microsoft, IBM, P&G, Coca-Cola 등이 A/C를 활용한다고 알려져 있다.

A/C의 장단점

나에게 고객이 "A/C를 하면 좋아요?"라고 물으면, 답을 망설인다. 속된 말로 케바케(Case by Case)이기 때문이다. 답하길 주저하는 가장 큰 이유는 비용이다. A/C는 비용이 상당히 많이 든다. 물론, A/C를 운영할 때 효과성보다는 효율성에 초점을 두고 교실(Classroom) 방식으로 설계하거나, 외부의 전문 Assessor의 비중을 줄이고 사내 Assessor를 활용함으로써 비용을 낮출 수는 있어도, 기본적으로 상당한 비용이 소요된다.

높은 비용에도 불구하고 A/C가 가진 장점은 많다. 첫째, 여러 연구 결과에 따르면, 한 사람의 역량과 미래 성과를 예측하는 데 가장 타당도가 높은 방식이라고 한다. 이것은 당연한 이야기이다. 모든 역량 측정/평가 도구와 활동의 총체가 A/C인데, 하나가 아닌 여러 도구와 방법을 쓰고 평가자도 다수이니 예측타당도가 높아질 수밖에 없다. 둘째, 지필 검사나 면접에서 볼 수 없는 폭넓고 복잡한 역량을 측정할 수 있다. 역량의 속성상 다양한 상황 속에서 그 사람이 판단하고 결정을 내리며 행동하는 것을 관찰해야 평가할 수 있다. 제일 좋은 것은 일상 업무를 관찰하는 것일 텐데 그것이 현실적으로 불가능하니, A/C를 통해 일상 업무와 가장 유사한 상황 속에 그 사람을 집어넣고 관찰하는 것이다. 셋째, 진단 대상자에게 뭔가 공정한 평가 절차를 거쳤다는 느낌을 충분히 줄 수 있다. 본인이 상당한 시간 동안 직접 참여하고 체감하기 때문에 자연스레 평가 결과에 대한 수용성이 높아진다. 넷째, 역량의 측정/평가가 목적이었다 하더라도 진단 대상자가 오랜 시간 동안 여러 과제를 수행하는 과정에서 자연스럽게 학습이 이루어진다. 특히 타인을 통한 학습(Learning by Others)이라는 관점에서는 효과성이 높다. 내가 진행했던 A/C에서는 꼭 마지막에 1:1 인터뷰를 통해서 진단 대상자의 피드백을 구했는데, 가장 자주 들었던 답변이 "이번 기회에 나 자신을 되돌아보게 됐다. 함께 진단받은 동료들을 통해 내가 어떤 강약점이 있는지 (진단 보고서를 받지 않아도) 나 자신이 스스로 깨닫게 됐다"였다.

A/C를 망치는 방법

이렇게 많은 장점이 있음에도 불구하고, A/C가 망해서 돈도 날리고 임직원들로부터 비난받는 경우를 가끔 본다. 이렇게 A/C가 망하지 않기 위해서는 주의해야 하는 사항이 있다. 이 하나하나는 모두 내가 현장에서 보고 경험한 것이다. 이론이 아니라 실전 경험을 통해 말하는 것이니, 다소 체계적이지 않더라도 양해 바란다.

과제, 활동, 도구를 막 쓴다

A/C가 성공하기 위한 축 중 하나는 '잘 개발된 과제'이다. 과제가 제대로 개발되어야 그 회사 구성원에게 맞는 A/C를 할 수 있다. 그런데, 비용 절감을 위해 A/C에서 쓰는 과제, 활동, 도구를 자사에 맞게 커스터마이징하지 않는 경우가 있다. 예를 들어, 서류함 기법(In-basket Case)을 하는데, 그 안에 있는 문제들이 우리 회사 또는 내 직무와 관련성이 낮다면 무슨 소용이 있겠나? 연구직에게 영업직에 맞는 상황(예: 고객 면담)으로만 역할연기(Role Play)를 시키면 무슨 시사점을 찾을 수 있겠는가? 요즘에는 A/C에 활용되는 이런 종류의 과제를 판매하는 업체도 제법 있는데, 시간과 비용을 아끼기 위해 그것을 구매해서 우리 회사에 맞게 변형해서 쓰는 것은 가능해도, 100% 그대로 쓰는 것은 문제가 될 가능성이 크다. 게다가 시중의 A/C 과제 패키지 중에는 외국 사례를 번역만 해서 판매하는 경우도 있는데, 한글 번역이 매끄럽지 않거나 우리나라의 상황과 전혀 맞지 않는 사례도 있다.

세심한 과제 개발과 더불어, A/C에서 하는 활동(Exercises)도 신중하게 선택해야 한다. 다다익선(多多益善)이라고 생각해서 최대한 많은 활동을 하는 것은 비효율적이다. 보통, A/C에서 하는 활동에는 역할연기(Role Play), 서류함 기법, 집단 토의, 프레젠테이션, 사례 분석(Case Study), 1:1 인터뷰 등이 있다. 그런데 각 활동이 측정할 수 있는 역량의 종류와 범위가 어느 정도 정해져 있다. 예를 들어, 사례 분석(Case Study)은 분석적 사고를 측정하는 데는 적합하지만, 관계구축력을 측정하기에는 한계가 있다. 따라서, 우리 회사의 인재상, 역량체계, 채용 및 승진 조건 등을 고려하여 신중하게 활동을 정해야 한다. 반대로, 너무 적은 숫자의 활동만 하는 것도 문제이다. 극단적으로, 1:1 인터뷰만 하면서 A/C를 하고 있다고 주장하는 회사도 본 적이 있는데, 이는 다양한 활동을 통해 여러 평가자가 한 사람을 심층적으로 평가하는 A/C의 근본 취지에 어긋난다.

| 평가자(Assessor)를 아무나 쓴다

야구가 투수 놀음이고 미식축구가 쿼터백 놀음이듯이, A/C의 품질을 크게 좌우하는 중요한 요소가 평가자(Assessor)이다. 교육학에서 "교육의 질은 교사의 질을 넘어설 수 없다"라는 말이 있듯이, A/C도 비슷하다. 기획자 또는 개발자가 아무리 과제를 잘 준비하더라도, 이것을 현장에서 활용하고 마지막에 종합 평가를 내리는 것은 Assessor이기 때문이다. 진단 대상자 입장에서도 짧으면 반나절, 길면 3~4일씩 대면하는 Assessor에 대한 신뢰가 A/C 전체의 만족도 및 결과 수용성에 영향을 미칠 수밖에 없다.

HR 시장에는 전문적으로 Assessor로 활동하는 프로페셔널이 있다. 내 지인 중에는 이 한 분야에서 십수 년을 일해서 충분한 경험이 있을 뿐만 아니라, 지속적으로 공부하고 자신을 갈고닦는 훌륭한 사람들이 있다. "Assessor는 결국 자신이 날카로운 평가 도구이기 때문에 늘 노력할 수밖에 없다"라고 말하는 것도 들었다. 절로 존경심이 든다. 하지만 세상에는 이런 분들만 있지 않다. A/C에 대한 기본적인 이해도 없어서 현장에서 우왕좌왕하거나 최종 평가 시에 본인의 편견에 의해 쉽게 판단해버리는 분도 가끔 만난다. 내가 경험적으로 느끼는 것은, 인사담당자가 가진 편견과 달리 좋은 Assessor가 되는 데 꼭 특정 전공자일 필요는 없다는 것이다. 심리학, 특히 조직심리학이나 산업심리학 전공자가 이 일을 하는 데 유리한 면이 있기는 하지만, 필수 조건은 아니다.

비용 절감 및 산업에 대한 이해도 제고를 위해 사내에서 평가자(In-house Assessor)를 양성하는 예도 있다. 이것은 기업 입장에서 매우 합리적인 판단이다. 장기적으로는 A/C와 관련한 기획/운영 능력이 각 기업에 내재화되는 것이 바람직하다. 다만, 내부 Assessor를 선발/육성/관리할 때는 상당한 노력을 기울일 각오를 해야 한다. 그분들도 본인이 하는 일에 대한 책임감이나 신념 같은 것을 가져야 한다. 나는 모 회사에서 다수의 관리자급을 모아서 딱 하루 교육한 후에 Assessor라고 부르고, 그들을 고작 연평균 1~2회의 A/C에 참여시키는 것을 봤다. 이분들이 나와 함께 A/C를 진행했는데, Assessor로서의 전문성을 발휘하기는커녕 기본적인 규칙도 준수하지 못하는 경우가 많았다. '대충 빨리 끝내고 퇴근하자', '좋은 게 좋은 거지, 뭐 하러 박하게 평가하겠어'라는 생각이 가득했다. 감히 말하건대, 이런 분들은 Assessor로서 자격이 없다. 전문적인 교육과정을 정해진 단계에 따라 이수하고, 최소 10회는 보조 Assessor로 참여해서 실습 경험을 쌓은 후에야 어느 정도 역할을 할 수 있다고 본다. 그래서, 사내 Assessor를 양성하더라도 다수를 얕게 키우는 것보다 소수를 깊게 키울 것을 추천한다.

그리고, 사소하지만 중요하다고 생각하는 좋은 Assessor의 조건이 있다. Assessor는 사람을 잘 판단하는 능력이 제일 중요하겠지만, 그에 못지않게 문서작성 능력도 요구된다. 최종 결과물은 결국 문서, 즉 개인별 진단 보고서인 경우가 많기 때문이다. 단순히 수치로만 평가하는 것이 아니라, 그 판단 근거와 역량 개발을 위한 조언까지 담으려면 기본적인 문서작성 능력, 특히 평균 이상의 문장력이 필요하다. 며칠 동안 A/C를 열심히 했는데, Assessor가 보고서의 주관식 의견란에 "전반적으로 역량이 부족하여 개선 노력이 필요함"이라고 한 줄 써놓으면 여러 사람이 난감해진다.

| **진단 목적이 정확하지 않다**

큰돈을 들여서 A/C를 하는데, 그 목적이 불명확한 경우가 드물게 있다. A/C를 하는 목적은 일반적으로 신규 채용, 직급 승진, 직책 임면, 학습과 개발이다. 이렇게만 보면 A/C를 할 때는 뭐라도 목적이 있을 것 같은데, 시작할 때는 거창한 목석을 갖고 했는데, 믹싱 이 걸괴를 HR에 활용하려니 여러 이유로 두려움이 생겨 흐지부지되는 경우가 있다. 이러면 과연 원래 목적이 무엇이었는지 헷갈리게 된다. 실제로 모 회사에서 승진 심사를 위해 A/C를 했는데, 처음에는 A/C를 통해 승진 가부(可否)를 결정하고자 했으나, "외부인이 평가한 결과로 우리 부서 직원이 승진 누락되는 것은 참지 못하겠다"라는 경영진들의 반발로 A/C 결과 보고서는 모두 캐비닛 안으로 들어간 적이 있다. 이런 불상사를 막기 위해서는 A/C를 기획할 때부터 경영진 간 충분한 논의 후에 목적 및 활용처를 정해야 한다. 진단 결과를 어느 정도 믿고 HR 운영에 쓰겠다는 의지도 있어야 한다. 그렇지 않고 '남들 다 하니까 우리도 한 번 해보자' 식

으로 접근하면, 분명 후회할 것이다. 비용을 낭비하는 것도 문제이지만, A/C에 참여해서 오랜 시간 고생하는 임직원(진단 대상자)에게 결례가 될 수 있다.

| 평가 시 판단 기준을 사전에 정하지 않는다

A/C는 결국 평가를 위한 것이다. 그런데, 활동과 과제 수행은 열심히 잘해놓고, 정작 평가할 때는 대충 해치우는 경우를 자주 본다. 평가에 더 많은 공을 들여야 함에도 말이다. 내가 과거 재직하던 컨설팅사는 이 A/C를 전문적으로 서비스했는데, 그 회사는 A/C를 통해 수집된 정보를 놓고 최종 평가를 할 때는 반드시 3인이 모여서 합의하라고 했다. 이를 삼각측정법(Triangulation)이라고 한다. 한 명이 판단하는 것보다는 여러 명이 다양한 의견을 갖고 모여 갑론을박을 벌이면서 조정해가는 것이 더 정확할 것이라고 가정하는 것이다.

가끔 평가 기준을 사전에 정하지 않거나, 정하더라도 대충 해놓고 일단 A/C를 진행하는 경우가 있다. 이렇게 하면, 최종 평가 시에 Assessor마다 각자가 가진 기준으로 평가하기 때문에 그들 간에 합의가 이루어지기 어려워진다. 극단적으로는 Assessor가 가진 사람에 대한 편견이 그대로 평가 결과로 이어질 위험이 있다. 물론, A/C의 특성상 진단 대상자의 모든 발언과 행동에 따라 평가 기준을 세세하게 정하기는 어렵다. 또 현장에서의 뉘앙스라는 것도 있으므로 '인터뷰 중에 이런 발언이 나오면 80점을 주자', '역할연기에서 이런 행동을 하면 무조건 0점이다'라는 식으로 지나친 형해화(形骸化)도 경계해야 한다. 하지만, A/C를 시작하기 전 어떤 역량을 측정할지 정할 때, 역량별 평가 기준을 최소 가이드라인 수준에서라도 정해놓는 것이 필요하다.

| 운영을 신경 쓰지 않는다

A/C가 힘든 이유 중 하나가 다양한 주체가 참여한다는 것이다. 진단 대상자, 평가자(Assessor)만으로도 이미 여러 명인데, 여기에 프로그램과 규모에 따라서는 역할연기자(Role Player), 사회자(Host), 진행자(Facilitator)까지 필요하다. 한날한시에 움직이는 사람이 많고 여러 개의 공간을 써야 하므로, 운영의 복잡성이 꽤 높다. 그래서 중규모 이상의 A/C의 경우에는 반드시 운영자(Operator)가 필요하다. 이 운영자가 진단 대상자를 A/C에 참여하도록 안내하고, 현장의 여러 상황을 통제하며, 과제물을 배포/회수/취합하는 역할을 해야 한다. 이 운영자의 능력에 따라 A/C의 전체적인 품질이 오르락내리락하는 것을 자주 경험한다. 결국 세상만사가 그렇듯 A/C에서도 "악마는 디테일에 있다(The devil is in the detail)"가 적용된다.

마무리: 기왕 할 거면 제대로!

몇 년 전, 4차 산업혁명이니 AI와 로봇의 시대이니 하면서, 인간의 노동이 가진 가치가 점차 하락할 것이라는 전망이 있었다. 그 때문에 많은 사람이 직장을 잃지 않을까, 아니면 미래에 내 자녀들은 직장 구하기가 더 어렵겠다고 걱정하는 분위기가 있었다. 하지만 지금은 또 분위기가 급변했다. 4차 산업혁명도, AI와 로봇을 통한 자동화(RPA)도 결국 사람이 만들어내는 것이다. 물론, 이러한 산업 구조의 변화 때문에 어떤 직업은 사라질 것이고, 어떤 기업은 내리막길을 걸을 것이다. 하지만 반대로 새롭게 탄생하는 직업과 급성장하는 기업도 분명히 있을 것이다. 그러므로 사람에게 요구하는 역량은 다소 바뀌어도, 해당 역량을 가진 준비된 인재, 또는 잠재력을 가진 사람은 더욱 귀하고 중요해졌다. 그래서 사람의 역량과 잠재 능력을 측정/평가하려는 시도는 과거보다 더 적극적이고 정교해질 것이다. 이때 A/C가 HR에서 중요한 역할을 할 수 있다. 다만, 그것이 제대로 잘 기획/운영/활용될 때만 말이다. '다른 회사가 하니까 우리도 해보자'라든가, '직원들이 나태해진 것 같으니 일반적인 교육 대신에 A/C로 며칠 동안 힘들게 굴려보자'라는 식으로 접근하지 않았으면 좋겠다. 그렇게 하기에 A/C는 비용이 너무 많이 들기도 하고, 많은 사람의 피, 땀, 눈물이 들어가기 때문이다. 기왕 A/C를 할 거면 제대로 했으면 좋겠다. 그렇게 해서 수집된 정보와 평가 결과만이 HR 운영에 자신 있게 쓰이지 않겠는가? 또 그래야 우리 HR 분야가 조금이라도 발전하고, HR 부서가 조직 구성원에게 인정받지 않겠는가?

Dreaming of a new HR

KPI는 어떻게 도출해야 하나?

과거보다 핵심성과지표(KPI)의 중요성이나 활용도가 감소한 것 같다. 인사평가가 상시/수시평가체제로 바뀌는 등 OKR의 요소가 많이 적용되면서, KPI를 이용한 성과관리는 점차 구시대의 유물로 취급되는 분위기이다. 그러나, 개인인사평가에서 그 활용도가 떨어졌다 하더라도, 조직성과관리, 생산관리, 영업관리에서는 여전히 KPI가 중요하게 쓰이고 있다. 그래서 오늘은 KPI에 관해 이야기해 보고자 한다. KPI와 관련한 책이나 글은 많으니, 나는 되도록 기업 현장에서 느끼고 배운 것을 위주로 말하려 한다.

KPI의 개념과 천대받는 이유

KPI를 가장 잘 설명하는 말은, 피터 드러커의 "What gets measured gets managed"이다. 개념적이고 추상적인 성과를 구체적이고 측정 가능한 형태로 나타내는 것이 KPI이다. 나는 독일의 모 회사와 오랫동안 협업을 했는데, 그 고객사는 모든 업무를 KPI로 관리하고 평가한다. 심지어, 단기 성과를 증명하기 어려운 성격의 HR 프로젝트조차도 시작 전에 KPI를 꼭 설정해야 하고, 그 KPI를 매월 또는 분기별로 보고해야 했다. 왜 이렇게까지 빡빡하게 관리하냐고 독일 본사 직원에게 물었더니, 돌아오는 답이 멋졌다. "우리는 세계 최고의 엔지니어링 회사라고 믿는다. 우리에게 모든 것이 엔지니어링이다. Input이 있으면 Output이 있어야 하고, 그 과정과 결과는 KPI로 관리되어야 한다" 크게 보면 경영도 엔지니어링이니 이 말이 그리 틀리지 않은 것 같아서 빨리 수긍했다.

최근 들어 KPI가 천대받는 이유는 분명하다. 첫째, 무리한 정량화/계량화 때문이다. KPI 관련해서 일하다 보면 제일 자주 드는 생각이 '이것을 이렇게까지 계량화하는 것이 맞나?'이다. 어떤 업무는 그 성과를 계량화하려면 '보고서 개수'나 '문서작성 횟수' 같은 것밖에 없는데, 이런 KPI가 그 업무의 성과를 대표한다고 말하기 어렵다. 둘째, 목표 설정 시와 평가 시점에서만 KPI를 신경 쓰고, 그 중간 과정에서는 KPI에 전혀 관심을 두지 않기 때문이다. 즉, KPI의 과정 관리 및 모니터링이 안 되는 것이다. 이렇듯 KPI가 오직 평가만을 위해 쓰이고, 모니터링에는 쓰이지 않는 경우가 많다. 셋째, 융통성이 너무 없기 때문에 KPI를 미워하게 된다. KPI와 융통성은 잘 어울리지 않는 단어이긴 하다. 그러나, 환경과 상황이 바뀌면 KPI 또는 목표를 잘 바꿔줘야 한다. 그 KPI를 측정하는 것의 의미가 적어졌다면 바꿔줘야 하고, 처음에 수립한 목표가 갖는 의미가 퇴색했다면 목표를 조정해줘야 한다. 하지만, 연초에 한 번 설정한 KPI와 목표를 무조건 고수하기 때문에 KPI에 대한 반감이 커진다.

좋은 KPI를 도출하는 법

| 이론 편

검토 기준	내용 및 고려사항
전략 연계성	• 도출된 예비 KPI를 효과적으로 관리하면 팀의 전략 달성에 도움이 되는가? • 도출된 예비 KPI가 해당 직무의 성과를 대표할 수 있는가? • 도출된 예비 KPI가 해당 업무의 핵심성공요인과 직접적으로 연계되어 있는가?
측정 효율성	• 도출된 예비 KPI를 객관적으로 측정할 수 있는가? • 도출된 예비 KPI를 측정하기 위해 관련 자료 확보에 어려움은 없는가? • 도출된 예비 KPI의 측정 및 평가에 지나치게 많은 시간이 소요되지는 않는가?
지표 구체성	• 도출된 예비 KPI를 구성원들이 쉽게 이해 가능한가? • 도출된 예비 KPI가 구체적인 행동이나 달성정도 혹은 방향성을 담고 있는가? • 도출된 예비 KPI의 측정기준 및 결과를 직관적으로 파악할 수 있는가?
통제 가능성	• 도출된 예비 KPI의 평가 결과를 실제 담당자가 통제할 수 있는가? (내부에서 개선 가능한가?) • 도출된 예비 KPI가 다른 부서, 직무에서 책임져야 하는 지표는 아닌가? • 도출된 예비 KPI가 담당자 노력 수준에 관계없이 외부 요인(시장상황)에 의해 많은 영향을 받지 않는가?

그림 6. 좋은 KPI의 조건

좋은 KPI의 조건을 보통 다음과 같은 네 가지로 말한다. 첫째, 전략 연계성이다. 쉽게 말해, 각 KPI는 회사의 전략 및 목표와 닿아 있어야 한다는 것이다. 이상적으로는 개인에게 주어지는 KPI조차도 회사 전체의 전략/목표와 연계성을 가져야 한다. 물론, 모든 KPI를 이렇게 만들긴 어렵지만, KPI를 도출할 때 최소한 회사와 부서의 전략이나 연간 목표 같은 것을 한번 리뷰할 필요는 있다. 둘째, 측정 효율성이다. 어떤 KPI를 측정하기 위해 너무 많은 시간과 노력이 들어가지 않는지 확인해야 한다. 역으로 말하면, 우리 회사에 어떤 데이터가 어떻게 관리되고 있는지를 먼저 파악하는 것이 필요하다. 없는 데이터를 만들어내는 것보다 이미 존재하는 데이터를 요리조리 가공하는 편이 더 빠르기 때문이다. 셋째, 지표 구체성이다. KPI를 봤을 때 누가 봐도 쉽게 이해할 수 있어야 한다. 작성한 본인만 아는 KPI는 의미가 없다. KPI도 결국 성과관리를 위한 커뮤니케이션 수단이기 때문이다. 넷째, 통제 가능성이다. 내가 이 부분을 이야기할 때 꼭 고객에게 하는 질문이 있다. "HR 부서의 KPI로 '구성원의 회사 만족도'를 설정하는 것이 합당한가?"이다. 여러분은 어떻게 생각하는가? HR 부서가 구성원의 인사제도 만족도에 어느 정도 영향을 미칠 수 있다 하더라도, 회사 전체에 관한 종합 만족도에 어느 정도나 영향을 줄 수 있다고 생각하는가? 구성원의 회사 만족도를 HR 부서가 온전히 책임져야 할까?

| **실전 편**

지금부터는 내가 실무를 하면서 배우고 느낀 것을 가감 없이 공유하겠다. 이 중에서 여러분의 회사에서도 저지르고 있는 실수가 분명히 있을 것이다. 그러니 반면교사(反面敎師)로 삼아보길 바란다.

1. 회사 및 부서의 전략과 목표에 대해서 먼저 공유해야 한다.

위의 전략 연계성과 관련한 이야기이다. KPI를 단순히 평가를 위한 수단으로 본다면 어쩔 수 없지만, 원래 KPI는 전략 집중형 조직

(Strategy-focused Organization)을 만들기 위한 도구이다. 회사–본부–팀–개인이 하나의 전략 아래에서 일관성을 갖도록 하기 위한 것이다. 따라서, 구성원 개인에게 "깊이 고민해서 좋은 KPI를 뽑아서 갖고 와라"라고 말하기 전에, 회사와 부서의 전략과 목표가 바로 서야 한다. 그리고 그것을 구성원에게 공유하고 그것과 잘 연계된 개인 KPI를 고민해보라고 요구해야 정당하다. 그러니 좋은 KPI를 도출하려면 반드시 여러 번의 워크숍과 회의가 수반되어야 한다.

2. 본질은 잊은 채 정량화/계량화에만 집착하지 말라.

이게 가장 자주 일어나는 문제이다. 숲을 못 보고 나무만 보는 것이다. 그러다 보니, 업무 성과와 관련성이 별로 없는 횟수, 건수, 개수 같은 것만 잔뜩 쌓이게 된다. 이러면 업무의 질(質)적인 측면이 무시된다. 예를 들어, 날림으로 작성한 무의미한 보고서 10개가 많은 정성을 들여 작성한 보고서 1개보다 높게 평가되는 어이없는 상황이 생긴다. 그렇다고 (학교에서 과제물 채점하듯이) 매번 보고서의 품질을 평가해서 기록해둘 수도 없는 일이니, 결국 남는 것은 '보고서 개수'밖에 없게 된다. 그리고, 모든 업무 성과를 '마감 시한 준수'로 평가하려 하는 것도 역시 정량화/계량화에 대한 집착 때문에 생기는 현상이다. 그렇게 기한 준수가 중요하지 않은 일인데도, 모든 KPI가 이렇게 시간 관리 관점에서 세팅되는 경우가 있는데, 이 역시 바람직하지 않다.

3. 촘촘하게 관리하려는 마음에서 최대 다수의 KPI를 설정하지 말라.

KPI는 말 그대로, '핵심(Key)' 성과지표이다. 그러므로, 오히려 KPI 개수는 적을수록 좋다. 물론, 그 KPI가 핵심을 찌르고 있다는 전제하에서 말이다. 흐리멍덩한 다수의 KPI보다 그 업무의 핵심에 닿아 있는 소수의 KPI가 훨씬 낫다. 보통 조직은 10개 안팎, 개인은 5~7개 정도의 KPI를 설정하는 것이 적절하다. 이보다 많아지면 부서 또는 개인이 무엇을 중점적으로 관리해야 하는지 혼란스럽게 된다. 기억하기도 어렵다. 예를 들어, 어떤 회사의 총무팀이 '전기요금 절감률'이라는 KPI를 뽑아온 사례가 있다. 삼성전자 정도 되는 회사라면 이것은 정말 중요한 KPI가 될 것이다. 이것만으로도 연간 수천억 원이 왔다 갔다 할 테니까 말이다. 그러나, 공장이 있는 제조업이 아니라면 이 KPI는 그리 중요하지 않을 가능성이 크다. "Simple is always better"라는 격언은 KPI에도 적용된다.

4. KPI와 목표(Target)를 뒤섞지 말라.

'시장점유율 10%P 확대'라는 KPI가 있다고 치자. 이것은 KPI일까, 목표일까? 이것은 분명히 목표이다. KPI는 '시장점유율'이다. 그런데, 이런 식으로 KPI 자체에 목표인 '10%P 확대'를 붙박아 쓰는 고객사가 많다. 이러면 KPI에 대한 개념이 헷갈리게 된다. KPI는 핵심성과'지표'이다. Index, Indicator여야 한다. 목표(Target)는 지표에 따라 별도로 정하는 것이고, 매년 또는 분기마다 달라질 수 있어야 한다. 요즘처럼 외부 환경이 급변하는 때라면 KPI는 그대로 둔 채로 목표는 얼마든지 유연하게 변경되어야 한다.

5. KPI 하나 측정하려고 너무 큰 비용과 시간을 쓰지 말라.

위에서 말한 측정 효율성과 관련한 이야기이다. 그 단적인 예가 'OO 만족도'이다. 보통 연초에 KPI를 잡을 때 '이 OO 만족도는 설문조사로 파악해서 그 결과로 평가하면 되겠다'라고 생각하면서 정한다. 이 만족도 조사가 간단하게 사내 설문조사 정도로 끝낼 수 있는 것이면 괜찮은데, 소비자 총조사처럼 전문 리서치 회사에 의뢰해야 할 만큼의 사이즈라면 이야기가 달라진다. 이러한 조사가 KPI 하나만을 측정하기 위해 하는 것이라면 돈 낭비가 될 것이다. KPI도 측정과 관련해서는 가성비를 따져봐야 한다.

6. KPI의 유형/형태/형식을 신중하게 선택하라.

KPI의 유형이라 할 수 있는, 절대 숫자(예: 횟수, 건수, 개수), 비율(예: 성장률, 절감률, 신장률), 목표 대비 달성도를 마구잡이로 정하는 사례도 많다. 각각은 지표 자체가 갖는 특징이 있다. 비율에는 전년 대비 또는 전 분기 대비라는 시간의 개념이 들어간다. 목표 대비 달성도에서는 당연히 목표를 어떻게 설정하느냐가 중요하다. 좀 더 자세히 들어가면, 목표 대비 1%라도 더 달성하는 것이 중요한 지표인지, 아니면 목표 대비 일정 범위 내에 들어오기만 하면 되는 지표(-범위형)인지를 고민해야 한다.

7. '투입(Input)', '과정' 지표에 너무 큰 비중을 두지 말라.

영업직원의 KPI를 '고객 상담 횟수'나 '거래처 방문 횟수' 같은 것으로만 잡으면 어떨까? 고객 상담이나 거래처 방문이 영업 활동에서 중요한 과정인 것은 사실이지만, 그렇다고 영업 성과로 연결되지 않은 노력도 인정하는 것이 맞을까? 심지어 어떤 회사에서 영업직원의 KPI로 '고객과 전화 통화 횟수'를 잡은 것도 본 적이 있다. 이 KPI는 영업 과정 중 하나일 뿐인 특정 행위를 과도하게 중시한 것도 문제이지만, 측정할 수 없다는 것도 문제이다. 전화 통화 횟수를 어떻게 증명할 수 있나? 게다가 요즘 같은 시대에 전화 통화만 세고 카톡으로 나눈 대화의 횟수는 측정하지 않는 이유는 또 무엇인가? 그렇다고 모든 KPI를 지나치게 결과 중심으로 잡으면 결국 재무지표만 남게 된다. 이것도 바람직하지 않다. 결과와 과정이 균형 있게 들어가는 것이 좋다.

KPI로 성공을 거둔 사례: MLB 오클랜드 애슬레틱스

내가 강의 때마다 자주 써먹은 사례인 동시에 책과 영화로도 나온 이야기라서 좀 진부하긴 하지만, 그래도 KPI의 힘을 보여주는 좋은 사례인 것 같아서 다시 한번 이 책에 실어본다. 참고로, 이 사례는 〈머니볼(Moneyball)〉을 기반으로 하고 있다. 관심이 가는 분이라면, 브래드 피트 주연의 영화 말고 책을 읽어봐라. 영화보다 훨씬 더 풍부한 KPI와 관련한 이야기를 접할 수 있을 것이다. KPI뿐만 아니라, 사람을 뽑고 키우고 내보내는 HR 전반에 관한 좋은 인사이트를 얻을 수 있다.

오클랜드 애슬레틱스(Oakland Athletics)라는 MLB 구단이 있다. 2000년대 초반에는 매우 가난한 구단(스몰 마켓)이었다. 당시 MLB 전체 구단 중 선수들의 연봉 총액(Team Payroll)이 두 번째로 낮을 정도였다. 좋은 선수를 영입할 수 없다 보니 성적도 별로였다. 설상가상으로 Texas Rangers, LA Angels 같은 강팀과 함께 아메리칸리그 서부 디비전(AL West)에 속해 있었다. 그래서 만년 꼴찌 구단이었다. 그러나 빌리 빈 단장이 부임하면서 구단을 완전히 바꿔놓는다. 매년 꾸준히 플레이오프에 진출할 뿐만 아니라, 3년 평균 승률이 50%를 넘는 강팀으로

변모한다. 물론, 플레이오프에 진출하자마자 탈락하는 한계가 있긴 했지만, 마음껏 현질하는 부자 구단들 사이에서 이 정도 성적을 냈다는 것만으로도 칭찬받아 마땅하다.

빌리 빈 단장은 원래 선수 출신이었다. 그러나 선수로서 두각을 나타내지 못해서 스카우트로 활동하게 된다. 그는 스카우트로 활동하면서 자기 선배들이 자신만의 경험과 촉으로 선수를 선발하는 것에 회의를 갖게 된다(영화를 보면, 고령의 스카우트들이 대학 리그에서 준수한 성적을 내는 좋은 선수를, 키가 작고 여자들에게 인기가 없다는 이유만으로 선발하지 말자고 주장하는 장면이 나온다). 빌리 빈은 야구의 KPI라고 할 수 있는 각종 통계치에 관심을 갖게 되고, 이를 전문적으로 수집, 분석, 추출하는 데이터 분석가를 둔다. 그 데이터 분석 결과를 바탕으로 선수 발굴, 육성, 활용의 일관된 원칙을 세우게 된다. 다만, 빌리 빈이 구단 운영에 이를 적극적으로 도입한 것은 사실이지만, 이런 개념을 처음 창시한 사람은 아니다. 그보다 훨씬 앞서 세이버메트릭스(Sabermetrics)라는 방법론과 세이버메드리션이리는 집단이 있었다. 이들은 수학적·통계적 방법론을 야구에 적용하여 분석하는 것을 좋아하는 사람들이다.

다시 오클랜드 애슬레틱스 이야기로 돌아오면, 타 구단의 단장들이 타자의 성과를 측정하는 통계치로 AVG(타율)를 중요하게 여길 때, 빌리 빈은 발상의 전환을 한다. 이렇게 발상을 전환할 수밖에 없던 이유는 구단이 가난했기 때문이다. 왜냐하면 AVG가 높은 선수는 스카우트 경쟁이 치열하니 몸값도 높을 수밖에 없으니까 말이다. 숨은 진주임을 나타내는 지표가 뭐가 있을지 고민하다 찾은 것이 OBP(출루율)이다. 빌리 빈은 안타를 치고 1루까지 가나, 볼넷을 얻어서 1루까지 가나 결과는 똑같다고 봤다. 그러나 안타 생산력에 비해 좋은 선구안은 저평가되어 있었기 때문에 저렴한 돈으로도 동일한 결과를 얻을 수 있다고 판단했다. 게다가 타격은 기복이 있지만, 선구안은 거의 기복이 없다고 봐도 된다. 게다가 상대 투수에게 많은 공을 던지게 만든다는 점에서 전체 팀에게 도움이 되는 능력이다. 그래서 빌리 빈은 선구안은 좋지만, 몸값은 낮은 선수로 타선을 구성한다. 이렇게 볼넷을 골라낼 수 있는 선수가 가득하기 때문에, 상대 투수의 공도 스트라이크 존으로 몰릴 수밖에 없어 전체 타율도 높아지는 효과를 얻었다. (나중에는 전략이 수정되긴 하지만) 도루 시도는 철저히 금지했다. 도루를 통해 얻을 수 있는 효익보다 볼넷을 얻어 출루함으로써 기대하는 효과가 더 높다는 통계를 얻었기 때문이다.

이렇게 오클랜드 애슬레틱스와 빌리 빈은 새로운 시각을 갖고 선수를 평가하는 지표를 바꿈으로써, 선발하는 선수의 유형과 훈련 방식, 그리고 경기 전략을 수정할 수 있었다. 그 결과, 결국 구단의 성적까지 상승했다. 이는 많은 고민을 통해 도출된, 그래서 해당 분야에 최적화된 KPI가 갖는 힘을 보여주는 사례이다. (물론, 이후에 보스턴 레드삭스 등 다른 부자 구단(빅 마켓)이 이 전략을 따라 하거나 더 고도화하여 적용함에 따라 더 이상 독창적인 전략이 아니게 됐다)

글을 마치며

HR에는 유행이 있다. 어떤 것은 오래가고, 어떤 것은 금방 사그라든다. KPI는 꽤 오랫동안 경영관리 전반에 영향을 미친 개념이다. 최근에는 인사담당자 사이에서 철 지난 유행처럼 되어버렸지만, 여전히 유효한 부분이 있다. 조직성과관리, 생산관리, 영업관리 등에서는 KPI가 앞으로도 계속 잘 쓰일 것이다. 그러니 철 지난 유행이라고 해서 KPI를 무시해서는 안 된다. 인사담당자는 KPI에 관해 기본적인 지식을 갖출 필요가 있다. 물론, HR보다는 전략기획팀이나 경영관리 부서가 KPI에 관해서 더 정통해야 하겠지만, 회사에 따라서는 HR에 회사의 전체 성과관리 기능이 부여하는 경우도 많기 때문이다. 적어도, 부서장이나 구성원들에게 "이런 KPI가 좋은 것이다", 반대로 "이런 KPI는 좋지 않으니 이렇게 수정해야 한다" 정도의 피드백은 인사담당자가 할 수 있어야 한다.

Dreaming of a new HR

역량 Competency의 유래와 진실

인사담당자라면 역량이라는 표현을 아주 자주 듣고 쓸 것이다. 실제로 세어보지 않았지만, 매일 최소 10회는 읽고 듣고 쓰지 않을까 싶다. 우리는 역량을 상당히 광범위한 의미로 사용한다. '능력'을 세련되게 표현하는 정도로 쓰고 있지 않나 싶다. 그러나 역량은 학문적 배경이 있고, 꽤 오랜 역사를 가진 개념이다. 오늘은 이에 대해 자세히 알아보겠다.

역량의 학문적 발전사(史)

역량이라는 개념을 처음 개발한 사람은 1970년대 하버드대 교수였던 심리학자 데이비드 맥크렐랜드(David McClelland)이다. 당시 그는 미국 국무부로부터 어떤 연구 용역을 하나 받게 된다. 그때는 냉전 시대였고, 미국과 소련은 세계의 패권을 차지하기 위해 제3세계 국가들과 외교 관계를 맺는 것에 열을 올리고 있었다. 그래서 미국도 최고의 엘리트, 주로 아이비리그 출신을 대거 외교관으로 선발하여 제3세계에 배치한다. 그런데, 60% 정도의 외교관은 각 국가에서 퇴출당하고, 30% 정도는 그저 그런 평범한 관계를 맺는다. 오직 10%만이 적극적으로 지지를 받고 강한 협력을 끌어낸다. 미국 국무부는 이에 의문을 품게 된다. 모두 IQ와 학점도 높고, 최고 명문대 출신인데, 도대체 왜 이런 차이가 발생할까? 그래서 맥크렐랜드 박사에게 연구를 의뢰한다. 무엇을 보고 외교관을 선발해야 고성과를 기대할 수 있는지를 알아내 달라고….

  이 연구 결과로 탄생한 것이 바로 역량이다. 당시 인력 선발의 기준이었던 IQ가 실제 성과와 상관관계가 거의 없음을 밝혀냈다. 지금 생각해 보면 당연한 이야기이지만, 당시에는 꽤 충격적인 결과였을 것 같다. 따라서, IQ가 아닌 다른 기준이 필요한데, 그때 새로운 기준으로 제시한 것이 바로 역량(Competency)이다. 그래서 맥크렐랜드 박사는 직접 관찰하여 고성과를 내는 외교관들의 독특하면서도 공통적인 행동 패턴과 내적 특성을 찾아내는 전통적인 역량 추출 방법론을 개발했다. 이때 맥크렐랜드 박사가 주장한 역량의 기본전제 몇 가지는 다음과 같다. 첫째, 고성과자와 보통성과자는 구분된다. 둘째, 고성과자는 일을 잘하는 무엇인가 다른 이유가 있고, 우리는 그것을 역량으로 본다. 셋째, 역량은 성과를 예측하는 데 가장 유용한 기준이다. 넷째, 역량을 알려면 고성과자를 직접 관찰해야 한다.

어디까지 역량으로 볼 수 있나?

역량이 무엇이냐는 질문을 받으면, 십중팔구 자동반사적으로 '지식, 기술, 태도'라는 답이 떠오를 것이다. 그러나 좀 더 깊이 생각해보면, 정말 이것으로 충분한지 의문이 생긴다. 예를 들어, "열정도 역량인가?"라는 질문에 어떻게 답하겠는가? 지금부터는 역량의 범위에 관해 한번 이야기해 보겠다.

스펜서와 스펜서(Spencer & Spencer)는 역량을 5개로 구분했다. 지식(Knowledge), 기술(Skill), 자아개념(Self-concept), 특질(Traits), 동기(Motives)이다. 여기까지 들으면 바로 역량의 빙산 모형이 떠오르는가? 맞다. 이게 바로 그 빙산 모형이다. 지식과 기술은 수면 위에 잘 보이는 것이다. 반면, 자아개념, 특질, 동기는 수면 아래 있어서 눈으로 관찰하기 어렵다. 그렇다면, 역량은 이 5개 중에 어디까지일까?

위 문단 첫 번째 문장 속에 답이 있다. "스펜서와 스펜서(Spencer & Spencer)는 역량을 5개로 구분했다"라는 문장 그대로 이 5개 전부가 역량이다. 어떤 관점에 따르면, 이 중에서 수면 아래에 있는 것이 더 진정한 역량이라고 할 수 있다. 지식과 기술은 쉽게 가르칠 수 있는 데 비해, 수면 아래 있는 것들은 가르칠 수 없을뿐더러 노력한다 해도 잘 바뀌지도 않는 것이기 때문이다. 그 사람이 가진 특질이나 동기 같은 것은 타고났거나 아니면 어린 시절에 형성되는 것이기에, 그 사람의 생각과 행동에 아주 장기간 근본적인 영향을 미친다. 그래서 어쩌면 이것들이 더 근본적인 역량이라고 말할 수 있다는 의미이다. 바로 이 점 때문에 스펙 위주의 채용을 비판할 수 있다. 가르칠 수 있고 눈에 쉽게 보이는 영역인 스펙만으로 사람을 선발하고, 그 사람이 가진 가치관이나 심리를 등한시하는 것은 장기적으로 성과에도 도움이 되지 않는다.

내가 역량에 관해 공부하기 전, 일하면서 고민했던 몇 가지 질문을 퀴즈처럼 내보겠다. 첫 번째 질문은, "친절함 또는 체력은 역량일까?"이다. 그렇다. 역량이 맞다. 친절함이나 체력이 표현만 세련되지 못할 뿐이지, 어떤 직종/직무에서는 중요한 역량이다. 예를 들어, 호텔리어를 선발할 때 가장 중요하게 보는 것이 Hospitality이다. 남을 돕고자 하는 이타성을 의미한다. 이것의 유무가 좋은 호텔리어가 될 수 있는지 없는지를 나눈다고 한다. 마찬가지로, 체력이 중요한 직무가 있다. 경찰관이나 소방관 같은 직업이 그렇다. 그래서 선발 시험에 체력검정이 있는 것이다. 두 번째 질문은, "자신감도 역량일까?"이다. 맞다. 자신감도 역량이다. 실제로 어떤 학자는 리더십 역량군에 자신감(Self-confidence)을 포함시켰다. 위에서 언급했듯이, 심리적 요소도 중요한 역량이다. 자신감은 좋은 리더가 되는 데 중요한 요소이니 역량에 포함된다. 물론, 이 자신감을 어떻게 측정하고 검증할지는 어려운 문제이긴 하지만…. 세 번째 질문은, "호기심도 역량일까?"이다. 이는 직무에 따라 다르지만, 성과에 영향을 준다면 중요한 역량일 수 있다. 예를 들어, 나는 컨설턴트의 중요한 역량 중 하나가 호기심이라 믿는다. 이 호기심이 새로운 것을 학습하거나 정보를 찾고 파악하는 데 중요한 시발점이라 생각하기 때문이다. 그래서 나는 직원 채용 시 다방면에 관심이 많은 사람을 선호한다.

어떤 것이 역량인지 아닌지를 판단할 때 나는 이런 기준을 쓴다. 이론적 근거가 있는 것도 있고, 내가 경험으로 만들어 쓰는 것도 있다.

| 논리적으로 성과 창출과 연관이 있는가? 상식적으로도 이 역량이 높으면 그 일에서 성과가 높을 것으로 추정되는가?
| 확인과 측정이 불가능하거나, 또는 지나치게 어렵지 않은가?
| 지나치게 지엽적이거나 지식/기술의 유무만을 강조하지 않는가?
(예: 'ㅇㅇ에 관한 지식')
| 여러 역량이 뭉쳐 있을 만큼, 포괄적이고 광범위하지 않은가?
(예: '문제해결력'. 어떤 문제를 해결하려면 여러 역량이 복합적으로 발휘되어야 한다. 그러므로 문제해결력은 역량 그 자체와 유사어라고 할 수 있을 만큼 큰 개념이다. 문제해결력을 좀 더 잘게 쪼개서 정의해야 한다)
| 역량의 수준이나 발전 단계를 나눌 수 없을 만큼 단순하지 않은가?
| 고성과자의 특성이더라도 간헐적으로 나타나거나 드물게 발휘되진 않은가?

역량체계를 설계하는 법: 프레임워크 및 개발 방법론

일반적으로, 역량체계는 우측 그림과 같이 구성한다. [공통역량], [리더십역량], [직무역량]. 회사마다 이름은 조금씩 다르지만, 콘셉트는 거의 비슷하다. 그리고, [직무역량]을 다시 '직무행동역량', '직무기술역량'으로 나누는 회사도 있다. 이를 도식화하면 우측 그림과 같다.

역량체계 구성

| 공통역량 (핵심가치) | • 회사의 Vision 및 전략 달성을 위해 전직원에게 체화(體化)되기를 기대하는 역량 |

| 리더십역량 | • 바람직한 리더 역할 수행을 위해 현재 또는 잠재적 리더에게 요구하는 역량 |

직무역량

| 직무행동역량 | • 직무수행 과정에서 나타나는 의미 있는 행동들을 구조화 & 유형화 (과정 중심) |

| 직무기술역량 | • 성공적 직무수행을 위해 요구되는 구체적인 지식/스킬 등을 표준화 (요건 중심) |

그림 7. 일반적인 역량체계

공통역량은 우리 회사 구성원이라면 누구나 갖춰야 하는 역량이다. 보통 핵심가치로부터 도출하는 경우가 많다. 공통역량과 핵심가치가 따로 노는 것도 이상하니 당연한 일이다. 리더십역량은 조직 내 리더, 또는 리더 후보자에게 요구하는 역량이다. 일종의 리더상(像)에서 도출한다. 명시적인 리더상이 없다고 해도 리더십역량을 도출하고 행동지표를 정하는 것 자체가 리더상을 그리는 작업이다. 마지막으로, 직무별로 필요한 역량을 따로 정하여 직무역량을 도출한다. 이 중 직무행동역량은 사고법, 기질적 특성, 일반적인 행동 패턴 같은 비교적 일반적(Generic)인 것이다. 개념적 사고, 관계 구축력, 정보 탐색력 같은 것이 예이다. 다시, 직무역량 중 직무기술역량은 정말 그 직무를 하기 위해 필요한 구체적인 지식 및 기술에 해당하는 것이다. HR의 직무기술역량이라면 노동법에 관한 기초 지식, Excel 활용 능력이 예가 될 것이다.

이 프레임워크는 "꼭 이렇게 만들어야 한다"라고 주장하는 것이 아니다. 회사마다 인사철학이나 상황에 따라 선택하면 된다. 예를 들어, 리더십역량을 따로 두지 않고, 공통역량 중에 상위 수준을 리더십역량으로 볼 수 있다. 또는, 직무역량을 굳이 직무행동역량과 직무기술역량으로 나누지 않아도 된다. 직무기술역량은 도출하기도 어렵고, 도출에 성공한다 해도 그것을 관리하기는 더 어렵다. 그 회사의 비즈니스에 영향이 큰 핵심 직무만 직무기술역량을 정리해둬도 충분하다.

	검증된 역량모델을 통한 개발 "Starting with Validated Competency Model"	완전히 새로운 역량모델 개발 "Starting from Scratch"
설명	• 기존의 검증된 역량모델을 바탕으로 현장의 의견과 필요역량을 조사하여 역량모델 개발 • 국내·외 동종업계의 Practice, 글로벌 컨설팅社의 검증된 역량모델 사용	• 내부적으로 조사·연구한 자료를 바탕으로 역량모델을 개발 • 타 조직의 역량체계 등을 고려하지 않고, 순수하게 내부 정보에 의존
장점	• 검증된 모델을 사용함으로써 제한된 시간과 비용을 효율적으로 활용하여 역량모델 개발 가능	• 조직 특성이 충실히 반영된 독자적이고 고유한 역량모델 개발 가능 • 구성원의 참여도가 상대적으로 높아 도입 및 활용에 유리
단점	• 조직 및 인적 특성이 충분히 반영되지 않을 가능성 有 • 구성원들과 커뮤니케이션이 부족할 경우, 도입 및 활용에 어려움이 발생할 가능성 有 • 직무수행 성공에 필요한 전문적 기술·지식을 나타내지 못할 가능성 有	• 시간과 비용이 상대적으로 크게 소요
적용대상	• 전사 공통역량 (핵심가치) • 리더십역량 • 전문적 기술에 대한 필요가 적은 일반적인 직무의 역량	• 전사 공통역량 (핵심가치) • 전문적인 지식·기술이 필요한 직무(예: R&D)

역량체계를 개발하는 방법론의 큰 두 갈래이다. 역량체계를 개발하려면 크게 세 가지를 만들어야 한다. ① 역량 항목, ② 역량별 정의, 그리고 ③ 역량 수준별 행동지표가 그것이다. ①과 ②는 그럭저럭 빨리 정할 수 있는데, ③이 가장 힘들고 공이 많이 든다. 역량이라는 개념을 처음 만든 맥크렐랜드(McClelland) 박사는 역량을 도출할 때 반드시 고성과자에 대한 관찰과 인터뷰를 하라고 했는데, 이렇게 정석대로 하려면 시간과 비용이 많이 드는 것이 사실이다. 그래서 컨설팅 회사의 검증된 역량모델과 지표를 구매해서 커스터마이즈하는 방법도 있다. 이 방법도 나쁘지 않다. 아주 정석대로 작업하더라도 사내에 전문가가 없으면 결과물의 품질이 낮을 수 있는데(방법론이 품질을 100% 결정하지는 못한다), 이렇게 기존의 결과물을 활용하면 단시간에 꽤 괜찮은 역량체계를 만들 수 있다. 물론, 사서 그대로 쓰는 것은 좋지 않고 우리 회사에 맞게 잘 조정하는 작업이 꼭 필요하다. 하다못해 표현이나 단어라도 우리 회사의 것으로 바꿔야 한다.

글을 마치며

나는 한때 역량에 관해 꽤 회의적이었다. HR의 아무 데나 역량을 갖다 쓰는 것도 좀 별로였고, 뭐든지 역량 기반으로 한다고 홍보하는 것도 마음에 들지 않았다. 단적인 예가 역량 기반 교육체계(CBC: Competency-based Curriculum)였다. 기존 교육체계 및 교육과정과 내용적으로는 다를 것도 별로 없는데, 굳이 역량을 정해서 그 역량마다 교육과정을 매칭하는 것이 번거롭고 무의미해 보였다.

그러나 시간이 지나고 인사운영에 대한 이해가 깊어질수록, 역량체계가 없는 것보다 있는 것이 낫겠다는 쪽으로 생각이 바뀌었다. 채용, 인사평가, 진단, 교육 등에 광범위한 근거로 쓸 수 있어서 편리하다는 느낌도 있다. 다만, 역량에 대한 기초 지식이나 깊이 있는 고민 없이 한두 명이 대강 뚝딱 만들어서 그럴듯한 좋은 말만 늘어놓는 역량체계는 여전히 문제이다. 컨설턴트 중에도 이 역량체계를 도출하는 프로젝트를 좋아하지 않는 사람이 많다. 그 이유가 예쁘고 멋진 말을 시어내시 말장난하는 기분이 들기 때문이라고 말한다. 실제로 역량체계를 설계하는 프로젝트를 하면, 국어국문학 전공자나 광고 카피라이터가 더 잘하겠다는 엉뚱한 생각을 하게 되는 순간마저 있다.

역량도 최소 수준 이상의 공을 들여서 잘 만들려는 노력이 필요하다. 그런 역량체계여야 HR의 여러 영역에 연계한 인프라로 활용할 수 있다. 직급체계와 마찬가지로, 역량체계가 수면 아래 잔잔하게 흐르는 물처럼 인프라로 작용하는 면이 크기 때문이다.

Dreaming of a new HR

보상제도를 잘 설계하기 위한 고려 요소

HR 컨설팅 회사가 제일 자주 받는 프로젝트 의뢰가 아마 보상제도의 설계일 것이다. 각 사 인사팀이 직접 손대기에 부담스럽기 때문이다. 전문성이 부족해서가 아니라, 보상이라는 것이 워낙 민감하므로 "고양이 목에 방울 달기" 같은 면이 있기 때문이다. 보상의 규칙(Rule)을 어떻게 설정하는가에 따라 내부에서 유리해지는 집단과 불리해지는 집단이 나뉘므로, 어느 한쪽에서는 반드시 욕을 먹기 마련이다. 그래서 더욱더 외부 전문가에게 일을 맡기는 것 같다. 오늘은 보상제도를 설계하기 위한 몇 가지 고려사항을 이야기해보려 한다.

**우리는 어떤 사람들로 구성된,
어떤 문화를 가진 회사를 만들고 싶은가?
우리 회사 보상제도의 독특함(Edge)은 무엇인가? (보상철학)**

보상철학보다는 보상전략이라는 말을 더 많이 쓰는 것 같다. 보상전략이란, 보통 보상수준, 보상구조, 보상결정요인 같은 것으로 구성된다. 즉, 우리 회사는 경쟁사 대비 얼마만큼의 보상수준을 지향할 것인가, 우리 회사의 보상구조는 어떤 항목으로 구성할 것인가 같은 질문에 답을 정하는 것이다. 그런데, 내가 말하는 보상철학은 이보다 좀 더 상위의 개념이다. 보상전략을 포괄하는 더 넓은 의미이기도 하다.

보상철학을 정립할 때 도움이 되는 몇 가지 질문이 있다. 이 질문에 관해 깊이 있게 고민하고 결정하는 과정에서 자연스럽게 보상철학이 정해진다고 믿는다. 하나씩 나열해볼 테니 여러분도 각 사 인사담당자의 관점에서 진지하게 답해봐라.

| 우리는 어떤 유형의 인재를 외부에서 데려오거나 내부에서 키우고 싶은가?
| 묵묵히 조직의 허리를 받치고 있는 보통의 B급 인재를 어떻게 생각하는가?
| 우리 회사의 성과는 개인의 천재성에 기대는가, 아니면 팀워크와
프로세스에서 나오는가?
| 각 직무와 역할은 비슷한 가치가 있다고 믿는가,
아니면 기여도가 다르다고 생각하는가?
| 우리 회사는 어떠한 조직문화를 지향하는가?

이와 관련해서 좋은 예가 있어서 그것을 들어보고자 한다. 몇 년 전

에 초중등 학원의 보상제도를 조사한 적이 있다. 지금은 순위가 좀 바뀐 것 같지만, 그 당시 1위와 3위 업체가 정반대의 보상철학을 갖고 있었고, 그것이 그대로 보상제도에 반영되어 있었다. 1위 업체는 극단적인 성과주의 보상철학이었다. 모든 지점과 강사를 철저히 실적으로 평가했다. 매월 수강생 수 같은 KPI로 평가해서 하위 10%의 강사는 경고를 받거나 퇴출당했다. 오디션 프로그램에서나 볼 수 있는 시스템이었다. 그러니 모든 구성원이 엄청나게 열심히 일했고, 그 덕분에 회사 실적도 좋았으며, 성공한 일부 강사들은 수십억 원의 연봉을 받기도 했다. 하지만 조직문화는 별로였다. 살벌하기 그지없는 내부 경쟁 속에서 하루하루 피를 말리는 전쟁을 치러야 했다. 반면, 3위 업체는 완전히 반대되는 보상철학이었다. 따뜻하고 가족적인 시스템이었다. 학원 강사에게 학교 교사에 준하는 복지와 안정성을 제공하는 것을 지향했다. 그랬더니 1위 업체와 같은 곳에서 지치고 상처받은, 아이들을 돈으로만 보는 시스템에 신물 난 좋은 강사들이 이 업체에 지원하기 시작했다. 그래서, 예상보다 빨리 좋은 강사들을 빠르게 모을 수 있었고, 회사도 빨리 성장했다. 학부모 중에는 이 학원의 따뜻한 교육철학에 끌려 자녀를 오래 다니게 하는 경우도 많았다. 다만, 이러한 안정적인 보상제도는 개인의 성과 창출을 동기부여 하는 데는 한계가 있다 보니, 시간이 흐를수록 회사 성장이 정체되는 문제를 겪었다. 어쨌든 이 두 회사 모두 초중등 학원 시장에서 메이저 플레이어가 됐고, 그 나름의 철학과 방식으로 성공을 거뒀다.

다른 예를 하나 더 들어보겠다. 우리나라에 '네카라쿠배'가 있기 전부터 미국에는 FAANG이 있었다. 페이스북(Facebook), 아마존(Amazon), 애플(Apple), 넷플릭스(Netflix), 구글(Google)의 앞 글자를 딴 표현이다. 글로벌 IT 회사로서 어마어마한 시가총액을 자랑한다는 점이 공통점이다. 그러나, 이들의 보상철학은 굉장히 다르다. 그 결과로 보상구조와 보상 차별화의 정도가 완전히 다르다. 예를 들어, 구글은 천재에 대한 파격적인 보상이 철학이다. 성과를 내는 핵심인재에게는 상상하기 힘든 엄청난 보상을 준다. 이들의 보상철학을 한 문장으로 요약하면 이렇다. '기술이 핵심이다. 괴짜(Nerd) 같은 천재 개발자가 해내는 일은 전 세계를 움직인다. 그런 사람에게는 아낌없이 보상을 몰아줘야만 한다' 이러한 구글과 정반대의 길을 걷는 것은 페이스북이다. 페이스북은 내부 형평성이 높은 보상제도를 지향한다. 동종업계 보상수준을 벤치마킹하되, 그렇다고 업계 최고의 보상수준을 제공한다고 떠들지도 않는다. 오히려 묵묵하게 자기만의 길을 가며 성실히 일해줄 직원을 찾는다. 그러니 회사가 정한 보상 가이드 또는 공식 내에서 개인별 보상을 결정한다. 개인 간 보상액의 차이도 크지 않아 다 함께 행복하고 따뜻한 문화를 추구하는 느낌이다.

 이 양극단 중 어떤 보상철학이 더 우월한지는 모르겠다. 그 회사의 입종, 산업 내 위상, 유인하고자 하는 인재 유형, 지향하는 조직문화, 성과 창출 구조 등에 의해서 영향을 받아 정할 수밖에 없을 것이다. 뭐가 더 낫고 우수한지는 함부로 말할 수 없다. 다만, 내 경험상 CEO들은 구글이나 넷플릭스 같은 보상철학을 좋아했다. '자유와 책임을 줄 테니 큰 성과를 보여봐라. 그러면 그에 따른 큰 보상을 하겠다'라는 철학이 마음에 드나 보다. 물론, 경영자라면 이럴 수밖에 없다는 생각도 든다. 다만, 인사담당자가 생각해봐야 하는 문제는 '과연 우리 회사가 개인에게 자유와 책임을 주기는 하나?', '성과에 대한 파격적인 보상이라는 것이 공염불로 그칠 수 있지 않은가?'이겠지만….

우리 회사의 보상은 무엇이 결정하는가? (보상결정요소)

보상제도 설계 요소 중에 보상철학과 맞닿아 있는 것이 보상결정요소(Pay Contributor)이다. 과거 우리나라는 호봉제를 주로 썼기 때문에 연공(Seniority)이 보상결정요소였다. 물론 더 정확히 말하자면, 단순히 연공이 아니라 연공에 따라 쌓이는 숙련도였지만 말이다. 그러다가 IMF 시절을 겪고 나서부터는 성과와 능력이 보상을 결정하게 되었다. 이는 단순히 생각하면 아주 당연하고 자연스러운 방향이라고 보이지만, 이게 또 그렇게 단순하게만 볼 문제는 아니다. 회사가 말하는 성과와 능력이 무엇인지, 정말 그것을 개인이 좌지우지할 수 있는 것인지 등 복잡한 문제가 많다. 요즘 흔히 말하는 능력주의의 허상과 동일한 맥락에서 비판할 수 있는 문제이다.

최근에는 직무가치가 보상을 결정하는 쪽으로 흐름이 조금씩 바뀌고 있다. 스타트업으로 시작해 몇 년 만에 큰 성공을 거둔 유니콘 기업 중에 직무가치 기반의 (상당히 미국적인) 직무급제를 운영하는 경우가 있다. 그 때문에 이것이 마치 그 기업의 성공을 견인한 제도인 것처럼 알려지기도 했다. 단언컨대, 이것은 사실이 아니다. 그 기업의 여러 가지 요소들과 이 직무급제가 잘 맞았을 뿐이지, 직무급제만이 선진적이고 우수한 보상제도인 것은 아니다. 직무급제가 가진 위험성도 크기 때문에 신중한 검토가 필요하다.

우리 회사의 보상은 무엇으로 구성되는가? (보상구조)
그 보상구조 내에서 보상항목 간 구성비는 어떠한가?
(보상항목 간 비중)

보상결정요소 다음으로 중요한 것이 보상구조이다. 즉, 보상이 어떤 항목으로 구성되는가 하는 문제이다. 영어로는 Pay Structure라고 한다. 과거 호봉제 시절에는 이 보상구조가 상당히 복잡했다. 수당 항목이 너무 많았기 때문이다. 그러나 연봉제가 대세로 자리 잡는 과정에서 보상구조가 간단해졌다. 기본급, 성과급(인센티브, 보너스), 주식(스톡옵션), 복리후생 정도로 간결하다.

어떤 보상항목을 만들 때는 그 목적과 메시지가 분명해야 한다. 일반 직원들은 총보상액만 중시하기도 하지만, 적어도 HR은 각 보상항목이 어떤 의미인지, 어떨 때 지급되는지, 어떤 사람에게 지급되는지 정확하게 알고 있어야 한다. 최근에는 이러한 금전적 보상 외에도 조직문화, 회사 브랜드, 자기계발 기회와 같은 비금전적 보상도 중요하게 여겨 Total Reward라는 표현도 쓴다.

보상구조 내에서 보상항목 간 비중도 중요하다. 이것을 Pay Mix라고 한다. 똑같은 연봉 1억 원이라고 해도 기본급 9,000만원에 성과급 1,000만원을 받는 것과 기본급 4,000만원에 성과급 6,000만원으로 받는 것은 느낌이 다르다. 전자(前者)는 급여 안정성이 높으니, 직원 입장에서는 생활이 안정될 것이다. 반면 회사 차원에서는 고정 인건비의 압박이 크다. 반대로 후자(後者)는 개인의 동기부여 정도는 높겠지만, 성과를 내야 한다는 스트레스가 클 것이다. 보통 급여도 그렇지만 생활도 하방경직성(下方硬直性)이 있다. 한번 올라간 생활 수준은 낮추기 어렵다. 그러므로 성과급, 더 정확히는 변동급 비중이 너무 높은 것은 일부 직무를 제외하면 바람직하지 않다.

보상항목마다 기대 효과가 조금씩 다르다. 그러므로 이 역시 각 사의 보상철학이나 보상전략에 따라 비중을 정해야 한다. 예를 들어, 기본급은 외부에서 좋은 인재를 데려오는 데 중요하다. 이직할 때는 리스크를 낮추고 싶은 마음이 있으므로, 아무리 성과급이 포함된 총보상이 크다고 해도 기본급이 어느 정도 되지 않으면 안 된다. 성과급은 직원들에게 단기적으로 바짝 동기부여 하는 데 효과적이다. 그러나, 이것이 매년 반복되고 일정한 금액 범위 내에서 움직이면, 변동급이 아닌 고정급의 일부로 여겨지는 단점이 있다. 게다가 팬데믹 동안 성과급 이슈가 커졌기 때문에, 성과급의 비중이 크면 클수록 이로 인해 매년 노사 간에 갈등이 심해지는 문제도 있다.

조직/개인 간 차등 정도

그다음으로 중요하게 생각해야 하는 것은 조직/개인 간 보상의 차등 정도이다. 차등이 클수록 내부 경쟁이 심해진다. 우수인재를 우대한다는 철학이 자연스럽게 반영될 것이다. 그러나, 이 대목에서 위에서 던졌던 질문을 다시 갖고 오겠다. "묵묵히 조직의 허리를 받치고 있는 보통의 B급 인재를 어떻게 생각하는가?" 여기서 한 발 더 나가면 "우리는 B급 인재를 어떻게 볼 것인가? 고맙긴 하지만 언제든 대체 가능한 인력으로 볼 것인가, 아니면 물과 공기처럼 눈에 띄진 않지만, 필수적인 인력을 볼 것인가?"라고 묻겠다.

기본급은 그렇다 쳐도, 성과급은 조직/개인의 성과에 따라 지급하는 것이 원칙이다. 그러나 그것의 차등 폭은 조절할 수 있다. 더 노골적으로 말하면, 성과가 좋은 조직에서 성과가 나빴던 조직을 도와줄 것인가, 아니면 원칙에 따라 독식할 것인가 같은 것은 의사결정 사항이다. 모두가 공유하는 몫이 커질수록 One-Team Spirit을 강조하는 효과가 있지만 우수인재의 불만이 커질 테고, 반대로 독식하면 내부 갈등과 조직 간 벽(Silo)의 씨앗이 될 것이다. 그렇다고 회사와 HR이 마음 편하자고 정률 또는 정액으로 나눠 먹는 것도 큰 반대에 부딪힐 것이다. 젊은 세대의 키워드인 '공정성'은 공평무사함이나 획일적 통일성을 의미하지 않는다. 자신의 성과/능력에 대한 정당한 가치를 인정받길 바라는 마음이 공정성에 포함되어 있다. 그러니 나눠먹기식 일률적 보상 운영도 문제를 일으킬 것이 뻔하다.

마지막으로, 인사담당자가 지금까지 중요하게 생각하지 않았던 또 하나의 차등을 고려해야 하는 시대가 됐다. 그것은 바로 경영진과 일반 직원 간 차등 정도이다. 이것을 미국과 유럽에서는 Pay Ratio라고 해서 공시자료에 명시하도록 한다. 몇 년 전 SK하이닉스, 네이버, 카카오 등에서 성과급을 포함한 보상 전반에 관한 이슈로 홍역을 치르지 않았나? 그때 노조의 주장 중 하나가 경영진의 보수는 몇 년간 빠르게 올랐는데, 직원의 보상은 그렇지 않다는 것이었다. 그만큼 불평등이 심해졌다고 주장한 것이다. 이제 모든 구성원이 공시자료나 언론 보도자료 등을 통해 경영진의 보수를 알고, 또 예민한 눈으로 보고 있는 세상이다. 그러니 경영진과 일반 직원 간 보상의 차등 정도를 아예 무시하지는 못할 것 같다.

글을 마치며

보상제도 관련 컨설팅을 할 때마다 고객에게 늘 말하는 것이 두 가지 있다. "보상제도는 설계보다 운영이 더 어렵다"라는 것과 "보상제도는 기술(테크닉)이 아니라 그 저변에 흐르는 철학이 더 중요하다"가 그것이다. 이 글은 이 중 두 번째에 해당하는 내용을 다뤄보려고 했다. 하지만, 보상이 워낙 민감한 주제이다 보니, 이와 관련한 글을 쓰기도 참 어렵다.

다만, 내 주장은 간단하다. 비즈니스에서는 이도 저도 아닌 애매한 것이 최악인 경우가 많은데, 보상제도도 그렇다. 각 사에 잘 맞는 옷을 지어 입으려고 노력해야 한다. 뭐 하나 차별성(Edge) 없는 밋밋한 보상제도도 문제이고, 남들 다 한다고 우르르 따라가는 것도 문제이며, 사회적 변화와 담쌓고 기존 제도만 고수하는 것도 문제이다. 더구나 보상제도는 다른 모든 인사제도가 한데 모이는 저수지 같은 곳이다. 직무체계, 평가제도, 직급체계, 승진제도 등이 모두 상호작용하여 보상제도가 완성된다. 그러므로 보상철학을 수립한다는 것은 인사철학을 정립한다는 것과 거의 동의어이다. 보상철학을 잘 수립해야만 HR의 기반과 방향성이 탄탄하게 잘 잡힐 것이다.

Dreaming of a new HR

주식 보상의 종류와 장단점

팬데믹을 겪는 기간 동안 주식 보상이 뜨거웠다. "어떤 회사가 전 직원에게 일괄 2,000만원 상당의 스톡그랜트를 줬다", "어떤 회사 식원들은 우리사주로 대박이 났다"와 같은 뉴스도 있었지만, 반대로 "어떤 회사는 주가 하락으로 인해 우리사주가 휴지 조각이 됐다"라거나, 경영진의 스톡옵션 행사로 먹튀 논란이 일기도 했다.

2000년대 벤처 열풍이 일었을 때 스톡옵션이 적극적으로 활용됐다. 2009년에 970개의 회사가 코스닥에 등록되어 있었는데, 그중 93%인 904개 사가 스톡옵션 제도를 도입했다고 한다. 그러나, 이렇게 활발하던 스톡옵션 제도가 2010년대 들어서는 대기업을 중심으로 활용도가 확 줄어든다. 특정 직원에게 과도하게 보상이 집중되고, 임직원들이 기술 개발보다는 주가 끌어올리기에 열을 올리는 등의 부작용이 있었기 때문이다. 그랬던 스톡옵션이 다시 우수인재 유치 및 유지의 수단으로 주목받고 있다. 특히, 팬데믹으로 인해 몇몇 직무에 대한 수요가 폭발했고, 그 와중에 공정한 수익 배분에 대한 구성원들의 목소리가 높아졌기 때문에, 적당히 경쟁력 있는 현금 보상과 복지만으로는 한계를 느낀 기업이 많아졌다.

주식 기반 장기 인센티브의 종류

주식 보상의 종류는 매우 다양하다. 우리가 흔히 아는 스톡옵션(Stock Option) 외에 스톡그랜트(Stock Grant), 양도제한조건부주식(Restricted Stock)이라는 것도 많이 쓰인다. 주식평가차익권(SARs), 가상주식(Phantom Stock)도 있다. 외국에서는 실적지급주식(Performance Share)이라는 것도 많이 쓴다. 여기에 더해, 장기 인센티브는 아니지만, 직원 복지 차원에서 우리사주제, 종업원주식소유제도(ESPP)도 있다. HR 업무를 오래 했고, 특히 임원 보상 관련 업무를 한 분들은 이들 간에 차이를 잘 아시겠지만, 그렇지 않은 분들은 이해도가 다소 떨어지는 경우가 있다. 그래서 이렇게 다양한 주식 보상에 대해 간단히 정리해보고자 한다.

| **스톡옵션**(Stock Option)

스톡옵션은 주식을 바로 주는 것이 아니라, 일정 기간이 지난 후 특정한 조건이 달성됐을 때, 부여 시점에 정한 금액으로 주식을 매입할 수 있는 권리를 주는 것이다. 그래서 '옵션'이라는 표현이 붙는다. 우리말로

'주식매수선택권'이라고 부르는 것도 이러한 이유이다. 스톡옵션을 설계할 때는 행사가격, 부여수량, 대기기간 등을 정해야 한다. 옵션 행사 시 스톡옵션을 가진 임직원은 행사가격과 시가(Fair Market Value)의 차액만큼 이익을 얻게 된다. 물론, 주가가 행사가격보다 낮아진 경우에는 권리를 포기하면 된다. 스톡옵션은 가장 일반적이고 대중적인 주식 보상 형태라서 수혜자가 금방 이해한다는 점도 장점이라면 장점이겠다.

이 스톡옵션도 크고 작은 변형이 가능하다. 조직 또는 개인의 성과 및 기여도를 연동시켜서 행사가격, 효력 발생 수량이 변동되도록 하는 경우가 있다. 이것을 '성과연동 스톡옵션(Performance-based Stock Option)'이라고 부른다. 우리 회사의 주가가 주식시장 활성화로 인해 어쩌다 운 좋게 상승한 것인지, 정말 임직원이 노력한 결과가 반영된 것인지를 구분함으로써, 임직원에게 고성과 창출을 유도한다는 취지이다. 다만, 이 방식은 제도의 설계와 운영이 어렵다. 수혜자조차 그 논리를 제대로 이해하지 못하여, 계약서를 읽으면서 계속 갸웃거리며 서명하는 예도 봤다. 이러면 동기부여 효과는 확실히 떨어진다.

| **스톡그랜트(Stock Grant), 양도제한조건부주식(Restricted Stock)**

스톡그랜트가 스톡옵션과 다른 점은 나중에 주식을 살 수 있는 권리를 주는 것이 아니라, 진짜 주식을 준다는 것이다. 그래서 스톡그랜트를 우리말로 '주식상여제도'라고 부른다. 취득 후 바로 매각할 수 있는 주식이 있고, 일정 기간 근속을 조건으로 주는 주식이 있는데, 후자(後者)를 양도제한조건부주식, 영어로는 Restricted Stock이라고 부른다. 원래는 다양한 조건을 걸 수 있는데, 보통 3~4년 정도의 근속을 조건으로 설정한다. 이 기간이 지나면 제한이 해제되고 매각이나 양도가 가능해진다.

스톡옵션이 주가가 하락하면 경제적 가치가 없어지는 것에 비해, 스톡그랜트로 받은 주식은 상장 폐지가 되지 않는 이상 소정의 가치가 있다는 차이도 있다. 그래서, 임직원 입장에서는 스톡옵션보다 유리한 안정적인 방식이라고 말하기도 하지만, 부여수량이나 조건에 따라 달라지기 때문에 일률적으로 그렇게 말하긴 어렵다.

또 하나, 제도 운영적인 측면에서 스톡그랜트는 스톡옵션과 차이가 있다. 스톡옵션을 부여하려면 주주총회 특별결의가 있어야 한다. 전체 주주의 1/3 이상이 참석한 주주총회에서 참석자의 2/3가 찬성해야 하니, 상당히 까다로운 편이다. 반면, 스톡그랜트는 법적으로 자기주식의 처분에 해당하기 때문에 이사회 결의만으로 부여할 수 있다. 이 둘의 차이는 생각보다 크다.

| **우리사주제 및 ESPP(Employee Stock Purchase Plan)**

엄밀히 말하면, 우리사주제는 주식 기반의 인센티브 제도가 아니다. 근로자가 자신이 근무하는 회사의 주식을 취득 및 보유하게 하는 제도이므로, 근로자의 복지 증진을 위한 소득 보상적 차원이라고 보는 것이 맞다. 한마디로, 인센티브가 아니라 복지인 셈이다. 이러한 제도 취지 때문에 앞서 다룬 스톡옵션, 스톡그랜트와 확연히 다른 특징이 있다. 우선, 우리사주조합을 만들어야 하고, 자사주만으로 운영할 수 있다. 이 자사주를 조합원에게 분배할 때는 조합이 정한 규약에 따라야 한다. 다시 말해, 창업자 또는 대표이사라고 해도 특정인에게 자기 마음대로 더 많은 주식을 부여할 수 없다. 더구나, 우리사주제 관련 시행령에 따라 저소득 근로자 및 장기근속 근로자를 우대해야 한다는 조건이 있다. 그래서 개인의 성과 및 기여도와 무관하게, 대체로 근속기간이 길수록 더

많은 우리사주를 배정받는다.

　우리사주를 한 번 주고 끝나는 것이 아니라, 지속적으로 근로자가 할인된 금액으로 매입할 수 있게 운영하면, 그것이 ESPP(Employee Stock Purchase Plan)가 된다. 미국은 직원들의 노후보장을 위한 복지의 일환으로 상당히 활발하게 운영되는 것에 비해, 우리나라는 그리 활성화되지 않았다. 제도 운영에 품이 많이 드는 데 비해 직원들이 그다지 반기지 않아서 그런 것 같다.

| **가상주식(Phantom Stock) 또는 가공주식**

　이 제도는 주식 기반의 인센티브가 아니다. 엄밀히 말하면, 주식을 기반으로 한 것이 아니라, 주가를 지표로 한 현금성 장기 인센티브(Deferred Cash Compensation)이다. 이 제도에서는 임직원에게 일정 수의 주식 단위를 부여한다. 여기서 중요한 것은 '주식'이 아니라 '주식 단위'라는 점이다. 그 후 스톡옵션과 거의 동일하게 제도를 설계하지만, 주가라는 지표에 연동해서 3~4년 뒤에 현금으로 인센티브를 주는 것이다. 즉, 부여 시점보다 행사 시점의 주가가 오르면 그 차액만큼을 회사가 현금으로 지급하는 것이다.

　이 제도의 단점은, 결국 현금 보상의 한 형태이기 때문에 이 가상주식에 따른 인센티브를 지급하느라 회사의 이익 및 현금흐름이 훼손될 수 있다는 것이다. 따라서, 이 가상주식을 받은 수혜자가 소위 대박이 날 만큼 파격적인 설계와 운영을 할 수 없다. 지급액의 상한(Cap)을 잘 정해야 한다. 반면, 이 제도의 장점은 실제 주식을 기반으로 움직이지 않기 때문에 자유도가 높다는 것이다. 말 그대로, 회사와 개인 간 계약일 뿐이라 각자의 의도 및 합의에 따라 원하는 조건을 마음껏 집어넣을 수 있다. 또한, (미국은 이 가상주식마저도 증권거래위원회(SEC)에 신고해야 하지만) 우리나라는 적어도 현재까지는 공시 의무가 없어서 회사와 경영자는 더욱 자유도가 높다고 느낄 것이다.

주식 보상의 장단점

'세상에 좋기만 한 것도 없고, 나쁘기만 한 것도 드물다'가 평소 내 생활신조이다. 주식 보상도 마찬가지이다. 구성원 입장에서야 받아서 나쁠 것 없는 보상이기는 하지만, 회사 전체의 관점, 또는 HR의 관점에서 보면 장단점이 공존한다.

| 장점

첫째, 스타트업처럼 보상 재원이 충분하지 않은 기업에서는 주식 보상을 통해 우수인재를 새로 확보하거나 유지할 수 있다. 비록 지금은 초라하더라도 장밋빛 미래를 꿈꾸면서 열심히 일하게 할 수 있다. 특히, 대부분의 주식 보상이 일정 기간 이상의 근속을 전제로 하기 때문에 인재 유지에 효과적이다. 둘째, 주주와 구성원 간 이해관계를 일치시킬 수 있다. 즉, 직원이 곧 주주가 되어 장기적 시각으로 판단하고 행동하는 아름다운 모습을 그려볼 수 있다. 셋째, 구성원의 지분이 늘어날수록 회사는 우호 지분이 증가하는 효과도 있다. 적대적 M&A를 방어하는 데도 도움이 된다고 한다. 넷째, 회사의 현금흐름에 악영향을 주지 않고도 파격적인 보상을 할 수 있다는 장점이 있다. 이것이 가장 큰 장점이다. 주식 보상으로 소위 대박이 날 때 그 돈은 회사의 통장에서 나오는 것이 아니라 자본시장에서 나오는 것이기 때문이다. 마지막으로, 주식 보상은 시간 외 근무수당, 퇴직금 산정 시 기준이 되는 각 통상임금 및 평균임금에 영향을 미치지 않는다. 즉, 연쇄 반응에 의한 인건비의 추가 상승을 피할 수 있다.

| 단점 1

　주식 보상의 장점은 다들 웬만큼 아는 것이니, 단점을 좀 더 자세히 써보겠다. 여기에는 이론적/보편적인 것도 있고, 내가 직간접적으로 경험한 것도 포함된다. 첫째, 주가가 그 회사의 성과 및 가치를 100% 대표하는 것이 아닌데도 모든 기준이 주가에 맞춰진다. 회사의 성과를 책임지는 핵심 부서가 관심을 받는 것이 아니라, IR 부서가 스타가 되는 우스운 상황을 목격한 적 있다. 그러다 보니 회사의 미래를 준비하는 사람은 점차 줄어들고, 단기 성과 또는 기삿거리만 찾는 근시안을 가진 구성원이 늘어날 수 있다. 둘째, 구성원들이 주가에 과도한 관심을 가지면, 수가에 따라 그닐그닐의 분위기가 좌우된다. 주가가 폭등한 날에는 회사에 웃음꽃이 만발하고, 주가가 며칠 연속으로 하락하면 다들 조용히 주가 차트만 보고 있다. 셋째, 주식을 많이 받은 직원과 그렇지 못한 직원 사이에 위화감이 생긴다. 우리사주는 근속기간에 따라 비교적 공평하게 분배된다 해도, 스톡옵션, 스톡그랜트, 가상주식 등은 부여하는 입장에서 정할 수 있으므로 내부 갈등의 씨앗이 되기도 한다. "배고픈 것은 참아도 배 아픈 것은 못 참는다"라는 말이 있는 것처럼, 보상에서는 시장임금 대비 경쟁력이 낮은 것보다 내부 공정성 훼손이 더 치명적이다. 특히 현금 보상보다 기대 수익이 큰 주식 보상이면 더 예민해진다. 넷째, 주식 보상은 기존 주주들의 지분가치를 희석시킬 수 있다. 과

거 몇 번의 사례를 보면 특정 회사의 임직원이 스톡옵션을 대거 행사하던 시기에 주가가 폭락한 예도 있다.

단점 2

지금부터는 경험을 통해 느낀 단점을 이야기해 보겠다. 우선, 주식 보상을 본격적으로 활용하게 되면 이를 전담할 인력이 필요해진다. 조직규모에 따라 다르겠지만, 주식 보상제도를 설계하고 운영하는 것이 꽤 고난도이고 또 생각보다 잔손이 많이 가기 때문에, 따로 인력을 둬야 한다. 게다가 이 주식 보상 담당자는 HR뿐만 아니라 약간의 법률, 회계, 세무 지식도 갖춰야 한다. 그만큼 고급 인력이 이 업무를 담당해야 하니 높은 인건비가 추가로 들어간다. 둘째, 주식 보상 때문에 권고사직, 해고, 관계사 전출 등의 인사운영이 어려워진다. 계약조건에 따라 다르지만, 일반적으로 주식 보상은 퇴사하면 그 효력을 상실한다. 그래서, 심각한 윤리적 문제를 일으켜서 강제 해고 해야 하는데, 해당 직원이 주식 보상 때문에 퇴사하지 않고 끝까지 버티는 경우가 생긴다. 주식 보상이 우수인재를 유지하는 데도 유용하지만, 반대로 문제직원을 내보내는 데 장애가 되기도 한다. 셋째, 외부에서 체리피커(Cherry Picker)를 불러 모을 수 있다. 모 서치펌 대표에게 들으니, 요즘 기업공개(IPO)를 앞둔 기업만 전문적으로 찾아다니는 직장인이 늘어났다고 한다. 상장을 추진하고 있거나 2~3년 이내에 할 것 같은 유망 중소기업에 입사해서 주식으로 큰 이익을 보고 그만둔 후 또 다른 Pre-IPO 기업으로 이직하는 사람이 많다고 한다. 이분들을 비난하고 싶지 않다. 어쩌면 직장인으로서 매우 스마트하고 가장 확실한 재테크일 수 있다. 그러나 주식 보상의 본래 취지를 고려할 때, 이런 사람들이 회사에 많아진다는 것은 장기적으로 바람직하지 않다. 넷째, (앞의 단점과 연결되는 내용인데) 대기기간이 지나고 행사 시점이 될 때 대규모 퇴사가 발생할 수 있다. 행사조건 충족 전까지는 강력한 유지 효과가 있겠지만, 반대로 행사조건이 충족되면 이익 실현 후 대량 퇴사를 유도할 가능성도 있다. 퇴사야 늘 있는 일이지만, 이렇게 한꺼번에 퇴사자가 나오면 회사와 HR은 난감할 수밖에 없다. 다섯째, 이는 주식 보상의 속성에 의한 근본적인 것인데, 주가라는 것이 워낙에 예측 및 통제가 불가능하다 보니, 주식 보상을 받은 직원들의 기대 수익을 예상할 수 없다. 즉, 회사와 주주들은 직원들을 동기부여 하겠다는 좋은 마음으로 주식이나 옵션을 부여했는데, 이것이 주는 동기부여 효과를 알 수 없다. 우리 회사는 잘하고 있는데 외생적 요인에 의해 주가가 하락하여 스톡옵션이 휴지 조각이 되는 경우, '주고도 욕먹는' 또는 '분명 뭔가 중요한 것을 줬는데 사기가 떨어지는' 현상이 일어날 수 있다.

글을 마치며

최근 주식 보상으로 돈을 많이 번 직장인을 자주 접한다. 10여 년 전만 해도 주식 보상은 일부 경영진이나 초(超)핵심인재에만 해당하는 이야기였다. 이게 이렇게 보편화되고 일상화될 줄은 몰랐다. 그만큼 우리나라의 보상제도도 많이 선진화되고 있다는 느낌이 든다. 그래서 우리 인사담당자는 이 주식 보상을 잘 알고 이해하며, 더 나아가 그 이면까지 생각할 수 있으면 좋겠다는 생각에 이 글을 썼다.

Dreaming of a new HR

핵심인재는 누구이고, 어떻게 육성되는가?

핵심인재를 따로 관리해야 할까?

핵심인재를 따로 관리해야 하는지에 관한 생각은 기업마다 다르다. 어떤 기업은 직원 간 차등을 두기보다는 공평무사함을 추구하고, 반대로 어떤 기업은 "어떻게 모든 직원이 다 똑같을 수 있냐? 기여도와 능력이 천차만별이다"라고 하면서 핵심인재의 선발 및 육성을 지상과제로 삼기도 한다. 무엇이 옳은지, 무엇이 더 우월한지는 쉽게 답할 수 있는 문제는 아니다. 그 회사의 인사철학에 따라 달라지기 때문이다. 그러나, 최근 많은 기업이, 특히 대기업들은 핵심인재에 관심을 많이 두고 이들에게 일반 직원과는 조금 다른 인사제도를 적용하는 경향이 있다.

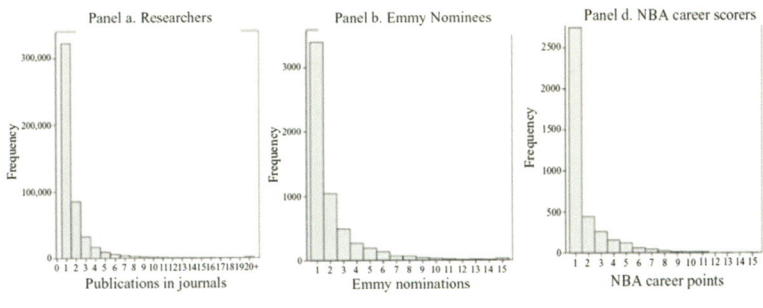

그림 9. 성과의 멱함수

  우리는 세상의 많은 현상이 정상분포 곡선의 형태로 존재하리라 생각하는 경향이 있다. 그래서 직원들의 성과 분포도 정상분포 형태일 것이라 가정하여, S/A/B/C/D 등급을 나누며, 그 등급 배분도 대체로 10/20/40/20/10%로 나눈다. 이 평가등급에 따라 보상에서 약간씩 차등을 두는 것을 '성과에 따른 보상(Pay-for-Performance)'이라고 생각한다. 그러나, 미국에서 학계, 연예계, 스포츠계 17,750명을 대상으로 조사한 결과, 주요 시상식에서 상(賞)을 받았거나 후보에 오른 사람들의 분포에서 성과의 멱함수(冪函數)가 나타났다. 즉, 연구실이 아닌 진짜 현실에서는 대부분이 비슷한 성과를 보이고, 극소수만이 특출난 성과를 보인다는 뜻이다. 특히, 뛰어난 재능이 필요한 분야에서는 더욱더…. 하지만, 잘 생각해보면 비즈니스의 세계에서도 점점 타고난 재능이 필요한 영역이 늘어나고 있으니, 이러한 멱함수가 점차 세상을 지배할 것으로 예상한다. 그래서 이 그래프가 사실이라면, 핵심인재는 정말 소중한 인재일 것이다.

핵심인재의 정의와 선발

우리 회사가 국내 주요 기업을 벤치마킹한 결과, 핵심인재에 대한 정의가 조금씩 다르다. 가장 많은 사례는 핵심인재를 10년 내 주요 계열사 또는 부문의 CEO가 될 만한 후보자로 보는 것이었다. 또 다른 사례는 3~7년 이내에 그룹 내 주요 임원 포지션을 승계할 수 있는 후보자로 보는 관점이다. 둘 다 Successor의 관점에서 접근한다는 공통점이 있다. 하지만 약간 톤이 다르다. 전자(前者)는 사업가형 인재 또는 최고경영자(CEO)만 핵심인재로 보는 것이고, 후자(後者)는 각 직군의 전문가(Expert)도 핵심인재로 보는 것이다. 이 정의에 따라 핵심인재의 선발 규모도 많이 달라진다. 전자의 경우에는 당연히 후보군이 좁아질 수밖에 없다. 전 그룹에 걸쳐 100명 이하인 경우가 많다. 반면 후자로 가면 후보군이 확 늘어난다. 회사 경영에 필요한 주요 기능별로 후보자가 생기니, 많으면 700~800명에 이르는 예도 있다.

핵심인재를 선발하는 방법으로 대부분 주요 기업들이 추천제를 쓰고 있다. 각 사 대표이사가 소속 직원 중 가장 좋은 인재를 추천하는 방식이다. 다만, 추천제가 가진 단점도 있기 때문에 이를 보완하는 장치를 마련하려는 움직임이 많다. 예를 들어, 지주사 HR팀이 순수하게 데이터에 의해 핵심인재 후보자를 추려 따로 추천한다든가, 외부 전문가를 이용해 Assessment Center를 통해 선발한다든가, 각 사 대표이사가 추천한 후보자를 3명의 다른 계열사 대표이사가 면접을 본 후에 만장일치로 결정한다든가 하는 방법을 쓴다. 또 어떤 경우에는 외부의 공신력 있는 심리검사 도구를 보조적인 수단으로 사용하기도 한다. 특히, 검사 도구 중 잠재력을 볼 수 있는 것을 활용한다.

최근에는 핵심인재 선발 시 후보자의 인성(人性)을 중시하는 경향을 발견했다. 이 대목에서 모 회사의 핵심인재 관리 담당자가 했던 인상적인 말이 기억난다. "오래전에 성과가 탁월한 인재를 핵심인재로 선발하고 육성해서 계열사 대표들을 만들어낸 적이 있다. 그런데, 시간이 지날수록 이 사람들의 좋지 못한 인성(예: 엘리트주의, 과도한 성과주의)으로 인한 문제가 발생했다. 젊은 시절 단 한 번의 실패와 좌절도 없이 성공만 했던 사람이 가진 인성이 수백 수천 명을 이끄는 리더로서는 결함이 됐다. 그래서, 지금은 정기적으로 인성검사도 하고, 다면진단을 통해 평판도 파악해서, 그 결과를 바탕으로 Pool out 시키기도 한다". 나도 이 발언에 동의한다. 우리는 사람을 평가할 때, 성과와 능력을 과대평가하고, 인격을 과소평가하는 경향이 있다.

핵심인재를 육성하는 방법

핵심인재의 육성은 쉽지 않다. 각자의 분야에서 이미 상당한 수준의 성과와 능력을 증명한 사람이기에 일반 직원과 동일한 교육으로는 역량 향상이 어렵기 때문이다. 그래서 대부분 주요 기업에서 교육은 부수적인 수단이다. 1년에 3~4회 정도 집합식 교육을 하는 곳이 있긴 하지만, 그렇다고 그것이 핵심인재 육성의 중요한 축은 아니다. 대다수 주요 기업들이 집합식 교육을 핵심인재가 스스로 핵심인재임을 자각하고 다른 동료들을 통해 자극을 받는 시간 정도로 활용하고 있다.

핵심인재 육성은 철저하게 '일을 통한 성장' 또는 '일터학습(Workplace Learning)'으로 접근하는 경우가 많다. 즉, 경험을 통해 직접 체험하고 느끼도록 하는 것이다. 도전적인 과제나 프로젝트를 부여하고 이를 수행함으로써 자연스럽게 역량 향상 및 경력개발이 이루어지도록 하는 것이다. 이 대목에서 3E의 7:2:1의 법칙이 떠오른다. 인재가 성장할 때 70%는 경험(Experience), 20%는 노출(Exposure), 즉 보고 배우는 것에 의해 이루어지며, 오직 10%만 교육(Education)으로 이루어진다는 것이다.

그림 10. 3E(Experience, Exposure, Education)

국내 주요 기업의 핵심인재 대상 경력개발에서 눈여겨볼 만한 점은, 본인의 전공 분야 외에 최소 1~2개의 분야를 추가로 경험시킨다는 것이다. 모 회사에서는 이를 "F 자형 경력경로"라고 부른다. 예를 들어, 연구개발(R&D) 분야의 핵심인재에게 일부러 마케팅과 경영관리 직무를 경험하게 하는 것이다. 어떤 그룹사는 반드시 지주사(홀딩스)에서 2년 이상 근무하는 경험을 부여하기도 했다. 또 다른 모 그룹사는 핵심인재가 익숙한 산업을 떠나 완전히 다른 이종(異種)의 산업에서 근무하는 경험을 부여했다. 특히 요즘에는 신(新)사업, 즉 스타트업 경험을 부여한다고 한다. 이렇게 해서 다른 분야, 다른 조직, 다른 산업에서, 다른 방식으로 일하도록 함으로써, 특정 Silo에 갇힌 우물 안 개구리가 아닌 회사와 산업 전체를 볼 수 있는 관점을 길러주려고 하는 것이다.

멘토링과 Shadowing을 적극적으로 활용하는 곳도 있어 인상적이었다. '우수한 인재가 우수한 사람을 가르칠 수 있다'는 전제하에 핵심인재 중 선배 기수가 멘토가 되어 후배 핵심인재들과 정기적으로 만나서 면담을 진행한다. 또 이 회사는 핵심인재가 일정 기간 앞으로 자기가 해야 하는 일을 지금 수행 중인 선배를 졸졸 따라다니면서 눈으로 배우는 Shadowing도 병행한다. 이 기간만큼은 현업 업무를 잠시 놓고, 모든 회의, 출장, 의사결정 자리에 동석한다고 한다. 그리고 그 선배로부터 쉴 새 없이 질문을 받고 답해야 한다고 한다.

핵심인재의 육성과 관련하여 제일 인상적이었던 회사가 있다. 이 회사는 창업자의 뜻에 따라 핵심인재에게 반드시 시련을 경험하게 한다고 한다. 예를 들어, 누가 봐도 조직 내에서 제일 잘나가는 핵심인재를 비주력 계열사나 소위 한직(閑職)에 보낸다고 한다. 그 사람이 그곳에서 어떤 성과를 내는지도 중요하지만, 그렇게 시련이 주어졌을 때 어떻게 생각하고 행동하는지를 더 중요하게 본다고 한다. 어떻게 보면 충성심 테스트 같지만, 이런 시련의 경험이 핵심인재가 더 성숙한 리더가 되는 데 중요하다고 생각한다. 그룹사의 경우 1%도 안 되는 최상위 엘리트라 할 수 있는 핵심인재들이 느낄 수 있는 자부심을 넘어 자만심이 리더로 성장하는 데는 독이 될 수 있기 때문이다. 어떻게 보면, 이러한 시련의 경험 부여는 영웅 신화의 구조를 떠올리게 하기도 한다.

핵심인재를 보상하고 관리하는 방법

| 보상

핵심인재에게 별도의 금전적 보상을 하는지가 궁금했다. 그래서 모든 조사 대상 기업에 이 질문을 했는데, 단 한 곳도 그룹 차원에서 직접적인 금전적 보상을 하는 곳은 없었다(계열사 단위에서 크지 않은 수준에서 추가 보상하는 예는 더러 있었다). 신기했다. 가장 쉽고 효과적인 동기부여 및 유지 수단이 돈인데…. 모든 주요 기업들이 비금전적 보상 정도를 제공하고 있었다. 남들보다 조금 빠른 승진, 최고경영자가 나를 안다는 자긍심, 파격적인 교육 기회와 경험, 인사평가 시 약간의 혜택(예: 최소 B등급 이상)을 제공한다. 일부 회사는 핵심인재를 선발해놓기만 하고 별도의 관리를 하지 않아 사실상 방치하는 곳도 있는데, 금전적인 보상이 아니더라도 회사와 최고경영자가 관심과 애정을 보이는 것만으로도 핵심인재는 충분히 만족할 것 같다.

| Pool 관리

"한번 핵심인재가 되면 계속 핵심인재이냐?"라는 질문에 대한 답이다. 일부 회사는 따로 Pool out을 시키지 않는 곳도 있지만, 또 어떤 곳은 매년 5~10%의 핵심인재를 Pool에서 제외하기도 한다. 이때 근거는 연중에 이뤄지는 여러 검사와 평가, 그리고 각 사 대표/인사팀/지주사의 관찰 결과이다. 이 글을 읽는 귀하가 인사담당자라면 이런 의문이 들 것이다. "핵심인재에서 제외되면 퇴사하라는 뜻 아니냐?" 그런데 의외로 핵심인재에서 탈락해도 퇴사하는 등의 극단적인 행동을 하는 경우는 거의 없다고 한다. 오히려 Pool out 된 것을 기뻐하는 사람도 있다고 한다. 기본적으로 핵심인재가 되면 육체적으로 힘들고 스트레스를 받기 때문에 일과 삶의 균형을 찾기 위해 Pool out을 개인이 요청하는 경우도 있다고 한다. 직장인들의 가치관이 많이 달라졌음을 느끼게 하는 부분이다.

| 핵심인재 관리제도의 공식화 여부

우리 회사에 핵심인재라는 사람들이 있고, 그들이 따로 관리되고 있다는 사실을 전 구성원에게 알리고 있을까? 이것도 무척 궁금했다. 그 답은, 기본적으로 비밀주의를 유지하되, 핵심인재의 주변 사람(예: 직속 상사)이 피치 못하게 알게 되는 것은 어쩔 수 없다는 태도를 보이는 곳이 대부분이었다는 것이다. 완전 공개주의를 택한 곳은 한 곳도 없었다. 불필요한 시기와 질투, 그리고 내부 경쟁을 유발할 수 있다는 이유 때문이었다.

그렇다고 완벽한 비밀주의를 유지할 수도 없다. 핵심인재의 주변 사람, 그중에서도 직속 상사와 후배 직원은 알 수밖에 없다고 한다. 정기적인 다면진단 또는 평판 조회를 요청하게 되고, 핵심인재가 별도의 교육과정에 참여하거나 CEO와 동행하는 출장을 가기 때문에 완벽한 비밀 유지는 불가능하다. 그래서 이런 불가피한 노출은 따로 관리하거나 신경 쓰지 않는다고 한다. 대놓고 "ㅇㅇㅇ은 핵심인재다"라고 노출하지 않을 뿐이다.

핵심인재 관리의 핵심성공요인

모든 HR 제도가 다 그렇듯, 핵심인재 관리는 특히 최고경영자의 스폰서십과 참여가 중요하다. 모 그룹사는 10여 년 전에 핵심인재 관리를 시도했다가 몇 년 만에 실패해서 접었다가, 수년 전에 다시 시작하니 너무 잘 작동하는 극과 극의 경험을 하고 있다고 한다. 이 두 시대 간 결과의 차이는 딱 하나, 즉 최고경영자의 관심과 투자에서 비롯됐다고 한다. 그래서 이 회사는 지주사에 핵심인재 관리만 담당하는 팀과 위원회가 따로 존재한다. 무엇보다 최고경영자가 연중에 핵심인재들과 자주 만나서 식사도 하고 대화도 하며, 가끔은 해외 출장에도 동행시킨다고 한다. 또 다른 그룹사도 최근 핵심인재 관리만 전담하는 부서를 지주사 인사팀에 별도 파트로 신설하고, 그룹 연수원 내 핵심인재 육성 파트와 협업하고 있다. 이 파트의 신설을 위해 따로 외부에서 HR 전문가를 영입했다고 한다.

모든 회사가 그런 것은 아니지만, 핵심인재 관리는 경영승계계획(Succession Plan)과 관련이 있다. 머지않아 새로운 Top Management Team을 만들어야 하는데, 기왕이면 높은 성과와 좋은 리더십을 가진 젊은 세대를 미리 선발해서 키우려는 의도가 있는 것이다. 어떻게 보면 Top Management Team 양성을 위한 Fast Track이라고 말할 수 있겠다. 어떤 사람들은 이것이 엘리트주의이고 불공평하다고 비판할 수 있겠지만, 제대로 선발/육성/관리만 한다면 회사의 미래를 담보하는 데 중요한 역할을 할 것이다. 어쩌면 지속가능성(Sustainability)의 핵심이자 좋은 투자는 좋은 리더일 수 있기 때문이다.

Dreaming of a new HR

적정인력 산정은 과연 가능한 것인가?

왜 조직은 계속 비대해지는가?

인사담당자라면 한 번쯤 들어봤을 '파킨슨의 법칙(Parkinson's Law)'이 있다. 조직의 비대화 및 관료조직을 비판할 때 많이 인용되는 표현이다. 이는 영국의 역사학자이자 경영학자인 노스코트 파킨슨(Northcote Parkinson)이 1958년에 발표한 책에서 나왔다. 그는 제2차 세계 대전 당시 영국 해군의 인력구조 변화에 의문을 가졌다. 1914년에서 1928년까지 14년 동안 해군 장병은 14만 명에서 10만 명으로, 군함은 62척에서 20척으로 줄었는데, 같은 기간 해군본부에 근무하는 직원의 숫자는 2,000명에서 3,569명으로 80%가량 늘어난 사실을 발견했다. 이 현상에 대해 그는 파킨슨의 법칙의 기초가 되는 두 가지 명제를 제시한다.

"모든 직원은 과중한 업무를 처리해야 할 때 동료에게 도움을 받아 경쟁자를 늘리는 방법보다 자신의 부하직원을 늘리기를 원한다", "부하직원이 늘어나면, 혼자 처리할 수 있는 업무를 부하직원에게 지시하고 보고받는 등의 과정이 생겨서 결국 서로를 위해 계속 일거리를 제공해야 하는 셈이 된다" 이를 각각 부하배증(部下倍增)의 법칙과 업무배증(業務倍增)의 법칙이라고 부른다. 이 법칙은 현대 사회의 조직에도 동일하게 적용된다. 나는 최소한의 통제가 없을 때 (사업의 발전 속도를 넘어서서) 인력 규모가 통제할 수 없는 빠른 속도로 증가하는 고객사의 사례를 자주 목격했다. 그러면서 그 회사에 일찌감치 입사해서 자리 잡은 인원은 점점 업무에서 손을 놓게 되고, 늦게 입사한 신규 인력들만 죽어라 일하는 문제 현상도 동시에 접한다.

인력계획 및 적정인력 산정의 필요성

위와 같은 파킨슨의 법칙이 작동하는 현실을 정기적으로 수정하거나 예방하기 위해서, 또는 특정한 목적이 없더라도 연말·연초가 되면 HR 부서에서 해야 하는 일 중의 하나가 바로 인력계획(Workforce Planning)이다. 내년에 얼마나 채용해야 하는지, 각 부서에 몇 명씩 충원해줘야 하는지, 또 얼마나 퇴직 인원이 발생할 것인지를 예측해야 한다. 대체로는 각 부서장에게 인력 충원 요청서를 받아서 이를 집계한 후 그 충원 요청의 적절성을 판단하여 적당히 조정한 결과를 경영진에게 보고한다. (요즘에는 이러한 인력계획 자체를 세우지 않는 회사도 많이 늘어나고 있다. 경영환경이 워낙 빠르게 변화하는 데다가 어떤 직무는

채용 자체가 어려운 경우가 많기 때문이다)

가끔은 경영진의 강력한 요청으로 외부 전문가에게 적정인력 산정을 의뢰하기도 한다. 보통, 이렇게 외부 전문가를 찾을 때는 크게 두 가지 상황인 경우가 많다. 첫째, 회사가 급성장하여 각 부서에서 충원 요청이 물밀듯이 들어오기 때문에, HR 부서뿐만 아니라 경영진도 제대로 된 판단이 안 될 때이다. 매출이 급격하게 늘고 일감도 폭증하다 보니 인원이 늘어나는 것은 당연한 일인데, 현업 부서에서 뽑아달라고 하는 대로 다 뽑아주는 것이 맞는지 의문이 드는 것이다. 둘째, 정반대로 회사의 성장세가 정체되거나 퇴보하는 상황이다. 그래서 인건비가 상당히 부담되는 것이다. 경영진의 눈에는 일은 안 하고 노는 것처럼 보이는 직원들이 눈에 띄기 시작한 것이다.

적정인력 산정은 HR 컨설팅의 고전적인 주제이다. 내가 주니어 때부터 다수의 프로젝트에서 수행했던 내용이다. 그러나 내가 PM이 되고 기능적인 일 처리를 넘어서 좀 더 큰 그림을 볼 수 있는 시야를 갖게 됐을 때부터, 컨설팅 회사가 적정인력 산정을 하는 방법이나 과정에 근원적인 의문을 품게 됐다. 오늘은 이에 관해 솔직한 이야기를 나눈 후 인사담당자 여러분과 함께 대안을 찾아보려 한다.

거시적 적정인력 산정은 어떤 의미를 갖는가?

적정인력 산정 방법론 중 거시적 적정인력 산정이 있다. 표현은 경제학 용어처럼 거창하지만, 실제로는 각종 지표와 벤치마킹에 의한 비교 방식의 방법론이다. 예를 들어, 매출액 또는 부가가치 대비 인원수, 판매건수 대비 인원수, 노동분배율, HCROI 등을 뽑는다. 그리고 이것을 최근 3~5년간 변화 추이까지 분석한다. 그에 더해, 경쟁사의 데이터까지 분석해서 비교하면 현재 우리 회사의 인력이 적정한지를 판단할 수 있다고 생각하는 것이다.

이에 대한 나의 의문은 아래와 같다. 첫째, 현재의 적정인력 여부를 판단하기 위해서는 비교 대상이 되는 우리 회사의 특정 과거 시점 또는 경쟁사의 현 상태가 적정하다는 전제가 성립해야 한다. 그런데, 우리가 이상적이라고 생각하는 경쟁사조차도 그들 스스로 지금이 적정인력인지 아닌지 확신하지 못하고 있을 것이다. 그런데도 우리는 그 경쟁사가 우리보다 매출이 높고 규모가 크다는 이유로 그들의 인원수가 적정하다고 가정해버리는 우(愚)를 범한다. 이 방법론의 또 다른 한계는 이것이다. 설사 이 방법론으로 우리 회사의 적정인력을 구했다고 해도 이는 총원의 많고 적음밖에는 알 수 없다는 것이다. 경영진과 HR 부서에 필요한 것은 각 직군/기능별/직급별 적정인력일 텐데, 경쟁사 대비 우리 회사의 총원이 적정한지 아닌지를 아는 것만으로는 실무적인 시사점이 적다. 마지막으로, 적정인력 여부의 판단 기준이 되는 경쟁사 벤치마킹 정보에 대한 신뢰가 전제되어야 하는데, 이것 자체가 취약한 경우가 많다. 이것은 지나치게 현실적인 이야기이지만, 우리는 경쟁사의 정보를 공시자료에서 얻는 경우가 대부분이다. 그 자료 속에 각종 재무지표와 함께 재직 인원수도 있기 때문이다. 그런데, 그 데이터만으로 비교 분석하는 것은 정밀함 면에서 취약할 수밖에 없다. 왜냐하면, 공시자료에 있는 재직 인원이 그리 정확하지 않기 때문이다. 우선 고용 형태(예: 계약직, 파견직, 시간제 근로자)에 따라서 공시자료에 기재되지 않은 숨은 인원이 있을 수 있다. A 회사에서 정규직 1명이 하는 일을, 다른 B 회사에서는 시간제 근로자 2명이 하고 있을 수도 있다. 또한, 계열사, 자회사, 협력사 구조에 따라 여기서도 숨은 인원이 있을 수 있다. 한 예로, 어떤 회사는 인사 관련 어드민성 업무를 그룹 내 Shared Service Center 개념의 자회사에 맡기는 경우가 있다. 그러면 그 회사의 HR 부서에 재직하는 인원이 적게 잡히는데, 그룹 전체로 보면 HR 부서에 상당히 많은 인원이 재직하는 셈이다.

이와 같은 이유로, 거시적 적정인력 산정은 큰 그림을 그려보는 데에는 의미가 있을지언정 실무적으로 별다른 의미가 없다. 경영진에게 보고할 때 참고자료 정도로 사용할 수 있겠지만, 그 뒤에 숨겨진 여러 복잡한 맥락을 고려하면 단순한 숫자놀음 그 이상도 그 이하도 아니다.

미시적 적정인력 산정은 어떤 의미를 갖는가?

이번에는 미시적 적정인력 산정에 관해 이야기해 보겠다. 미시적 적정인력은 쉽게 말해서, 업무량 분석으로 적정인력을 뽑는 것이다. 이 미시적 적정인력이 잘 이루어지면 (거시적 적정인력 산정과 달리) 각 부서/기능/직군 단위 인력의 과부족을 알 수 있다. 그래서 어떤 부서가 업무량이 많아 인력 충원이 몇 명 필요한지, 반대로 어떤 부서는 잉여 인력이 몇 명 있는지를 알 수 있다. 이렇게 말하면 상당히 매력적으로 느껴지지만, 이 방법론에도 몇 가지 근본적인 결함이 있다.

첫째, 업무량 조사를 어떻게 하는지 잘 생각해보라. 보통은 직무조사 및 분석을 통해 할 것이다. 직무조사에도 여러 방법이 있다. 조사자가 해당 직무를 직접 경험하는 체험법도 있고, 온종일 쫓아다니면서 관찰하는 관찰법도 있다. 그러나 HR 부서가 모든 부서의 업무를 이렇게 자세히 조사할 수는 없으니 보통은 문서조사법을 이용한다. 즉, 일정한 양식을 각 부서에 주고 가이드에 따라 작성해오게 한다. HR 부서는 이를 취합한 후 분석해서 각 부서의 업무량을 산정한 후 적정인력 여부를 판단한다. 그런데, 이 문서조사법으로 취합된 업무량 정보가 얼마나 정확할까? 직무조사가 적정인력 산정을 위해 이루어진다는 눈치를 챈 부서장이 얼마나 정직하게 이를 작성할까? 물론, HR 부서는 취합된 1차 정보를 보정하기 위한 여러 장치를 두겠지만, 이를 보정하다 보면 그때부터는 어디까지가 데이터에 의한 분석인지, 어디서부터 HR 부서 입맛대로 재단하고 있는 것인지 헷갈리게 된다. 내가 경험한 과거의 어떤 프로젝트에서 고객사의 현업 부서장이 씁쓸한 표정으로 이렇게 말한 것을 생생하고 뼈저리게 기억한다. "결과를 놓고 보니 이 방법론으로는 정직하고 착한 부서장만 손해를 보네요. 거짓으로 답할수록 이익이 되는 구조군요."

둘째, 업무량 조사를 간편하게 하려고 초과근로시간(OT)을 참고하는 경우도 있다. 즉, 근태관리 시스템상 초과근로시간 정보를 이용해서 간편하게 업무량 조사를 하는 것이다. 이것도 하나의 좋은 보조 지표이긴 하지만, 잘 생각해보면 이 데이터를 적정인력 산정에 이용하려면 하나의 가정이 필요하다. 그것은 각 부서가 꽤 합리적이고 효율적인 방식으로 일하고 있다고 믿어야 한다는 점이다. 업무량이 엄청나게 많지만, 해당 부서의 구성원이 훌륭해서 일을 빨리 처리하고 제때 퇴근할 수도 있고, 반대로 업무는 별로 없는데 쓸데없이 야근만 하는 경우도 있다. 그런데 이 데이터를 근거로 적정인력을 산정해버리면 이런 질적인 차이를 반영할 수 없다. 자칫하면 효율적으로 일을 잘하고 있는 부서에서 사람을 빼앗아서 비효율적인 업무 관행이 판을 치는 부서에 주는 최악의 의사결정을 하게 할 수 있다.

셋째, 이 미시적 적정인력 방법론에서는 인력의 역량 수준, 일 처리 능력 등을 고려하지 못하고 모두 1 FTE(Full Time Equivalent)로 취급한다. 물론, 적정인력 산정 시에 이런 질적인 측면까지 다 고려해서 결과물을 내라는 것은 신의 영역에 도전하라는 주문인 것 같다. 그러나, 신입사원 1인과 부장급 인력 1인을 동일하게 한 명으로 간주하는 것은 논리적으로도 실무적으로도 문제가 있다. 물론, 적정인력 산정의 결과가 특정 부서의 특정인이 잉여 인력이다 아니다를 판단해주진 못하지만, 과장급 이상의 에이스 인력만 5명 있는 곳과 이제 갓 입사한 사원급 인력이 10명 있는 곳을 함께 비교하는 것은 불합리할 수밖에 없다. 내가 후자(後者)의 상황에 있는 부서장인데, 타 부서에 비해 인력이 너무 많다는 식의 피드백을 받으면 크게 화가 날 것 같다. 주니어 인력 데리고 겨우겨우 부서를 꾸려가고 있는데 숫자가 많다는 이유로 인력을 줄이라고 하면, 해당 부서장의 분노를 유발하는 데는 즉효일 듯하다.

적정인력 산정은 과연 가능한 것인가?

이 글의 주제로 다시 돌아가 보자. 과학적인 적정인력 산정은 과연 가능할까? 위에 적은 두 가지 방법론에 대한 비판을 보면 불가능하다는 생각이 당연히 들 것이다. 나도 참신한 대안을 제시할 수 있으면 좋은데, 그것이 쉽지 않다. 적정인력 산정이야말로 그 활용 목적(예: 인력구조조정)의 무게감에 비해 만족할 만한 결과물을 내기가 상당히 어려운 영역이다. 다만, 이대로 회의론에 가득 차서 냉소적으로 글을 마무리할 수는 없으니 몇 가지 대안을 제시해보겠다. 이 중에는 내가 프로젝트에서 실제 적용해본 것도 있고, 고객에게 제안했다가 시간이 오래 걸릴 것 같다는 이유로 거절당한 것도 있으며, 아직 시도조차 못 해본 것도 있다.

첫째, 적정인력 산정 시 회사의 사업 전략과 산업의 트렌드를 반영해야 한다. 지금까지의 적정인력 산정 방법론은 안정적이고 예측 가능한 경영환경을 가정했다. 우리가 지난 몇 년간 해온 것과 내년에 해야 하는 일에 별다른 차이가 없을 것으로 생각하는 것이다. 그러니 과거의 특정 시점 또는 평균적인 인원 정보와 현재를 비교하는 것이다. 그런데 지금은 그런 세상이 아니다. 세상이 변화하는 속도가 너무 빨라졌다. 그에 맞춰 산업의 업 앤 다운도 심해졌다. 기업들은 생존을 위해 민첩하게 움직일 수밖에 없다. 이런 세상 속에서 과거의 잣대로 인력계획을 세우는 것은 무의미하다. 우리의 과거도, 경쟁사의 현재도, 미래를 계획하는 데 참고가 될 뿐 준거가 될 수 없다. 오히려 요즘 많이 쓰이는 스킬 갭(Skill Gap)이라는 개념을 활용하는 편이 낫다. 우리 회사가 미래의 사업 전략을 구현하는 데 필요한 스킬상에 무엇이 충분하고 부족한지 찾아나가는 편이 더 합리적인 듯하다.

둘째, 숫자놀음에서 조금 벗어날 필요가 있다. 적정인력이라는 것이 결국 인원수라는 숫자로 도출되기 때문에 계량적인 방법론에 집착하게 되는 것이 당연하다. 그런데, 이를 약간 벗어나는 발상의 전환도 필요하다. 의사결정에 있어 중요한 것은 맥락이고 상황일 수 있기 때문이다. 그런 맥락을 완전히 벗어난 숫자놀음에 의한 결과는 HR 부서도 쓰기 불편하고, 현업 부서는 더욱더 받아들이기 힘들 것이다. 인터뷰, 워크숍, 토론회, 더 나아가서는 체험과 관찰에 의한 정성적인 방법이 병행

될 필요가 있다. HR 부서가 숫자를 내고 이를 현업에 통보한 후 그것이 T/O가 되어버리는 관행은 더 이상 유효하지 않다. 현업 부서가 과정에 잘 참여하도록 유도하여 그들 스스로 토의와 합의에 따라 합리적인 안을 도출하도록 퍼실리테이션하는 것이 장기적으로 유효한 모델 같다.

셋째, 적정인력을 산정할 때 현재 우리 회사의 각 부서가 하고 있는 업무가 모두 다 의미와 효과성이 있다는 전제에서 출발한다. 그런데 잉여 인력을 찾으려 하기 전에, 우리 회사에서 어떤 업무가 불필요하거나 효용가치가 낮은 것인지 먼저 찾고 정리하는 것이 필요하다. 잉여 인력이 아니라 불필요한 일을 찾아서 없애는 것이 회사의 비용 절감과 효율성을 높이는 데 더 효과적이다. 근본적으로 불필요한 일을 없애지 못하면, 단기적으로는 인원을 줄이거나 재배치하여 효율성이 높아진 것처럼 보이지만, 금세 누군가는 그 불필요한 일을 열심히 하고 있을 것이다. 회사도 본인도 그것이 불필요한 일이고, 사실은 그 직원이 잉여 인력이라는 것도 모른 채, 다시 악순환의 고리에 빠지는 것이다.

넷째, 어떤 방법론이나 절차를 서지든 직징인력을 꼭 산정해야겠다고 마음먹었다면, 그 후속 조치도 함께 준비해야 한다. 예전에는 인력감축, 즉 구조조정이 거의 유일한 후속 조치였다. 그러나 지금 HR의 화두는 리스킬링(Re-skilling)과 업스킬링(Up-skilling)이다. 각각 재교육을 통해 다른 직무를 수행할 수 있게 해주거나, 현재 하는 일보다 한 단계 높은 차원의 일을 할 수 있게 해주는 것이다. 인구감소로 인해 점차 사람은 귀해지고, 산업에 대한 기본적인 이해 및 직무 스킬을 갖춘 인재는 더욱 구하기 어려워질 것이다. 따라서, 특정 인원을 잉여 인력이라고 단정 짓고 퇴사하도록 유도하는 것보다, 오히려 회사가 이들에게 제대로 된 역할과 업무를 주지 못한 것은 아닌지 반성해볼 필요도 있다. 이들이 즐겁고 보람차게 일할 수 있도록 직무를 재배치하고, 이에 필요한 재교육을 하는 준비도 필요하다.

Dreaming of a new HR

우리 회사에 맞는 HRIS 고르는 법

HRIS의 정의 및 성장세

HRIS는 Human Resources Information System의 약자로, 인사정보시스템으로 번역된다. 흔히, e-HR 시스템 또는 HR 솔루션이라고 부르기도 한다. 조직이 인력, 인사제도, 인사운영 절차를 간편하고 효율적으로 관리 및 처리할 수 있게 해주는 시스템이다. 회사의 규모가 커지고 HR 서비스가 개인화될수록 HRIS 없이는 운영이 어렵다. Excel에 의존하는 방식으로는 빠르게 대규모의 정보 처리를 하는 것이 불가능하기 때문이다. 재직자 정보 하나 뽑자고 이 파일 저 파일 합쳐서 분석하다 보니 하루가 훌쩍 지나간다면, 그보다 훨씬 복잡한 제도 운영은 어떻게 하겠는가?

팬데믹으로 인해 재택근무가 늘면서 더욱더 이러한 HRIS가 관심을 받고 있다. 기존에 문서나 메일로 처리하던 것들도 모두 디지털화될 수밖에 없으니까 말이다. 하다못해 직원이 재직증명서를 이메일로 신청하고 직접 인사팀에 가서 받던 시절이 가고, 이제는 본인이 직접 시스템에 접속해서 출력하는 시대가 됐다. 그래서 미국의 시장조사업체인 그랜뷰 리서치에 따르면, 2025년까지 전 세계 HRIS 시장은 10.4%의 연평균성장률(CAGR)을 기록하여 300억 달러에 달할 것이라 한다.

HRIS를 선택할 때 고려사항

다양한 HRIS 중에서 우리 회사에 잘 맞는 것을 선택할 때 고려할 것은 많다. 우리 회사에 필요한 기능이 있는지를 따지는 것은 기본일 테고, 가격, 보안성, 확장성 등 고려할 것이 많다. 나는 개발자가 아니기 때문에 인사담당자 또는 컨설턴트의 관점, 즉 사용자의 관점에서 이 고려사항들을 나누고자 한다.

선택에 있어 가장 큰 분기점은 On-premise 시스템을 쓸 것인가, SaaS 시스템을 쓸 것인가를 결정하는 것이다. On-premise는 각 사에 서버를 자체 설비로 보유하고 운영하는 방식이다. 반대로 SaaS(Software as a Service)는 오늘날 우리가 쓰는 모든 앱이 그러하듯 클라우드 및 플랫폼의 형태로 쓰는 것이다. 이 차이는 생각보다 매우 크다. SaaS가 대세이긴 하지만, SaaS는 우리 회사만을 위한 커스터마이즈에 한계가 있다. 우리 회사를 위해서 뭔가를 바꾸면, 그 변화가 그 서비스를 이용하는 타사의 사용자에게도 영향을 미치기 때문이다. 따라서, 우리 회사만의 기능을 넣고 빼기가 쉽지 않다. 만약 우리만을 위한 어떤 기능이 꼭 필요하면, SaaS를 메인으로 쓰되 우리 회사가 필요한 기능을 따로 개발하여 붙여야 한다(Add-on). 반면, On-premise는 전통적인 시스템 개발 및 사용 방식이다. 최근에는 점차 사라지고 있지만, 이 방식이 가진 장점도 있다. 우리 회사와 구성원에게 최적화된 시스템을 만들 수 있다. 다만, 이때 유지보수 비용이 지속적으로 들어간다는 단점이 생긴다. 그리고 최근 HR 트렌드가 빠르게 변화하는데, 그 변화를 따라가기 쉽지 않다는 점도 단점이라면 단점이다.

두 번째 선택의 판단 기준은, 근태관리와 급여관리(Payroll) 기능이 있고 잘 작동하는지이다. SaaS 중에는 이 2개의 기능이 없는 경우가 꽤 있다. 아니면, 해당 기능이 있다고 주장하지만, 자동화 수준이 떨어져서 결국 Excel로 작업한 데이터를 부어 넣어야 하는 수준인 경우도 있다. 물론, 특정 SaaS를 꼭 쓰고 싶은데 이 기능이 없으면, 다른 시스템을 사서 붙여도 된다. 요즘은 SSO(Single Sign-on) 기능이 잘 구동하기 때문에, 사용자 입장에서는 여러 시스템이 조합된 사실조차 모르고 자연스럽게 사용할 것이다. 다만, 아무래도 서로 다른 2개 이상의 시스템이 조합된 구성이면 오류가 생길 가능성이 조금이나마 높아진다. 처리 속도도 약간 느려질 수 있다. 참고로, 글로벌 시스템은 급여관리(Payroll)에 대체로 약점이 있는 것 같다. 국가별로 회계, 세무, 복지(예: 사회보험) 기준이 다르기 때문에 하나의 표준적인 로직을 개발하기 어렵기 때문으로 추정한다.

세 번째 판단 기준은, HRIS를 제공하는 회사의 기원(Origin)이 되는 서비스가 무엇인지를 한번 살펴보기를 바란다. 어떤 HRIS는 처음부터 HR에 특화된 시스템을 만들고자 한 것도 있지만, 대부분은 다른 서비스를 만들어서 발전시키다 보니 종합적인 HRIS에 다다른 것이 많다. 예를 들어, Cornerstone은 역량평가와 교육 분야에서 우수한 성능을 자랑했다. 그것이 채용관리로 발전하더니, 성과관리/평가까지 확장하여 종합 HRIS의 면모를 갖춘 사례이다. 또 위의 어떤 시스템은 수시평가 지원 서비스로 출발하여 진단/설문을 거쳐 HRIS로 발전하고 있다. 또 다른 시스템은 업무용 협업 도구로 출발하여 HRIS로 발전하다 보니, 메일, 메신저, 화상회의, 지식관리(KMS)와 HR 서비스가 통합된 올인원 시스템이 됐다. 이처럼 각각의 출발점이 다소 다르다. 그러므로 각 HRIS는 그 기원(Origin)에 해당하는 서비스가 안정적이고 강력한 특징이 있다. 따라서 우리에게 제일 필요한 핵심 서비스가 무엇인지를 생각하고 시스템을 선택하라.

네 번째 판단 기준은, 모바일 연동성이다. 웬만한 SaaS는 모바일과 연동이 잘된다. 즉, PC에서도 사용이 편하고, 모바일에서도 웬만한 것은 잘 처리할 수 있다. 그러나, 일부 시스템은 PC에서 사용하는 것에 최적화되어 있는 경우도 있다. 사용자의 특성에 따라 다르겠지만, 요즘에는 모바일에서 작동이 잘 안 되면 여러 가지로 불편할 수밖에 없다. 특히, 근태관리 같은 경우에는 모바일 기능이 필수이다. PC 없이 일하는 현장직/영업직도 많은데, 모바일에서 출퇴근 시각을 기록하지 못한다면 불편함을 호소할 것이다.

마지막으로 가장 중요한 판단 기준은 가격이다. SaaS는 기본적으로 구독료/사용료를 받는 구조이다. 우리가 넷플릭스를 구독하듯, 사용자가 몇 명인지, 우리 회사가 어떤 서비스까지 이용하는지에 따라 금액이 결정된다. 이 사용료가 제공업체마다 천차만별이다. 어떤 곳은 총액 기준으로 최소 수십억 원에서 시작하는 곳도 있고, 어떤 곳은 인당 월 1만원 수준으로 저렴한 곳도 있다. 이 가격 차이는 여러 요인에 의해서 생기겠지만, 글로벌 사용성이 많은 것을 결정하는 것 같다. 예를 들어, 삼성전자처럼 전 세계에 걸쳐 수만 명의 직원이 다양한 언어로 사용해야 하면, 당연히 커버리지가 완벽하게 글로벌한 시스템을 써야 하니 사용료가 높아질 수밖에 없다. 그러나, 직원 대부분이 국내에 있고, 언어도 한국어, 영어, 중국어 정도면 되는 경우라면 상대적으로 저렴한 로컬 시스템을 이용해도 되니 비용도 줄어든다.

HRIS를 도입할 때 인사담당자가 고민해야 하는 것

HRIS를 도입할 때 또 하나 중요한 포인트가 있다. 이것은 시스템의 기능이나 가격보다 인사담당자로서 고민해야 하는 근본적인 것이다. 그것은 바로 '새로운 HRIS를 들여오는 것을 어떤 변화의 계기로 삼을 수 있을 것인가?'이다. 최소 수억 원에서, 많게는 수십어 원을 들여서 HRIS를 도입하는 것은 큰 변화이다. 회사에도, HR 부서에도, 그리고 사용자인 구성원에게도 그렇다. 그러므로 이를 HR의 좋은 변화 기회로 삼을 수 있다. 최신 HRIS는 대체로 글로벌 스탠더드 또는 최근 트렌드에 잘 맞는 제도와 절차를 기준으로 개발되어 있다. 따라서, HRIS를 도입하면서 그러한 것을 우리 회사에 자연스럽게 이식할 수 있다. On-Premise 시스템이라면 우리 회사 맞춤형으로 개발할 수 있고, 그렇기 때문에 우리 회사의 좋지 않은 관행이나 절차도 그대로 새로운 시스템에 전이될 우려가 있다. 그러나 SaaS는 이런 것이 애초에 어렵다. 좋은 SaaS를 선택하여 이를 도입하는 과정 자체를 HR의 묵은 때를 벗기고 새로운 옷으로 갈아입는 좋은 기회로 삼을 수 있다. 이 기회를 십분 활용할 수 있는 전략을 잘 구상하기를 바란다.

위에 판단 기준에는 담지 않았지만, 마지막으로 한 가지만 더 조언을 드리겠다. 이는 인사담당자만 고민하고 검토할 수 있는 것이라 이 글의 맨 마지막 부분에 배치했다. HRIS를 고를 때 이것도 한번 고려하기를 바란다. 각 서비스 업체가 자랑하는 화려한 기능들을 과연 우리가 잘 쓸 것인가를 고민해봐라. 있으면 좋지만 없어도 그만인 기능도 많다. 아니면, 아직 그 회사의 규모나 업력을 볼 때 의미 없는 기능도 많다. 예를 들어, AI를 내세워서 마치 이 시스템만 쓰면 인사담당자를 획기적으로 줄여도 된다는 식으로 영업하는 곳도 있는데, 이것은 어떤 회사에서는 사실일 수 있지만, 또 다른 회사에서는 전혀 해당이 없을 가능성이 크다. 시스템이 중요하긴 하지만, 더 중요한 것은 우리 회사가 그 시스템의 기능을 얼마나 잘 활용할 수 있는 내공과 체력이 되는지일 것이다. 하다못해 AI를 잘 쓰려면 그동안 축적된 HR 데이터가 상당히 깊고 많아야 한다. 그 데이터를 새로운 시스템에 마이그레이션해야 AI가 제대로 작동할 것이다. 제대로 된 HR 데이터가 있지도 않거나, 있더라도 거의 쓸 수 없는 상태라면 AI는 당장에 작동하지 않을 것이다. 그러므로 HRIS가 제공하는 고도의 기능 도입을 검토할 때는 현재 우리 회사의 상황과 상태를 냉정하게 성찰할 필요가 있다.

Dreaming of a new HR

문제직원과 잘 이별하는 법

어디에나 문제직원은 있다

회사에 모든 구성원이 성과가 좋고 태도마저 훌륭하면 좋을 것이다. 하지만, 그것은 판타지 소설에서나 가능한 일이다. 어느 조직에나 문제직원이 있기 마련이다. 그 문제직원 때문에 상사와 동료 직원, 더 나아가 HR 부서까지 모두가 골치가 아프다. 한 연구 결과에 따르면, 본인의 팀에 문제직원이 있으면, 상사는 자신이 가진 에너지의 60~70%를 그 문제직원 한 사람에게 쓰게 된다고 한다.

나도 직장생활을 하면서 (프로젝트 단위로 팀이 자주 바뀌는 직업 특성상) 많은 상사, 동료, 후배들과 일했는데, 모든 것이 완벽한 팀은 없었다. 특히, 팀 규모가 커질수록 그 완벽성은 기대할 수 없었다. 물론, 그러한 문제를 안고서라도 좋은 성과를 내는 것이 좋은 팀장 또는 프로젝트 매니저(PM)의 능력이겠지만 말이다. 좋은 감독은 3할의 안타가 아니라 7할의 범타를 잘 쓰는 사람이라는 유명 야구 감독의 명언이 떠오르는 대목이다. 하지만 문제직원이 한 명 끼어 있으면 PM이 너무 힘들고 피폐해지는 것을 경험했다.

이렇게 에너지를 소모해가면서 여러 노력을 기울였는데도 문제직원이 나아질 기미가 없다면 어떻게 해야 할까? '도저히 안 될 것 같다', '이대로 그냥 두는 것은 안 되겠다'라고 결심이 서면 이때부터 이야기는 복잡해진다. 권고사직 또는 해고는 굉장히 어려운 일이기 때문이다. 미국 드라마처럼 "넌 해고야(You're fired)" 말 한마디로 할 수 있는 것이 아니다.

문제직원의 유형 정의

문제직원은 크게 두 가지 유형으로 나눠볼 수 있다. 저성과자(Low Performer)와 태도 불량자(Bad Apple)가 그것이다. 저성과자는 현 직급 및 경력을 고려할 때 업무 성과가 현저히 떨어지는 경우이다. 반면, 태도 불량자는 업무 태도가 불성실하거나 팀워크에 문제가 있어 부서의 사기를 저해하는 경우이다. 여러분은 이 둘 중 어떤 유형이 더 심각하다고 생각하는가?

나는 개인적인 경험상 후자(後者)가 훨씬 더 심각하다고 생각한다. 전자(前者)가 소위 열심히는 하는데 결과가 안 나와서 문제인, 즉 가성비가 나쁜 것이라면, 후자는 애초에 노력조차 하지 않는 데다가 주변 사람까지 망쳐놓기 때문이다. 게다가 현실에서는 태도 불량자가 저성과자를 포함하는 경우가 많다. 간혹 태도는 나쁜데 성과만 탁월하게 잘 내는 (만화에 등장하는) '천재 사이코 박사' 같은 직원도 있지만, 업무 대다수가 씨줄과 날줄로 복잡하게 얽혀서 협업이 이루어지는 현대 조직에서 이런 경우는 거의 찾기 어렵다.

태도 불량자는 좀 더 다양한 범주로 구분하면 아래 표와 같다. 여러분의 주변에도 이런 동료 직원이 있는지 잘 둘러봐라. 그리고 혹시 나는 이런 면이 없는지 성찰해보는 것도 추천한다.

구분	정의	특징
투덜이 형	언제 어디서나 항상 불만을 토로하고, 행동은 전혀 하지 않으며 비판만 일삼는 직원	· 작은 개인적 손해나 희생도 용납하지 않음 · 주로 뒤에서 불만을 표출하는 습관이 있으며, 상사에 대한 뒷담화를 주도함
임시정거장 형	회사에 대한 애정이 전혀 없는 직원	· 더 편한 직장, 더 전망 좋은 직장, 자신에게 더 잘 맞는 회사를 발견할 때까지만 임시로 체류한다고 생각함 · 조직헌신을 구시대적 발상이라고 주변 동료들에게 주장하고, 조직에 충성심을 갖는 동료를 폄훼함으로써 조직 분위기를 저해
유아독존 형	본인의 역량이 월등하다고 스스로 믿고, 회사의 규칙 등을 무시하는 직원	· 본인보다 역량이 떨어진다고 판단되는 직원을 과도하게 경시함 · 공식적·비공식적 규칙을 무시하여 팀워크를 해치고 조직문화를 훼손함
히키코모리 형	지나치게 내성적이어서 업무상 필요한 기본적인 의사소통조차 하지 않는 직원	· 자신의 의견이 거절당할까 우려하여 독단적으로 업무를 수행함 · 부정적 피드백을 우려하여 상사에게 보고 후 진행해야 하는 중요한 업무임에도 불구하고 제대로 보고하지 않고 진행함 · 동료 직원들과 어울리기 위한 최소한의 노력도 보이지 않음
무기력 형	정신·심리적 문제로 인해 무기력, 신경쇠약 등의 증세를 보이는 직원	· 업무 스트레스 과다 등의 이유로 심리적인 문제가 발생하여, 일상 업무 속에서도 불안감, 우울증, 무기력증, 감정조절 장애 등의 증상을 보임 · 항상 무기력하고 이유 없이 피곤해하여 동료 직원들의 사기를 떨어뜨림
자유로운 영혼 형	근태에 심각한 문제가 있는 직원	· 항상 정해진 출근시각보다 늦게 출근하고, 정당한 사유 및 상사에게 보고없이 근무 시간 중 자주 자리를 비움

그림 11. 태도 불량자의 유형

문제직원에 관한 개선 노력, 그리고 그 후

저성과자는 성과 향상을 위해 회사가 지원해주는 것이 맞다. 1차적으로는 직상위자(일반적으로 팀장)가 코칭하는 것이 맞겠으나, 직상위자와 관계가 이미 틀어져 있거나 더 이상 손쓸 수 없는 상태라면, 전문 코치 또는 카운셀러에게 맡기는 것도 좋은 방법이다. 그 외에는 내외부의 교육과정을 수강하게 하고, 지금 하는 일이 적성에 맞지 않는다면 부서를 바꿔주는 것도 필요하다(물론, 이런 분들은 사내에 웬만큼 소문이 나서 다른 부서에서 받지 않으려고 한다는 현실적인 어려움이 있지만…). 이런 노력에도 불구하고 개선이 되지 않는다면, 그때는 권고사직 또는 해고를 고려해야 한다.

반면, 태도 불량자는 웬만해서는 개선이 안 되는 것 같다. 태도는 개인의 성격, 특질, 인성, 가치관에 관련된 것이라서, 본인이 스스로 문제를 자각하고 엄청난 노력을 하지 않는 한 잘 바뀌지 않는다. 일시적으로는 바뀐 것처럼 보이더라도 얼마 지나지 않아 또다시 예전의 모습으로 돌아가는 것을 자주 목격했다. 따라서, 태도 불량자는 가능한 한 빨리 이별하는 것이 바람직하다. '썩은 사과(Bad Apple)'라는 표현 그대로 주변의 멀쩡한 사과들까지 오염시키는 경우도 많이 봤다. 그래서 가급적이면 권고사직의 형태로 상호 간에 큰 무리 없이 헤어지는 것이 좋다.

권고사직은 회사가 먼저 직원에게 퇴직을 권유하고, 직원이 이를 받아들여 합의에 따라 근로관계를 종료하는 것이다. 이 권고사직도 그리 쉬운 것은 아니다. 그나마 해고보다 낫다는 의미이다. 적어도 쌍방간 합의에 의하기 때문에, 법적 요건을 갖춰야 하고 심하면 소송까지 가야 하는 해고보다는 물적/인적 노력이 덜 들어갈 뿐이다. 이 권고사직도 주의할 사항이 많다. 회사가 직원에게 권고사직을 무리하게 강요하거나, 심지어 그 과정에서 협박에 가까운 언행을 하여 다른 법적 이슈로 이어지기도 한다. 또는, 무리한 약속을 해버려서 문제가 되는 경우도 봤다. 예를 들어, "퇴사하면 3개월 이내에 다른 회사에 일자리를 찾아주겠다"라거나, 함부로 퇴직위로금을 약속하거나…. 그럼에도 불구하고, 권고사직 과정에서 인사담당자는 최대한 객관적이고 단호한 동시에, 가끔은 인간적인 태도를 유지해야 한다. 특히, 권고사직은 법적인 영역이 아니라, 회사와 직원 간에 이루어지는 합의의 영역이기 때문에, 결국 커뮤니케이션이 핵심이기 때문이다.

권고사직도 거부했다면, 이제는

문제직원과 권고사직을 합의하는 데 실패했지만 그래도 꼭 이별해야겠다면, 이제 남은 것은 해고밖에 없다. 해고는 정말 불가피한 마지막 조치여야 한다. 그만큼 신중한 의사결정이 필요하다. 해고를 결정하는 순간, 모든 관련자에게 고난의 길이 펼쳐질 것이기 때문이다. 해고는 엄격한 법 기준이 적용되는 만큼, 법에 따른 조건과 절차를 준수하는 것이 중요하다. 하지만, '이렇게 하면 반드시 문제직원을 해고할 수 있다'와 같은 확실한 표준은 존재하지 않는다. 법에서 확실한 기준이나 조건을 정하고 있지 않기 때문이다. 판례를 토대로 '이 정도면 꽤 가능성이 있다' 수준의 요건을 추정해보는 것이 한계이다. 이하에서는 이 요건을 다뤄보도록 하겠다.

| 문제직원이 회사에 미치는 악영향과 피해 정도의 심각성을 입증

문제직원의 옳지 못한 행동이 회사에 미치는 영향, 피해 정도, 심각성, 반복 정도를 입증해야 한다. 그러나 이것들은 주관적인 경우가 많다. 특히, 아주 노골적인 해사(害社) 행위가 아닌 다음에야 이를 객관적인 자료로 증명하기란 쉽지 않다. 그래서 보통 최근 수년간의 인사평가 결과를 제출하는 경우가 많은데, 대부분 이것이 법적 효력을 갖지 못한다. 그 대표적인 이유가 인사평가제도의 허점이다. 회사의 인사평가제도 자체가 상대평가, 즉 평가등급을 강제 배분하게 되어 있다면, 법원에서는 문제직원이 최하위 등급을 받았더라도 그것은 제도에 의해 어쩔 수 없이 피해를 받은 것으로 보는 경향이 있다. 더 세밀하게 들어가면, 만약 문제직원으로 선정된 사람보다 더 평가점수나 등급이 낮음에도 불구하고 문제직원으로 선정되지 않은 다른 직원이 있다면 이 역시 문제가 된다. 또한, 인사평가 시 평가자가 직상위자 단 한 명뿐이라면 이 역시 법적 효력을 잃는 경향이 있다. 한 사람에 의한 판단의 객관성을 의심하는 것이다. 문제직원이 정말 문제일 수도 있고, 아니면 상사와 인간관계가 틀어진 것일 수도 있기 때문이다.

그래서 문제직원에게는 연간 단위의 인사평가가 아니라, 수시/상시 평가를 적용하는 경우가 많다. 이렇게 해야 정보가 빠르게 많이 축적되기 때문이다. 이때도 두루뭉술하게 평가점수나 등급만 기록하는 것이 아니라, 구체적인 행위나 사건 위주로 최대한 상세하게 기록을 남겨야 한다. 다면평가 결과가 도움이 된 예도 있다. 즉, 직상위자 한 명의 판단이 아니라, 상사/동료/부하직원 모두가 그 사람이 문제직원이라고 생각한다면 그 결과가 좀 더 타당성을 갖게 되는 면이 있다.

> 회사가 문제직원의 성과 또는 태도 개선을 위해 노력했음을 입증

회사가 문제직원의 개선을 위해 노력했음을 증명해야 한다. 다시 말해, "회사는 최선을 다했다"라고 주장할 수 있어야 한다. 문제직원에게 필요한 교육 프로그램을 이수하게 했다든지, 직무 및 부서를 전환 배치해봤는지, 공식적인 코칭 또는 멘토링을 실시했는지 등이 중요하다. 이 중에서 중요한 것은 직무 및 부서를 전환 배치 한 노력의 여부이다. 문제직원이 해당 직무에 아예 적성이 없는데 회사가 억지로 배치하지 않았는지를 의심받지 않으려면 말이다. 그리고 만약 1:1 코칭이나 멘토링을 실시했다면, 그 기록을 잘 남겨놓아야 한다. 단순히 '코칭 프로그램을 시행했다'가 아니라, 그 코칭 프로그램 중에 어떤 노력을 했고, 그 결과는 어땠으며, 실제 변화가 있었는지 등을 꼼꼼히 기록해둬야 한다.

여기서 또 하나 중요한 것은 문제직원에게 회사가 공평한 성과 창출의 기회를 제공했는지를 입증하는 것이다. 즉, 일하는 데 필요한 도구 및 기자재를 다른 직원과 동일하게 지급했는지, 직무 전환을 시도했다면 그에 필요한 기초 교육은 했는지, 최소한의 업무 매뉴얼 및 자료는 제공했는지 등이 중요하다.

> 회사에서 문제직원에게 명확한 피드백과 경고 조치를 했는지,
> 그리고 당사자에게 소명 기회를 제공했는지를 입증

회사는 문제직원으로 선정된 당사자에게 해당 사실을 명확하게 통보해야 한다. 인사평가 또는 상사/동료 직원의 피드백을 바탕으로 공식적인 경고 조치를 해야 한다. 만약 당사자가 본인이 저성과자 또는 태도 불량자임을 인지하지 못했다면, 이 역시 회사가 문제직원에게 개선의 기회를 주지 않은 것으로 판단할 여지가 크다.

그래서 공식적인 인사위원회를 거쳐 당사자가 문제직원임을 합의 또는 징계를 내린 공식적인 기록과 근거를 남기는 것이 좋다. 이때 웬만하면 인사위원회의 논의 내용을 녹취해둘 것을 권한다. 이 기록이 나중에 법적 분쟁이 발생했을 때 큰 효과를 발휘하는 경우를 몇 번 봤다. 즉, 한두 사람의 독단적인 결정이 아닌, 인사위원회의 구성원들이 여러 자료와 데이터를 토대로 공동의 의사결정을 한 사항이고, 이를 당사자에게도 서면으로 통보했음을 잘 남겨둬라. 그리고 당사자가 억울함이 있을 때 이를 몇 번이라도 소명할 수 있었음도 증명하라.

그 후 최종적으로 해고를 결정했다면 회사는 최소 30일 전에 해고예고를 해야 한다. 이를 놓쳤거나 곤란한 경우라면 통상임금 30일분 이상을 해고예고수당으로 지급해야 한다. 이때도 당연히 해고의 사유와 시기를 서면으로 통보해야 한다. 이때 회사의 취업규칙, 해고에 관한 규정 등 내부의 관련 문서를 꼼꼼히 살펴봐야 한다.

커뮤니케이션상 주의사항 몇 가지

이는 인사담당자뿐만 아니라, 문제직원의 부서장 등 관련자 모두에게 해당하는 이야기이다. 첫째, 권고사직 또는 해고에 있어 전 과정이 녹음되고 있다고 가정하라. 요즘에는 권고사직 면담 같은 예민한 커뮤니케이션 시 직원 대부분이 녹취를 하므로 말 한마디 한마디를 잘 골라야 한다. 악의적으로 편집될 수 있다는 최악의 상황도 염두에 둬라.

둘째, 직원이 언제든지 SNS를 통해 일반 대중에게 본인의 억울함이나 부당함을 호소할 수 있음을 알라. 직원 입장에서는 권고사직 또는 해고에 대한 심리적 충격이 있으므로 본인의 억울함을 어딘가에 호소하고 싶을 것이다. 하지만, 그때 대체로 본인에게 불리한 부분은 쏙 빼고 유리한 부분만 발췌해서 올리기 때문에 문제이다. 이로 인해, 기업 이미지에 타격을 입을 수 있다. 따라서, 권고사직 및 해고의 절차 초기에 이에 대해 사전경고를 해둘 것을 추천한다. 셋째, 처음부터 끝까지 철저하게 사실(Fact), 행동(Behavior), 사건(Event)을 중심으로 이야기해야 한다. 개인의 인성, 성격, 자질, 학력으로 비판하는 것은 관련자 모두에게 악영향을 미친다. 아무리 상대방이 문제직원이라도 인간이라면 넘어서는 안 되는 선이 있음을 잊으면 안 된다. 넷째, 문제직원이 권고사직 또는 해고 절차 중에 언제든지 고용노동부를 찾아갈 수 있음을 기억하라. 즉, 법적으로 문제가 될 만한 소지가 있는 커뮤니케이션을 해서는 안 된다. 특히, 기록과 증거가 남는 이메일, 문자메시지, 카카오톡 메시지 등은 더욱더 주의해서 작성해야 한다. 그래서 되도록 구두(口頭)로 커뮤니케이션하되, 기록을 남겨야 할 때만 드라이한 톤의 이메일을 쓸 것을 추천한다.

글을 마치며

문제직원이 아무리 문제가 심각했다 하더라도 함께 일하던 사람과 이별하는 것은 모두가 힘든 일이다. 절차적/실무적으로도 그렇지만, 감정적으로도 상당히 그러하다. 회사와 근로자는 계약으로 맺어지는 관계이지만 결국은 사람이 모인 집단이기 때문에, 공(公)과 사(私)가 뒤섞일 수밖에 없다. 그리고, 슬프지만 인사담당자는 이런 유쾌하지 못한 일도 해야 하는 숙명을 가진 자리이다. 가끔은 마음 아프고 화가 나며 안타까운 일도 해야 한다. 그 대표적인 일이 바로 이 권고사직 또는 해고일 것이다.

문제직원과 이별하는 과정에서 빠르고 효과적으로 일을 진행하는 것도 중요하지만, 그에 못지않게 인사담당자 개인이 마음을 다치지 않도록 자신을 잘 보호하는 것도 필요하다. 우선 인사담당자 본인의 마음과 감정을 잘 지켜야만, 떠나는 사람과 남는 다른 동료 직원들의 마음도 보살필 수 있기 때문이다. 만약 이 글을 읽는 여러분 중 현재 권고사직 또는 해고 관련 업무를 맡고 계신 분이 있다면, 부디 여러분의 마음부터 한번 챙기길 바란다. 그리고 문제직원과 이별함으로써 남은 다수 직원의 행복 증진에 기여하고 있음에 일의 의미를 부여해보길 바란다.

Dreaming of a new HR

스타트업 HR은 무엇을 잘해야 하는가?

2021년 4월 중소벤처기업부가 발표한 「창업 생태계 30년의 변화 분석 보고서」에 따르면, 스타트업 전성시대라는 말이 절로 나온다. 스타트업으로 몰리는 투자금은 물론, IPO(기업공개)나 M&A(인수·합병)를 통해 엑시트에 성공한 사례까지 스타트업 생애 주기별 양적·질적 성장세가 곳곳에서 뚜렷하게 감지된다. 스타트업으로 시작해 코스피 시총 TOP 10 반열에 오른 기업도 세 곳(네이버, 카카오, 셀트리온)이나 된다.

한 통계에 따르면, 2000년대 초반 벤처 열풍과 비교해 거의 모든 지표가 2배 가까이 성장했다고 한다. 2000년 이후 감소세를 보이던 스타트업 수는 2008년부터 회복하기 시작, 2018년 처음으로 10만 개를 돌파했다. IT에 치중됐던 2000년대 초반과 달리 요즘 스타트업은 사업 분야도 다변화되는 모습이다. 쿠팡(쇼핑), 우아한형제들(배달), 하이퍼커

넥트(메신저), 야놀자(여행 · 레저), 비바리퍼블리카(금융 서비스) 같은 유니콘 기업은 모두 사업 분야가 다르다. 물론, 모두 IT 서비스를 기반으로 한다는 공통점은 있지만….

스타트업 HR의 고충

이 글에서 말하는 스타트업은 위에서 언급한, 쿠팡, 우아한형제들, 야놀자 같은 곳이 아니다. 직원 10~50명 정도의 말 그대로 스타트업을 의미한다. 모두가 똘똘 뭉쳐서 성공을 꿈꾸며 초과근로도 불사하며 열심히 달리는 회사이다. 산업 분야도 IT에 국한하지 않았다. 요즘 스타트업은 대체로 디지털에서 출발하기는 하나 전통 산업에서도 스타트업이 나올 수 있으므로, 산업 분야에 제한을 두고 싶지 않다.

큰 틀에서 스타트업 HR도 대기업의 HR과 크게 다르지 않다. 채용, 평가, 승진, 보상, 배치, 육성, 퇴직관리, 노무관리 등을 다 잘해야 한다. 그러나 스타트업의 경우 HR에 대한 투자가 많지 않고 담당자도 적기 때문에 선택과 집중이 필요할 것이다. 게다가 환경적 측면에서 대기업과 차이가 분명 존재하기 때문에 그에 특화된 HR을 만들고 운영할 필요가 있다.

스타트업 HR의 가장 큰 고충은 '채용'이다. 대기업이나 유니콘 기업이야 채용 공고만 내도 좋은 인재가 몰려들지만, 스타트업은 다르다. 구인구직 사이트에 채용 공고를 올려도 조회도 거의 되지 않고 입사지원서도 들어오지 않는다. 인사담당자는 답답할 수밖에 없다. 정성 들여 채용 공고를 만들어 올렸는데 아무런 소득이 없고, 이 상황에서 현업 부서에서는 빨리 사람 뽑아달라고 채근하니, 속이 타들어 간다. 그리고 이 상황이 오랫동안 지속되면 체념해버리는 경우도 많다. 약간 '될 대로 돼라. 지원자 안 오는 것이 내 잘못이냐'라고 생각하게 된다.

두 번째 고충은 '유지(Retention) 또는 이탈방지'이다. 어렵사리 뽑은 인재가 너무 쉽게 나간다는 것이다. 특히, 요즘 같은 시대에 IT 개발자 같은 특정 직무는 이직이 잦다. 다른 회사에서 고연봉과 화려해 보이는 프로젝트 기회로 유혹하니 스타트업에 오래 남아 있는 사람을 찾기 어렵다. 이렇게 직원 유지가 되지 않으면 다시 또 신규 채용을 진행해야 하니, 다시 또 채용의 이슈로 번진다. 구인구직 사이트에 1년 내내 채용 공고를 띄워놓아야 하니 구직자 입장에서는 '이 회사는 이직이 많은가 보다. 이렇게 항상 채용 공고를 내는 걸 보면…. 회사에 무슨 문제라도 있는 것인가?'라고 생각하게 되어 더 지원하지 않게 된다.

세 번째 고충은 '노무관리'이다. 스타트업은 생존과 사업개발이 우선이기 때문에, 가끔 법을 무시하는 경우가 있다. 주 52시간제를 준수하지 못하는 것은 애교이고, 회사의 취업규칙 등 인사노무 관련된 지식을 갖추고 있지 않거나 업데이트하지 않은 경우가 많다. 더 나아가, 최저임금법을 준수하지 않는 심각한 사례마저 있다. 직원들과 근로계약서를 작성하지 않아 차후에 여러 위험에 노출되기도 한다.

스타트업 HR이 잘한다는 평판을 얻으려면…

| 채용

스타트업 HR이 좋은 평가를 받으려면, 채용에서 발군의 성과를 보여

야 한다. 이는 스타트업 HR의 필연이다. 좋은 인재를 채용하는 것이 회사의 운명을 좌우할 수 있기 때문이다. 물론, 인사담당자 한두 명이 열심히 한다고 해서 그 스타트업의 채용이 갑자기 좋아지거나 지원자가 몰리는 것은 아니다. 채용은 일종의 종합점수 같은 것이다. 그 회사의 업계 내 평판, 성장 가능성, 투자 유치 실적, 창업자의 이력 등이 종합되어 나오는 결과이다. 그럼에도 불구하고, 인사담당자가 가장 큰 관심을 두고 노력을 기울여야 하는 분야인 것은 확실하다. 회사의 여건이 허락한다면, 전문 리크루터를 최소한 한 명 이상 둘 것을 추천한다. 스타트업의 채용은 단발성/이벤트성 업무가 아니라, 연중 상시로 해야 하는 업무인 동시에, 공고만 올리고 기다리는 것이 아닌 회사가 먼저 가능성 있는 구직자에게 다가가야 하는 업무가 됐다.

이 때문에 유니콘 기업들은 채용팀을 따로 꾸리고, 전문 리크루터를 두고 다양한 활동을 하게 하고 있다. 스타트업은 이렇게 채용팀까지 만들 수는 없겠지만, 채용에 전념할 수 있는 담당자 한 명 정도는 있어야 한다. 또한, 채용 채널을 최대한 다양화하라. 사람인, 잡코리아 같은 전통적인 구인구직 사이트에 공고를 예쁘게 만들어 올리는 것으로는 별다른 효과를 얻지 못할 것이다. 이런 곳에서 스타트업의 채용 공고는 거의 관심을 얻지 못한다. 대기업의 각축장이라고 보는 것이 맞다. 스타트업은 소셜네트워크서비스(SNS), 세미나/콘퍼런스, 박람회, 커뮤니티 등을 두루 활용해야 한다. 필요하다면, 주변 대학교/고등학교와 산학협력을 통해 인재를 확보해야 한다. 특히, 요즘에는 링크드인(Linked In) 등을 이용해 가능성 있는 인재에게 먼저 연락을 취하고 짧게는 몇 개월, 길게는 몇 년 동안 공을 들인 후에 채용하는 예도 많이 봤다.

마지막으로, 스타트업은 결국 회사의 미션과 비전, 그리고 창업자의 스토리를 팔 수밖에 없다. 객관적인 조건 면에서는 대기업을 이기기 어려우므로 다른 곳에서 매력을 만들어서 채용 브랜딩을 해야 한다. 그때 가장 기본이자 좋은 리소스는 회사가 추구하는 방향과 그것을 생각해내고 추진하는 창업자의 스토리이다. 필요하다면, 그리고 가능하다면 창업자를 가급적 많은 미디어 또는 대중에서 노출시켜라. 물론, 잘 준비시킨 상태로…. 창업자가 준비되지 않은 상태로 노출될 경우 채용에 악영향을 미치는 경우도 자주 봤다.

| 보상

채용은 꽃에 물을 주듯 연중 관심을 두고 꾸준히 활동해야 하는 것이고, 이렇게 애써 뽑은 인재가 오랫동안 우리 회사에서 머무르게 만들려면 결국 가장 기본적인 처우인 연봉과 복지를 잘 만들어야 한다. 스타트업이 대기업 수준의 연봉, 복지를 한 번에 갖추는 것은 불가능하다. 물론, 요즘에는 워낙 인재 확보 전쟁이 심하다 보니, 투자금의 상당 부분을 직원 처우 개선에 쓰는 스타트업도 있기는 하시만, 이는 대규모 투자 유치에 성공했을 뿐만 아니라 투자자(예: VC)에게 투자금을 이렇게 써도 된다는 동의를 받아야 가능한 일이다. 대부분은 상대적으로 낮은 연봉과 4대 보험 같은 기본적인 복지만 갖춘 상태로 시작한다. 그러나 직원들이 회사의 성장을 체감하는 것은 언론에 자주 등장하는 우리 회사의 이름이 아니라, 본인의 처우가 개선될 때이다. 이때 요즘 유행하는 스톡옵션 같은 주식 보상을 생각할 수도 있지만, 먼저 기본급 수준을 높일 것을 추천한다. 주식 보상의 매력도는 회사마다 다르고 주식시장의 상황에 따라 항상 바뀔 수 있다. 그렇기 때문에 지난 수년간 낮은 연봉을 감내하면서 열심히 일한 직원들에게 몇 년 후 대박의 꿈은 너무 멀고

불확실하게 느껴진다. 기본급 수준이 업계 중위권은 되어야 그다음부터 다른 인사관리가 가능해진다.

내가 만난 스타트업 대표 중에 "스타트업에서 일하는 직원들은 기본적으로 대박의 꿈을 좇는 사람이다. 매해 몇백만 원 올라가는 정도의 연봉 인상은 의미가 없다. 그러니 차라리 좀 더 참고 견디자고 말하겠다"라고 말하는 분이 많다. 본인이야 창업자이고 주주이기 때문에 회사가 IPO(기업공개)나 M&A(인수·합병)를 통해 엑시트에 성공하면 대박이 나겠지만, 직원들에게 주식을 나눠준 적도 없고 연봉도 업계 하위권이라면 이 주장은 논리적으로 성립될 수 없다. 회사의 발전 정도에 따라 보상제도를 적절히 개편하고 처우 수준을 조정하는 것은 인재 유지를 위해서 필요한 일이지만, 또 좋은 인재가 우리 회사를 찾아오게 하는 데 필수적이다. '세상에 공짜는 없다'가 여기서도 통한다. 적절히 돈을 써야 좋은 인재가 오고, 또 그 인재가 오랫동안 열정을 가지고 일할 수 있다. 그 인재들이 더 많은 돈을 벌어다 주는 선순환이 생길 것이다.

여기서 또 한 가지 간단하게 언급하고 싶은 것이 있다. 스타트업에는 보통 평가제도가 없다. "우리가 남이냐, 몇 명 되지도 않는데 뭘 또 드라이하게 평가까지 하냐?"라는 심리도 있고, 창업자이자 대표이사가 '내가 한 사람 한 사람을 다 안다. 내 눈에 다 들어오는데 굳이 평가해야 하냐?'라고 생각하기 때문이다. 이 때문에 신상필벌(信賞必罰)이 없다. 잘한 사람도 인정받지 못하고, 누가 봐도 저성과자이자 근태에 문제가 있는 사람도 본인이 뭐가 문제인지 모른다. 이런 분위기가 오래 지속되면, '좋은 게 좋은 거다' 문화가 생긴다. 창업자의 뚜렷한 철학에 따라 이런 문화를 지향하는 것이라며 모를까. 생존과 성장이 화두인 스타트업이 이런 문화를 지향하는 것은 일반적으로 문제가 된다. 비즈니스에 갖는 열정의 반의반이라도 창업자 및 경영진이 평가와 보상에 관심을 갖게 하는 것도 스타트업 인사담당자가 해야 하는 일이다.

| 조직문화 개발

조직문화의 실체가 무엇인지 정확히 정의 내리기는 어려워도, 구성원 간의 관계, 회사와 직원 간 정보 공유, 리더십 스타일, 일하는 방식과 절차, 바람직한 행동과 회피해야 하는 행동 등의 종합이라고 보면, 스타트업은 수십 년의 역사를 가진 대기업에 비해 조직문화를 새롭게 세팅할 기회가 있다. 즉, 대기업이 가진 보수적/관료적인 조직문화의 폐해를 벗어나 완전히 새로운 조직문화를 만들어갈 수 있다. 게다가 스타트업이라 함은 당연히 도전적/혁신적인 조직문화를 갖춰야 하니 조직문화 혁신 노력을 위한 공감대도 어느 정도 존재한다. 그러나 이런 기회의 이면에는 창조의 고통도 있다. 우리가 지향하는 조직문화가 무엇인지, DO & DON'Ts가 무엇인지를 정하고, 구성원들에게 전파하고 내재화시키는 것은 어려운 작업이다. 게다가 애써 가꾼 조직문화가 이런저런 사건과 뉴스로 인해 허망하게 무너지기도 한다. 시시포스처럼 끊임없이 노력하고 가꿔나가야 한다. 물론, 조직문화가 인사담당자의 노력만으로 만들어지지 않는다. 창업자와 경영진도 조직문화의 중요성을 알고 모범을 보여야 한다.

스타트업 조직문화에서 가장 중요한 것은 소통이고 정보 공유이다. 인원 규모가 크지 않다고 해서 소통이 절로 잘되는 것은 아니다. 오히려 죽어라 일만 하는 분위기 때문에, 구성원들은 회사 돌아가는 이야기를 떠도는 소문만으로 접하는 경우도 많다. 스타트업의 핵심 키워드가 성장이라고 한다면, 회사가 어떻게 성장하고 있는지, 얼마만큼 성장했는지, 앞으로 어떤 계획을 갖고 성장할 것인지를 구성원에게 정확히 알릴 필요가 있다. 이때 무대 위 주인공은 당연히 창업자와 경영진이 되겠지만, 그 무대를 준비하는 것은 인사담당자여야 한다. 스타트업에서는 투자자를 대상으로 하는 전통적인 IR(Investor Relations) 못지않게 내부 구성원을 대상으로 하는 IR도 중요하다.

더불어, 스타트업에서는 인사관리보다는 피플케어(People Care)로 접근해봐라. 그렇다고 전통적인 인사관리가 등한시되어서는 안 되지만, 옛날 방식의 인사관리로는 회사와 구성원에게 충분한 가치를 주기 어렵다. 인원 규모가 작으므로 어느 정도 1:1 밀착 관리가 가능하다는 장점을 충분히 발휘하기를 바란다. 때로는 친구, 멘토, 상담역 같은 역할을 해야 한다. 생일 축하 등 소소한 만족을 자주 여러 번 주는 것도 좋다. 거창하게 말해서, 스타트업 인사담당자는 직원 경험(EX: Employee Experience)의 설계자이자 실행자가 되어야 한다. 주기적으로 조직(문화)진단을 통해서 구성원의 인식을 살피는 것도 추천한다.

스타트업 HR이 피해야 하는 것

첫째, 혼자서 모든 것을 다 잘하려고 하지 마라. 스타트업에는 인사팀이 없는 경우도 있고, 있더라도 소수 인원으로 운영된다. 이런 상황에서 HR뿐만 아니라 총무, 경영관리, PR까지 조금씩 해야 하는 경우도 많다. 인사담당자가 너무 바빠서 정신없는 상황에서 모든 것을 직접 다 하려고 하면 일이 잘 안될뿐더러, 인사담당자 스스로가 불행해진다. 불행한 인사담당자가 어떻게 다른 구성원의 행복에 신경을 쓸 수 있겠는가?

외부 전문가 또는 아웃소싱 서비스를 최대한 잘 활용하라. 예를 들어, 노무관리는 노무사에게 자문을 받고, 연말정산 같은 것은 세무법인을 활용하라. 또한, 요즘은 IT를 이용한 전문 서비스도 많이 있다. 단순반복적인 업무는 외주화하거나 구성원들이 셀프서비스로 이용하도록 유도하라. 또한, 현업의 리더들이 좋은 피플 매니저가 될 수 있게 잘 도와줘라.

둘째, 매일매일의 인사운영(Daily Operation)에 매몰되지 마라. 스타트업에서는 매일 새로운 사건/사고가 발생한다. 대기업에서는 예상하지 못한 일도 자주 일어난다. 이런 일을 겪다 보면 어느새 이게 인사팀인지, 노무팀 또는 이슈 대응 TF인지 알 수 없는 지경에 이른다. 가끔은 Daily Operation에서 잠시 벗어나 큰 그림을 그려보도록 하라. 우리 회사가 어디로 가고 있는지, 그 속에서 HR은 무슨 역할을 해야 하는지, 반대로 쓸데없는 일을 하는 것은 없는지 등을 살펴봐라.

셋째, 대기업 또는 유니콘 기업과 복지로 경쟁하지 마라. 임금인상만으로 인재 확보와 유지에 한계를 느낀 많은 기업이 독특하고 흥미로운 복지제도를 갖춰가고 있다. 직원 식당과 카페는 기본이고, 사내에 편의점(진짜 편의점은 아니고 콘셉트가 편의점을 닮은 캔틴)을 설치하고 무제한 간식을 제공하기도 한다. 워케이션이라는 이름으로, 제주 같은 여행지에서 일하게 해주기도 한다. 그러나 복지는 기본적으로 하방경직성(下方硬直性)이 있다. 한번 올라간 직원들의 눈높이를 낮추기는 어렵다. 게다가 높은 복지비 지출이 인재 확보와 유지에 확실한 효과를 내는지도 불분명하다. 또, 복지는 누리는 사람은 계속 누리지만, 여러 사정에 의해 누리지 못하는 사람은 전혀 누리지 못하는 불평등도 존재한다. 따라서, 스타트업에서는 창의적이고 독특한 복지를 갖추기 이전에 기본적인 것을 충실히 갖추는 것이 중요하다. 건강검진, 좋은 업무 기자재, 유연근무제, 주거 및 통근 지원 등에 집중하라. 만약 임금 경쟁력이 낮다면, 복지 확충보다 기본급 수준부터 끌어올리는 것이 선행되어야 한다.

넷째, 지나친 예스맨이 되지 마라. 스타트업 HR이든 대기업 HR이든 기본적으로 경영자의 Staff인 것은 맞다. 그렇다고 인사담당자가 무조건 경영자의 지시에 복종해야 한다는 의미는 아니다. 정당한 주장과 비판을 할 수 있어야 한다. 왜냐하면 스타트업의 창업자/경영진조차도 (비즈니스에서 발군의 능력을 발휘하더라도) 회사 경영과 인사관리에는 초보자인 경우가 많기 때문이다. 창업자/경영진으로서 인사이트는 존중하더라도 어떤 주장과 의견이 법률과 상식에 맞지 않는다면, 전문가로서 인사담당자는 자신의 의견을 논리적으로 펼칠 수 있어야 한다. 실제로 있었던 사례인데, 창업자가 외국에서 태어나고 자란 재외국민인데 어느 날 HR팀에 와서 "퇴직금이라는 것이 도대체 무엇인데 회사가 직원들에게 꼬박꼬박 줘야 하느냐? 우리 회사는 재직하는 동안 잘해주는 대신 퇴직금은 주지 말자"라고 말했다고 한다. 이런 상황에서 인사담당자는 재빨리 창업자에게 반론을 제기하고 올바른 방향을 알려줘야 한다.

글을 마치며

나는 스타트업에 관심이 많다. 물론, 내 고객사의 90%는 대기업이다. 그럴 수밖에 없는 것이, 우리가 제공하는 컨설팅 및 진단 서비스에 관심을 가질 정도가 되려면, 인원도 어느 정도 되어야 하고, 무엇보다 창업자 또는 대표이사가 비즈니스 외에 HR에도 관심을 두어야 하기 때문이다. 그러나, 나는 개인적으로 여러 스타트업에 자문이나 조언 서비스를 제공하고 있으며, 그 과정에서 느낀 점을 이 글에 담아보았다.

　대기업의 HR이 다소 관리에 초점이 맞춰져 있다면, 스타트업의 HR은 창조와 시도에 있는 것 같다. 그만큼 스타트업 인사담당자가 더 많이 고민하고 더 고생하는데, 그에 상응하는 대접은 받지 못하는 것 같아 안타까운 마음도 든다. 요즘 내 지인들 사이에서 농담 반 진담 반으로 하는 이야기가 있다. "개발자 뽑기가 가장 어렵고, 그 개발자를 뽑아서 키우는 똑똑한 인사담당자 뽑기가 두 번째로 어렵다" 한동안 HR이 약간 천대받았었는데, 스타트업 전성시대 덕분에 다시 HR의 값어치가 올라가는 느낌이 든다.

　이런 맥락에서 스타트업 HR에서 일하는 여러분도 좀 더 힘내주시길 바란다. 나도 진심으로 응원한다. 모두가 회사와 동반 성장 하여 훌륭한 인사담당자가 되어주시길 부탁드린다. 새로운 도전과 시도도 많이 해주시길 바란다. 그래야 우리나라의 HR 전체가 발전할 것 같다. 이제는 대기업이 스타트업에 가서 HR을 배우는 시대가 되었으니까 말이다.

Dreaming of a new HR

애자일 조직은 무엇이고, HR은 무엇을 해야 하는가?

몇 년 전부터 '애자일(Agile)'이 유행처럼 쓰이고 있다. 최근에는 다소 주춤한 것 같지만, 작년까지는 온갖 자료에서 애자일을 볼 수 있었다. 2020년에는 올해의 경영 트렌드 용어로 뽑히기도 했다. 이렇게 유행하는 애자일이 무엇이고, 왜 애자일 코치 같은 신종 직업이 생길 만큼 많은 기업이 열광하는지 알아보자.

애자일의 기원(Origin)과 특징

애자일이라는 말 자체가 IT 개발 용어이다. 폭포수 기법과 정반대의 개발 방법론을 의미한다. 폭포수 모델은 '계획-요구분석-설계-구현-

시험-유지보수'의 단계가 순차적으로 진행되고, 한번 지나온 단계는 되돌아갈 수 없어, 단계마다 최고의 완성도를 추구해야 한다. 반면 애자일 방법론은 각 단계를 경계를 확실히 나누지 않고, 빠른 시간 안에 설계와 구현, 그리고 수정을 반복한다. 전형적인 린 스타트업(Lean Start-up)의 모습을 띠고 있다. 다시 말해, '빨리 시도하고 빨리 실패한 후 수정해서 다시 시도한다'가 애자일의 핵심이다.

이러한 빠르고 가벼우며 기민한 개발 방법론을 조직 전반의 운영에 적용하고자 한 것이 애자일 조직이다. 전통적인 피라미드 조직 대신 필요에 의해 협업하는 자율적 셀(Cell, 소규모 팀) 조직을 기반으로 움직인다. 체계, 시스템, 관리, 지시, 통제보다는 자율, 권한위임, 도전, 실패로부터 학습, 빠른 의사결정 같은 것을 중시하는 것이다. 이 대목에서 엉뚱하게도 애니메이션 「빅 히어로」의 주인공이 만든 나노로봇이 생각난다. 아주 작은 로봇들이 모였다 흩어지면서 주인공이 원하는 모습을 갖추거나 기능을 하는 것이다. 각자가 독립된 지성을 갖추고 있는 데다가, 모이면 큰 힘을 발휘하며, 상황에 따라 유연하게 모습을 바꿀 수 있다. 아무튼 애자일 조직이 유행하는 것을 두고, 현대 기업을 완성하는 데 기여했던 테일러리즘(Taylorism)의 시대가 끝났다고 말하는 사람마저 있다. 모든 것이 빠르게 변해가는 세상이 됐고, 조직에서 점점 더 큰 비중을 차지해가는 MZ세대는 지시와 통제를 불편해하니, 애자일 조직을 지향하는 것은 피할 수 없는 것 같다.

이런 애자일 조직의 특징은 다음과 같이 요약된다. 첫째, 계획 수립에 과도한 시간과 비용을 들이지 않는다는 것이다. "Do it, then fix it"이라는 슬로건이 잘 어울린다. 둘째, 권한을 고객과 접점에 있는 구성원에게 상당 부분 위임한다. 현장과 빠른 실행을 중시한다. 셋째, 의사결정을 빨리 내린다. 조직의 핵심가치 및 규범에 부합한다면 오래 고민할 것 없이 바로 결정해서 실행한다. 넷째, 많은 정보가 구성원 모두에게 높은 수준으로 공유된다. '정보는 공유되어야 가치가 있다'가 중요한 원칙이다. 그럴 수밖에 없는 것이 고객 접점에 있는 구성원이 빠른 의사결정을 내리고 대처하려면, 회사의 정보를 많이 갖고 있어야 할 것이다.

스포츠팀에 비유한 애자일 조직

내가 좋아하는 책 중에 『비전시대의 조직패러다임』이 있다. 초판이 1991년에 나왔으니 오래전에 나온 책이다. 원제가 『Reframing Organizations』인데, 번역서의 제목이 좀 유치해서 그런지, 아니면 책이 너무 두꺼워서 그런지 금방 절판되어 버렸다. 하지만 나는 이 책을 좋아해서 가끔 책장에서 꺼내 읽는다. 조직 내 권력, 정치, 상징 같은, 다른 학자들은 잘 다루지 않는 것들까지 다루고, 또 풍부한 사례를 확인할 수 있어 읽을 때마다 즐겁다. 이 책의 제2부 5장 「집단과 팀의 설계」를 보면, 현대 조직을 세 가지 스포츠팀에 비유했는데, 이 내용이 흥미롭고 꽤 공감됐다. 원문은 꽤 긴데, 요약해서 잘 설명해보겠다.

먼저, 야구팀이 있다. 야구는 분명 팀 스포츠이다. 그러나 9명 선수 각자는 자신의 목표를 추구하기 때문에 야구는 결국 9개의 팀으로 이루어져 있다고 해석할 수 있다. 그래서 야구팀은 전형적인 느슨하게 연계된 시스템, 즉 Loosely Coupled System이다. 다시 말해, 선수 개개인의 노력이 합쳐져 성적으로 나타나는 것이긴 하지만, 선수 간에 쌍방적 의존관계가 강하지 않기 때문에, 팀의 승리는 주로 선수 개개인의 능력에 의존하게 된다. 야구는 이 같은 특성 때문에 선수 간에 조정이 거의 필요하지 않다. 감독의 작전 지시 대부분은 지엽적 전술이며, 일반적으로 특정 선수를 교체하거나 플레이에 대해 조언하는 정도에 그친다. 그런 작전 지시도 한 경기에 몇 번 하지 않는다. 스포츠의 속성이 이렇다 보니, 선수들도 팀을 옮기는 것이 쉬우며, 새로 이적해온 선수가 바로 그날 저녁 경기에 투입되는 것도 가능하다. 그래서 퓰리처상을 수상한 미국의 기자이자 소설가인 존 업다이크(John Updike)는 "야구는 본질적으로 고독한 경기이다"라고 평했다.

두 번째 조직 유형으로는 미식축구팀이 있다. 나는 미식축구를 좋아하진 않지만, 군 시절 선임이 모 대학 미식축구 선수였던 덕분에, 기본적인 규칙을 배우고 훈련까지 했던 적이 있다. 생각보다 위험하지 않고 재밌었던 기억이 있다. 그때 느꼈던 미식축구의 본질은 두 가지 키워드였다. 그것은 바로 전략과 분업이다. 미식축구는 야구와 매우 다르다. 야구팀에 비해 미식축구 선수들은 서로 근접해서 경기한다. 이처럼 선수 개개인의 노력 간에 밀접한 연관성이 있는 동시에 분업도 철저해서, 공격팀과 수비팀이 나뉘어 있다. 이러한 분업 체계 때문에 미식축구팀은 선수 간 조정 및 작전 지시의 필요성이 높다. 이때 조정은 주로 사전계획과 위계적 통제에 의해 이루어진다. 즉, 현장에서 선수들이 임의로 전략을 변경하여 실행하는 경우는 드물고, 대부분 전략적 의사결정은 수석코치가, 전술적 의사결정은 보조감독 또는 주장선수가 담당한다. 미식축구가 이처럼 선수 간에 팀워크와 사전에 정해진 전략/전술, 그리고 그것을 실행할 수 있는 연습이 중요하기 때문에 선수의 이적이 쉽지 않다. 선수뿐만 아니라 코치도 교체하기 어렵다. 야구와 달리 미식축구는 세밀한 전략의 수립과 그 전략의 조직적 실행이 승리의 관건이기 때문이다.

　마지막 세 번째 조직 유형은 농구팀이다. 농구는 미식축구보다 선수끼리 더 근접한 상태에서 경기를 뛴다. 농구는 순식간에 공격과 수비가 바뀐다. 각 선수의 노력 사이에는 밀접한 관련성이 있고, 선수 각자는 동료 선수의 노력에 크게 의존한다. 5명의 선수 간 상호관계가 매우 높으며, 선수 누구나 볼을 다루거나 슛을 던질 수 있다. 오랫동안 같이 경기를 해온 경우에는 동료가 어떤 상황에서 무슨 동작을 취할지 미리 알 수 있다. 그러나 새로 합류한 선수가 있는 경우에는 서로의 특기나 습관을 충분히 모르기 때문에 호흡일치가 쉽지 않다. 그리고, 농구는 순간적으로 상황이 바뀌기 때문에 그때그때 코트 위에 서 있는 선수들의 임기응변이 매우 중요하다. 물론, 경기 전에 여러 상황에 대비한 훈련을 하지만, 그 상황이 계획한 대로 경기 중에 펼쳐지지 않기 때문이다. 전략/전술의 변형이나 수정이 계속 일어나야 한다. 이를 지휘하는 것이 보통 포인트가드이고, 이 때문에 포인트가드를 "코트 위의 감독"이라고 부르는 것이다.

　이렇게 세 가지 유형의 스포츠팀을 살펴보니, 애자일 조직은 어느 팀에 가까운 것 같은가? 맞다. 농구팀이 애자일 조직에 근접한 것 같다. 상당히 유기적이고, 탄력적이며, 자율적이라는 점에서 그렇다. 어쩌면 현대 조직의 발전 단계가 야구팀-미식축구팀-농구팀 순은 아닐까? 이 책에서도 제약회사가 새로운 약물을 발견하고 개발하는 과정에서 조직이 겪는 변화를 이러한 흐름으로 설명한다. 처음 의약품을 개발할 때 각 연구자는 야구팀처럼 꽤 독자적으로 연구를 수행한다고 한다. 그래야 최대한 많은 시도와 실패를 해볼 수 있기 때문이다. 그러다 유망한 물질이 발견되면 미식축구팀처럼 화학자, 의사, 약사, 독물학자, 임상 연구진 등 분업화된 체계를 통해 발전시킨다고 한다. 그 후에는 이를 제품화하여 판매하기 시작하면, 그때부터는 농구팀처럼 사람들이 서로 밀접하게 협력하면서 여러 이슈에 기민하게 대응해야 한다고 한다.

구분	야구팀	미식축구팀	농구팀
경기 방식	매우 분절적 (9명의 타자가 순차적으로 등장하여 투수를 상대함)	약간 분절적 (공격과 수비가 나뉘어지고, 각 턴마다 경기가 일시중단됨)	연속적 (타임아웃을 부르기 전까지는 경기가 계속 진행됨)
선수 간 의존관계	매우 낮음	보통	매우 높음
상황 변화에 대처	지엽적, 어느 정도 패턴이 존재	사전에 연습된 전략/전술에 국한	매우 가변적이고 선수의 임기응변 가능

그림 12. 스포츠팀에 비유한 조직 유형

애자일 조직만이 답일까? 애자일 조직의 문제는 없나?

애자일 조직만이 답은 아니다. 그 회사의 업종, 산업, 비즈니스 속성에 가장 잘 맞는 것이 좋다. 한마디로 핏(Fit)이 중요하다. 안전이 가장 중요한 장치산업을 떠올려보자. 한 번의 사고로 수많은 인명을 다치거나 아프게 할 수 있는 업종이라고 가정하자. 이 회사의 공장 조직이 애자일한 것이 과연 맞을까? 이런 공장에서 잦은 시도와 실패를 반복하면서 학습한다고? 각 부서의 역할과 책임이 명확하지 않더라도 상황에 따라 네트워크로 일한다고? 이런 회사는 어쩌면 전통적인 피라미드식 구조와 수직적 의사결정 체계가 적합할 수 있다. 또 다른 예로, 군대를 들어보겠다. 군대의 조직문화가 아무리 바뀐다 해도 군대의 핵심가치는 결국 전쟁에서 승리하는 것이다. 물론, 소대장이 적과 맞서 싸우는 개별 전투에서는 당연히 애자일해야 한다. 상황에 따른 순간의 판단이 중요하니까 말이다. 하지만, 모든 소대가 애자일하게 움직이면, 많은 지휘관과 전략 담당 장교가 세운 전략/전술은 무용지물이 되고 만다. 그러면 개별 전투에서는 승리할지 몰라도, 전쟁에서는 패배하는 결과를 낳을 수도 있다. 그러니 군대에는 애자일 조직이 맞지 않는다고 단순화하여 말할 수 있다.

더 나아가, 한 회사의 모든 조직이 애자일 조직이 되라고 강요하는 것은 맞지 않다. 세분화할 수 있다면, 각 기능/부서의 속성에 맞는 조직운영원리를 적용하는 것이 적합하다. 같은 회사라고 해서 모두가 똑같은 원리로 운영되는 것은 요즘 같은 시대에 어울리지 않는다. 애자일 조직은 해결해야 할 문제가 복잡하고, 변화가 잦으며, 불확실성이 높은 환경일 때 어울린다. 이러한 주장은 나만의 생각이 아니라, 애자일에서 중요한 개념인 스크럼(Scrum)의 창시자인 제프 서덜랜드(Jeff Sutherland)의 주장이기도 하다. 그도 애자일이 최고의 기법이나 운영원리가 아닌 여러 방법론 중 하나일 뿐이며, 이미 효과적으로 잘 운영되고 있는 조직까지 유행을 따르듯 도입할 필요는 없다고 말했다. 가장 핵심적인 것은 자기 조직에 가장 적합하고 효과적인 방법을 찾고 적용하는 것이다.

또한, 애자일 조직은 단순히 조직구조를 바꾸고 각 부서에 권한과 책임을 더 준다고 해서 달성할 수 있는 것은 아니다. 조직구조 외에 조직문화, 의식/태도 같은 소프트한 부분들, 그리고 인사제도 같이 인프라적인 요소까지 총체적인 변화를 요구한다. 그런데 종종 회사에 애자일 관련 포스터 몇 개 걸고, 준비되지 않은 직원들에게 일방적으로 권한을 위임하며, 직급과 호칭을 모두 파괴해 버리고서 "우리도 애자일 조직을 지향한다"라고 주장하는 모습을 본다. 특히, 이렇게 겉모습만 애자일한 회사의 특징은 작은 실패도 용인하지 못한다는 데 있다. 다시 말하지만, 애자일은 작은 도전과 실패를 반복하면서 성장하는 것이다. 그런데 옛날처럼 작은 실수나 실패에도 불같이 화를 내면서 어떻게 애자일을 논하는지 모르겠다. 이 대목에서 내가 좋아하는 동시에 자주 써먹는 표현을 인용하고 싶다. "준비되지 않은 직원에게 하는 권한위임은 방치와 동의어이다" 이와 마찬가지로, CEO와 회사 전체가 잘 준비하지 않고 무작정 시도하는 애자일 조직화는 책임회피 및 난장판과 동의어이다.

애자일 조직의 실패 사례로, 평가제도가 기존 그대로인데 갑자기 조직 운영이 애자일하게 이루어지면, 구성원들은 당장 누가 내 평가자 또는 의사결정자인지 몰라 혼란스러워한다. 이때 리더십도 중요한데, 기존 리더십 스타일을 그대로 고수하는 경우도 혼란을 초래한다. 애자일 조직에서 부서장은 전통적 의미의 리더가 아니다. 오히려 코치나 퍼실리테이터에 가깝다. 그런데, 리더들이 리더십 스타일이나 본인의 역할에 대한 자각 없이 무작정 애자일 조직을 적용하면, 겉 포장은 애자일인데 알맹이는 기존과 똑같은 팀제가 될 것이다.

글을 마치며

나는 애자일이라는 말을 좋아한다. 애자일 조직이 지향하는 바도 멋지지만, '기민하다'라는 말이 주는 어감 자체가 좋다. 그러나 애자일을 금과옥조(金科玉條)로 삼아 이것을 팔고 다니는 약장수나 장사꾼은 혐오한다. 심지어 여기에 더해 '홀라크라시(Holacracy)'이니 '헬릭스(Helix) 조직'이니 하는 또 다른 신조어를 써서 뭔가 대단한 것인 양 포장한다. 애자일 조직의 특성을 잘 살펴보면, 수십 년 전에 나왔던 자율경영팀(Self-Managing Work Team), 아메바(Amoeba) 조직과 크게 다르지 않다. 그럼에도, 애자일 조직이 완전히 새로운 무엇인가처럼 꾸며서 이야기하는 것은 너무 속 보인다. 애자일 조직에서 우리가 배워야 할 것은 많다. 수평적이고 유기적인 인간관계, 실패를 용인하는 문화, 현장의 판단을 중시하는 의사결정 구조, 조직과 구성원의 동반 성장을 추구하는 철학 등은 훌륭하기 그지없다. 다만, 이것을 깊은 고민 없이 일반론만을 우리 회사에 그대로 이식하려 한다면, 단호하게 거부하거나 재요청해야 한다. 인사담당자가 단단한 철학과 날카로운 현실감각을 갖고 있어야 세상의 온갖 화려하고 아름다워 보이는 것에 현혹되지 않을 수 있다.

Dreaming of a new HR

CIC는 무엇이고, HR은 어떤 준비를 해야 하는가?

CIC(Company In Company)는 '사내 독립 기업'으로 번역된다. 크고 복잡해진 조직에서 더 이상 혁신이 없을 때, 조직을 작게 쪼개서 의사결정 속도를 높이고, 구성원에게 창업자 정신(Entrepreneurship)을 갖게 하려는 목적으로 한다. 네이버, 카카오, SK 등에서 2015년경부터 적극적으로 운영했고, 네이버웹툰, 네이버페이(現 네이버파이낸셜) 등의 성공으로 그 효과도 증명됐기 때문에 다른 회사에서도 이를 많이 벤치마킹하고 있다.

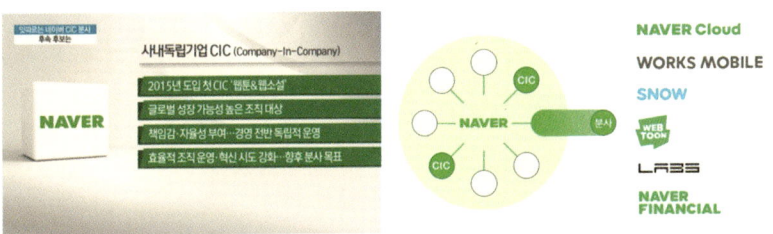

그림 13. 네이버의 CIC 성공사례

CIC와 사내벤처의 닮은 점과 다른 점

  10여 년 전에도 사내벤처가 유행했다. 운영 목적 및 기대 효과는 CIC와 사내벤처가 거의 비슷하다. 조직을 가볍고 빠르게 만들겠다는 것이다. 즉, 애자일한 조직을 만들기 위함이다. 다만, CIC와 사내벤처의 차이가 있다면, 운영원리와 규모인 것 같다.

  사내벤처가 어쨌든 대기업 내 하나의 팀으로 존재하는 경우가 많다면(물론, 스타트업으로 분사하기도 하지만…), CIC는 모(母)회사의 우산 아래 있기는 하지만 상당히 높은 수준의 자율권을 보장받는다. 좀 더 자세히 설명하면, 사내벤처의 리더는 대체로 팀장 또는 실장 정도의 권한을 갖는다. 다시 말해, 소속 구성원의 연봉을 자유롭게 정하지 못하고, 독자적인 예산권을 갖지 못하는 경우가 대부분이다. 그러나 CIC는 모기업의 브랜드는 그대로 쓰지만, 사실상 하나의 독립된 사업체처럼 운영된다. 조직 규모가 작더라도 CIC 대표는 엄연히 대표이사의 지위를 갖는다. 인사권, 예산권 등 독립 기업이 가져야 하는 모든 권한을 갖는다. 그래서, 공룡이 되어버린 대기업 특유의 관리·통제에서 벗어나, 신속한 의사결정이 가능하고 핵심 사업에 집중할 수 있는 것이 장점이다. 조직 규모에서도 차이도 있다. 사내벤처가 보통 5명에서 50명 정도의 규모였다면, CIC는 100명 이상으로 조직 규모가 크고 분사 가능성이 큰 경우가 많다.

CIC의 장점

　CIC의 장점은 여러 가지가 있다. 첫 번째 장점은, 의사결정 속도와 핵심 사업에 대한 집중력을 높일 수 있다는 점이다. CIC는 모(母)기업보다 수평적 조직이 될 것이고, CIC 대표를 중심으로 방사형으로 펼쳐진 의사결정 구조를 갖는 경우가 많으니 신속하고 일관된 의사결정이 가능해진다. 그러다 보니, CIC 대표가 구상하는 사업 방향성이나 경영 철학이 순수한 형태로 잘 구현될 가능성이 크다. 그러면서도 모기업이 가진 자본력, 네트워크, 브랜드 등을 이용할 수 있으니, 사업 발전의 속도도 빠르다. 단적인 예로, 독립한 자회사가 세상에 전혀 알려지지 않은 생소한 회사명으로 채용 공고를 냈을 때를 상상해봐라. 과연 그 회사가 바라는 인재가 지원할까? 우수인재는 고사하고, 이력서조차 몇 장 들어오지 않을 것이다. 하지만, 모기업의 이름을 활용해서 그 기업의 사업부에서 사람을 뽑는다는 공고를 내보내면 수백 장의 이력서를 받는 것이 어렵지 않다.

　장점 두 번째는, 창업가 유형의 인재를 내부에서 발굴하여 육성할 수 있다는 것이다. CIC는 누가 시켜서 만드는 것도 아니고, 회사가 누군가를 찍어서 CIC 대표를 임명하는 것도 아니다. 네이버의 경우 CIC가 되기 전 소규모 조직일 때를 Cell이라고 하는데, 특정 사업/서비스에 관심과 열정이 있는 사람이 Cell을 만들고(사실상 사내 창업), 이 Cell이 성장하여 CIC가 되는 것이다. 따라서 Cell과 CIC 모두 창업가 정신이 출발점이 된다. 이들이 Cell장(長)에서 CIC 대표로 성장하고, 더 나아가 독립 법인의 대표로 성장하는 과정 자체가 창업가 정신이 강한 기업가의 육성이다. 그리고, CIC 대표가 이렇게 강한 창업가 정신을 가진 인물이라면, CIC 제도가 없는 회사였다면 퇴사 후 별도의 투자를 받아 회사 밖에서 창업했을지도 모른다. 그러니 CIC 제도가 이런 훌륭한 인재가 회사 밖으로 나가지 않도록 해주는 울타리가 되어주기도 한다.

세 번째 장점은, 부수적이지만 상당히 흥미로운 이야기이다. 어떤 대기업이 여러 독립 자회사를 두면 따라오는 이슈가 있다. 경영관리적인 측면도 그렇지만, 여론도 그리 좋지 않다. 문어발식 경영이라든가 하는 사회적 압박도 있다. 그러나 CIC는 이런 이미지보다 훨씬 좋은 이미지를 만들 수 있다. 창업가 정신을 가진 어떤 사람이 대기업의 관리체계를 뚫고 나와 낭중지추(囊中之錐)처럼 새로운 사업/서비스를 만들어냈다는 모습 자체가 낭만적으로 보이는 면이 있다. 그래서 사회적으로 쉽게 용인되기도 한다.

마지막으로 CIC에 속한 구성원과 HR 부서 입장에서의 장점도 있다. 이는 소소하지만, 꽤 중요한 포인트이다. 보통 대기업에서 독립해서 떨어져 나간 자회사의 경우 자본금이나 매출이 모기업에 비해 턱없이 낮다. 그러다 보니 금융 대출이나 복지에서 모기업과 엄청난 차이가 생겨버린다. 이러한 이유로 자회사로 발령이 나도 이를 거부하는 때도 많다. 그런데 CIC는 운영원리는 독립 법인처럼 하더라도, 법률적·행정적 실체는 모기업의 사업부 정도이기 때문에, 구성원들이 지금까지 누렸던 모든 복지 혜택이 유지된다는 장점이 있다. 같은 맥락에서, HR 부서도 계열사 간 전보 발령처럼 복잡한 행정 처리 없이 편하게 구성원을 이동, 배치할 수 있다는 장점도 있다. CIC라 하더라도 결국 같은 회사 우산 속에 있기 때문이다.

CIC의 단점

분명 CIC는 단점보다는 장점이 많은 조직운영원리이다. 그럼에도 불구하고 세상에 좋기만 한 것은 없다는 나의 평소 신조에 맞춰, 단점 몇 가지를 적어보겠다. 아래 단점은 주로 인사담당자의 관점이기도 하다. 아마 비즈니스의 성공과 성장이 지상과제인 최고경영진은 아래와 같은 단점에 대해 별로 신경 쓰지 않을 가능성이 크다.

첫째, CIC가 많아지고 각각이 독립적인 인사제도를 운영한다고 가정해보자. HR 부서 입장에서는 어떨 것 같은가? 이러면 한 회사에 여러 개의 인사제도가 작동하는 셈이다. 그러니 복잡성이 높아진다. 어떤 분은 "CIC에 독립채산제처럼 거의 완전한 권한과 책임을 부여하기 때문에, 복잡성이 높아져도 문제없지 않으냐?"라고 반문할 수 있다. 그러나 우리가 잊지 말아야 하는 것은 CIC가 결국 법률적·행정적으로는 모기업의 사업부라는 것이다. 한 회사에 여러 인사제도가 존재하면, CIC 간 인사 교류가 어려워지기도 한다. 더 나아가, 구성원들이 소위 잘나가는 CIC로 이직(엄밀히 말하면, 내부 이동)하기 위해 경쟁하기도 한다. 잘나가는 CIC에서 인센티브나 주식 보상의 규모가 커질 것이 뻔하기 때문이다.

둘째, CIC 대표의 철학/성향에 따라 HR이 잘 돌아가거나 아무런 인사관리 없이 방치되는 경우로 나뉜다. CIC가 사내 독립 법인의 지위가 있다 보니, 총인건비에 대해서만 어느 정도의 통제를 받고, 그 외 HR과 관련한 모든 것에 자율권이 있다. 따라서, CIC 대표가 HR에 관심이 있으면 다행이지만, 그렇지 않을 때는 HR이 방치되는 경우가 많다. 특히, 창업가의 특징상 관리보다는 사업에 집중할 수밖에 없기 때문에, 상당 기간 HR은 찬밥 신세를 면치 못한다. 이렇게 방치돼서 잡초가 무성하게 자란 황무지가 되어버린 HR을 다시 정상화하려면 흙부터 갈아엎는 상당한 노력이 필요하다. 이 정상화 과정에서 HR이 많은 욕을 먹는 경우도 봤다. 인사'관리'가 없던 CIC에 뭔가 '관리'가 생기는 기분이 드니, 구성원 역시 'HR은 사업에 방해만 될 뿐, 우리를 불편하게 한다' 같은 인식을 가진다.

셋째, CIC마다 발전 단계에 따라 구성원 보상수준이 달라질 텐데, 이 때문에 내부에서 갈등이 발생할 수 있다. 오래전에 창업해서 이미 상당한 매출을 올리고 있는 A라는 CIC가 있고, 반대로 최근에 생겨서 생존을 위해 노력하는 B라는 CIC가 있다고 가정해보자. A CIC에 속한 구성원은 연말에 두둑한 인센티브도 있고, 개인 성장의 기회도 많을 것이다. 반대로 B CIC에 속한 구성원은 그런 A 구성원을 보면서 자기도 모르게 질투심이 생길 것이다. 물론, B에 속한 구성원도 해당 사업/서비스의 장래성을 보고 온 것이기에 장기적으로는 잘될 것이라 믿겠지만, 그 순간순간의 상대적 박탈감은 인간이기에 어쩔 수 없다. 이런 것이 회사 내부에서 갈등의 씨앗이 된다. (그렇다고 획일적으로 평등하기만 한 보상을 하자는 주장을 하는 것은 아니다…)

넷째, 이론적으로는 CIC마다 기획, 회계, 자금, 구매, 인사, 총무 등 독립 회사의 운영에 필요한 모든 기능을 갖춰야 한다. 그러므로 경영기획/지원/관리 기능을 하는 부서와 인력이 증가한다. 즉, 기존에는 모기업의 한 부서에서 일관되게 서비스함으로써 효율성 높게 운영하던 구조는 유지할 수 없다. 더 큰 문제는, CIC의 발전 단계에 따라 어떤 CIC는 HR의 모든 세부 기능을 잘 갖춰 운영까지 잘되는데, 반대로 어떤 CIC는 채용 기능은 잘 갖췄는데, 평가와 육성 기능은 갖추지 못한 경우이다. 이런 식으로 소위 '이가 군데군데 빠진' 형태로 HR을 운영 중인 CIC

가 더 문제이다. 모기업의 관련 부서에서 이 기능을 챙겨주거나, 최소 여러 가지 지원을 해야 할 수밖에 없다. 그러니 어떤 CIC는 HR이 잘되고 있는지 간단한 모니터링만 해도 되는데, 어떤 CIC는 A부터 Z까지 다 챙겨줘야 하는 식으로 복잡성이 생긴다.

CIC가 있는 회사에서 HR을 잘하려면…

CIC 제도를 운영하는 순간 인사담당자는 피곤해지는 것이 사실이다. 운영 효율성은 어느 정도 포기하는 것이 마음 편하다. 예전처럼 하나의 인사제도로 모든 조직과 구성원을 담아내지 못하기 때문이다. '효율성은 버리고 효과성을 추구한다'라는 마음가짐으로 접근하는 것이 바람직하다. CIC가 있는 회사에서 HR을 잘하려면 아래의 몇 가지가 필요하다.

첫째, HR Governance를 잘 설계하라. 쉽게 말해, 모기업의 HR 부서와 각 CIC의 HR 부서 또는 인사담당자 간 권한과 책임을 잘 정리하라. 일반적으로, 모기업의 HR 부서를 COE(Center Of Excellence)의 역할을, CIC의 HR은 HRBP(HR Business Partner)의 역할을 하는데, 이것이 또 그때그때 다르기 때문에 일률적으로 구분하기 어렵다. 게다가 CIC마다 발전 단계, 속도, 규모 등에 따라 형태가 다 다르므로 유연한 설계와 운영이 필요하다. 그럼에도 큰 원칙을 수립해두는 것은 여러모로 유용하다.

둘째, 이 역시 위의 HR Governance와 관련 있는 문제인데, 인사제도상 어디까지 모든 CIC가 일관성을 유지할 것이고, 어떤 것부터 각 CIC가 자율성을 발휘해도 되는지를 잘 정의하라. CIC에 모든 자율권을 부여한다고 하더라도, 어쨌든 한 회사의 우산 속에 있는 한 최소한의 일관성은 필요하다. 예를 들어, "모든 CIC는 1년에 최소 1회 인사평가를 반드시 해야 한다"라는 일관된 원칙을 세우되, "각 CIC는 1년에 몇 번 인사평가를 할지, 그때 평가등급을 몇 단계로 할지, 평가자마다의 의견이 반영되는 비중을 어떻게 할 것인지는 자율적으로 정해라"고 하라. 일관성의 영역과 자율성의 영역이 잘 균형을 이루는 것이 중요하다.

셋째, CIC가 성공했을 때, 그 성공에 대해 진심으로 축하하는 마음으로 그 성공을 위해 달려온 소속 구성원들에게 충분한 보상을 할 수 있어야 한다. 성공한 CIC를 보면, '저 사업 아이템을 갖고 나가서 혼자서 창업했어도 크게 성공했을 것 같은데…'라는 생각이 들게 하는 것이 많다. 물론, 모기업의 브랜드와 자본력이 그 성공의 속도를 높인 것도 있지만…. 아무튼 CIC 대표를 포함한 구성원들이 성공을 거뒀다면 그 성공의 열매를 모기업이 독식해서는 안 된다. 회사 밖에서 창업하여 성공했을 때만큼의 보상을 받을 수 있어야 한다. 그러려면 처음부터 인센티브 체계, 특히 장기 성과급(예: 스톡옵션, 스톡그랜트)에 신경 써야 한다. 창업가 정신을 고취하기 위해 CIC 제도를 운영하면서, 정작 창업 후 성공에 따른 과실은 기존 주주들이 독식해버리고, 정작 열심히 일한 구성원들은 찬밥인 회사가 가끔 있다.

넷째, 의미 있는 실패를 용인하는 문화를 만들어야 한다. 사내벤처, Spin-off, Cell, CIC 같은 시도들이 실패하는 이유 중 하나가 실패를 용인하지 못하는 대기업 특유의 딱딱한 문화 때문이다. 새로운 사업/서비스를 만드는 것, 그리고 그것을 아이템으로 하여 창업을 하는 것은 항상 리스크가 있는 행위이다. Entrepreneur라는 단어의 어원 자체가 '모험과 위험을 감수하는 사람'이다. 사업이라는 것이 원래 변수가 많은 것이다. 사업모델이나 서비스는 너무 좋은데 시대를 너무 앞서가서 사라지는 것도 있고, 반대로 아이디어 자체는 별로인데 시대와 인연을 잘 만나 대성공을 이루기도 한다. 따라서, CIC 대표 또는 그 구성원이 그 사업/서비스에서 실패했다 하더라도 그들을 품어주고 그 실패로부터 뭔가를 배우는 문화가 필요하다. 이런 안전장치가 없다면 누가 사내에서 창업을 하고 새로운 시도를 하겠나?

글을 마치며

위에서도 말했지만, CIC 같은 제도는 장점이 많다. 회사에게도 구성원에게도 말이다. 그러나 인사담당자의 관점에서는 상당히 손이 많이 가고 머리가 복잡한 일이다. 그럼에도 HR은 결국 스태프(Staff)이고, 회사와 구성원이 최고의 성과를 낼 수 있게 지원하는 것이 미션이라고 생각하면 이러한 수고로움은 어느 정도 감내해야 한다. 이렇게 복잡하고 정신 사나운 HR을 설계하고 운영하는 것도 어쩌면 인사담당자에게 꽤 좋은 성장의 기회이기도 하다. 더 나아가, 사내에서 CIC로 성공하는 사례가 늘고, CIC를 넘어 독립 법인으로 성장하는 회사가 늘어날수록, 인사담당자에게도 더 많은 기회가 생겨난다. 인사담당자가 갈 수 있는 좋은 자리가 늘어나고, 거기서 또 다른 경력개발을 꾀할 수 있기 때문이다.

새로운 HR을 꿈꾸는
인사담당자를 위한
실무 안내서

진단
편

Dreaming of a new HR

진단도구 개발 및 적용에 관한 생각

기존 진단도구의 종류

시중에는 다양한 진단도구가 존재한다. 진단의 목적, 측정 대상, 주제, 관점, 방법론 등에 따라서 매우 다양하다. 컨설팅 회사의 개수만큼, 아니면 훌륭한 대학교수나 연구자의 숫자만큼 존재할 것이다. 각 회사에서 자체적으로 만들어 쓰는 것까지 더하면, 수천수만 가지가 있을지도 모른다. 그래서 여기에서 그 각각을 다루는 것은 의미 없어 보인다.

대표적인 것 몇 가지만 정리해보면 아래와 같다. 물론, 아래의 도구들도 더 세분화하면 개인의 성격을 측정하는 것이냐, 가치관을 측정하는 것이냐, 아니면 종합적으로 이것저것 다 측정하는 것이냐로 나눌 수 있고, 조직 단위의 진단도구도 회사 차원의 거시적 도구이냐, 팀 단위 소규모 조직 내 다이내믹을 보려는 것인지로 더 나눌 수 있지만, 여기서는 그 정도로 상세히 분류하지는 않겠다.

개인 단위:

Hogan, Berkman Method, MMPI, TCI, OCAT-C, Talent-Q, CPI, ILS(Inventory of Leadership Styles), PCI, DiSC, MBTI, 16PF(The Sixteen Personality Questionnaire), AB5C(The Abridged Big Five Circumplex), WPI, KEPTI(한국형 에니어그램)

조직 단위:

OHI(Organizational Health Index), EES(Employee Engagement Survey), EES(Employee Effectiveness Survey), OCI(Organizational Culture Inventory), OCS(Organizational Climate Survey), CVF(경쟁가치모형)

이처럼 다양한 진단도구가 존재하니, 기업들은 각자의 목적에 맞게 적절한 것을 찾아서 사용해도 충분하다. 다만, 이 중 몇몇은 가격이 너무 비싸긴 하지만 말이다. 이런 높은 가격 외에도 몇 가지 문제가 있다. 지금부터는 이런 문제들에 대해서 간단히 이야기해 보겠다. 이는 다소 일반론이 될 것임을 미리 밝힌다. 이 많은 진단도구를 하나하나 다 다룰 수는 없는 일이니까 말이다.

기존 진단도구의 일반적인 문제점

첫째, 문항의 개수가 너무 많다. 문항이 많을수록 여러 가지를 물어볼 수 있고, 그 데이터에 여러 통계적 기법을 적용해볼 수 있으니, 인사담당자 입장에서는 문항을 많이 만드는 것이 유리하긴 하다. 그리고, 사소하지만 실무적으로는 꽤 중요한 다른 이유도 있다. 문항을 적게 만들어 가져가면, 의사결정권자(보통은 HR 담당 임원)가 "이 정도 문항으로 뭘 알아낼 수는 있겠어?"라고 냉소적으로 반응한다. 그래서 기왕에 설문조사를 할 거라면 다다익선(多多益善)으로 접근하는 사례를 자주 봤다. 하지만 설문에 응답해야 하는 구성원으로서는 100개가 훌쩍 넘는 문항을 받으면 당황스럽다. 앞서 언급한 것 중 어떤 조직진단도구는 풀세트 기준으로 문항이 400여 개에 달한다. 회사에 대한 애정 또는 불만이 극에 달해 있는 직원이라면 그 많은 문항에 성실하게 응답하겠지만, 보통의 직원들은 응답하다 지쳐서 적당히 찍고 끝낼 것 같다.

둘째, 문항을 이루는 문장이 너무 길거나 중문(Compound Sentence)인 경우가 잦다. 일반적으로 문장이 길어지면 고급스러워지고, 그 의미를 응답자에게 더 잘 전달할 수 있다고 생각하는 경향이 있는데, 사실은 그 반대이다. 문장이 짧고 간결할수록 의미가 잘 전달된다. 눈으로 쓱 읽어서 이해되지 않는다면, 그 문항은 다시 만들어야 한다. 참고로, 일반인이 한 번에 읽고 쉽게 이해할 수 있는 텍스트는 40자 정도라고 한다. 이 책을 기준으로, 한 줄이 조금 넘고 두 줄은 안 되는 정도의 길이이다. 생각보다 짧다. 위에 나열한 어떤 진단도구의 문항을 보고 충격을 받은 적이 있다. 한 문장이 무려 100자로 구성되어 있었다. 그 문장을 여러 번 읽고서야 그 의미를 겨우 추정할 수 있을 정도였다. 보통 이런 문제는 영어 원문을 우리말로 번역하는 과정에서 발생한다. 그래서 가뜩이나 문장이 길어서 읽기 어려운데, 그 안에 들어간 단어/표현도 어렵기 그지없다. 여기에 문장의 구조 자체가 2개 이상의 문장이 결합된 중문이면 너무 헷갈리게 된다. 앞 문장에는 동의하는데 뒤 문장에는 동의하지 않을 경우, 도대체 어떻게 응답하라는 것인지 모르게 된다.

셋째, 모든 문항을 무조건 리커트(Likert) 5점 척도로 구성한다. 리커트 척도가 가진 장점은 많다. 우선 통계 처리가 쉽다. 응답자도 이 방식의 설문에 익숙하다. 그런데 단점도 있음을 알아야 한다. 리커트 척도로 문항을 구성하면, 응답자 입장에서는 한 문항에 응답하는 시간은 짧아지지만, 그 대신 문항의 전체 개수를 상당히 늘려야 한다. 그래야만 여러 통계적 분석을 하여 결과를 뽑아낼 수 있기 때문이다. 또한, 응답자가 이 설문 방식에 익숙한 만큼 또 진부하게 느끼기 때문에, 성의 없는 응답을 하게 만드는 효과도 있다. 게다가 가장 일반적인 5점 척도를 쓰면, 중심화 경향, 즉 모든 문항에 대해 웬만하면 3점을 찍는 경향도 높아진다.

넷째, 결과 분석 시 통계적 분석과 추정에 의존해야 한다. 결과 분석 시 여러 통계적 기법(예: 회귀분석)이 들어가야 하고, 결국은 통계적 추정에 의한 결론이 맞는지 확인하는 추가적인 조사(예: 인터뷰)가 필요하다. 그래서 "우리 회사의 진단 결과가 타사와 비교했을 때 어때요?"라고 묻는 고객사가 많아지고, 결국 레퍼런스 및 Benchmark Index가 중요하니, 역사가 깊은 진단도구를 찾을 수밖에 없게 된다.

위의 일반적인 문제점 네 가지를 한마디로 요약하면 이렇다. 이 모든 문제는 사회과학 연구자들이 만든 진단도구를 기업 현장에서 그대로 쓰니까 생기는 현상이라고…. 좀 더 직설적으로 말하면, 인사담당자들이 대학/대학원에서 배운 학문적 틀을 깨고 나오지 못하는 것은 아닐까? 자신의 사고력과 경험으로 새로운 무엇인가를 주체적으로 만들어 쓰는 것을 (학문적 근거 또는 레퍼런스가 부족하다는 이유로) 과하게 두려워하는 것은 아닐까? 그렇다면 좋은 진단도구를 선택·개발하는 방법은 무엇이 있을까? 의외로 간단하다.

좋은 진단도구를 선택 또는 개발하는 방법

첫째, 진단하고자 하는 대상과 주제 영역을 명확히 해야 한다. 이것저것 폭넓게 진단하는 도구가 가성비 좋아 보일 수 있지만, 실제로 결과 보고서를 받으면 해석이 어렵거나 중언부언하는 경우가 있다. 심지어 논리적으로 앞뒤가 맞지 않는 경우마저 있다. 따라서, 여기서도 선택과 집중이 중요하다. 이렇게 진단의 목적, 목표 대상(Target Group), 주제, 활용 방안 등이 초기에 잘 설계되어야 후속 작업이 편해지는 것은 만고불변의 진리이다. 이 대목에서 링컨 대통령의 명언을 인용하고 싶다. "나무를 베는 데 8시간이 주어진다면, 나는 도끼를 가는 데 6시간을 쓰겠다"

둘째, 가능하면 개별 문항의 샘플을 받아서 리뷰하라. 계약 체결 전에 전체 문항을 제공하는 곳은 드물 것이다. 이것이 지식재산에 해당하기 때문이다. 그러므로 일부 대표 문항의 샘플이라도 받아서 봐라. 이때는 인사담당자가 아닌 응답자의 관점에서 봐야 한다. TV 예능 프로그램을 기획할 때, 눈높이를 중학교 2학년 정도에 맞춘다는 말이 있다. 콘텐츠가 그보다 어려우면 시청자층이 제한되고, 그보다 쉬우면 유치하다고 느끼기 때문이라고 한다. 문항도 마찬가지이다. 직장 경력 3~5년 차 정도 되는 대리급의 눈높이에서 빠르고 정확하게 응답할 수 있는지를 확인하라.

셋째, 리커트 척도를 너무 당연시하지 마라. 우리가 잘 아는 리커트 척도는 여러 응답 방식 중 하나일 뿐이다. 우리가 이러한 척도형에 익숙해서 좋아 보일 뿐이다. 실제로는 다양한 응답 방식이 존재한다. 예를 들어, 양자택일형(Yes or No), 다중선택형, 우선순위형, 점수배분형, 강제선택형 등이 있다. 진단의 목적/주제에 따라서 좀 색다른 응답 방식을 활용해볼 것을 추천한다. 이렇게 하면 응답자 입장에서는 흥미가 생기고 응답 시 몰입감이 높아지는 것을 자주 봤다. 여기서 더 나아가서, 진단을 꼭 설문조사 형태로 해야 하는지에 대한 근본적인 의문을 던져볼 것을 권장한다. 설문조사의 형태를 취하는 것은 연구자가 들여야 하는 시간과 노력 대비 다량의 정보를 얻어야 할 때이다. 그런데 조직 규모가 작거나, 얻어야 하는 정보가 아주 깊이 있는 것이라면, 설문조사는 좋은 방법이 아니다. 실제로 나는 직원이 15~20명에 불과한 회사에서 조직진단 설문을 하고 싶다는 의뢰를 받은 적도 있다. 이렇게 인원이 적을 때는 그룹 인터뷰나 워크숍, 아니면 1:1 면담이 더 효과적일 수 있다. 물론, 익명성 보장 때문에 설문이 필요할 수도 있었겠지만, 나라면 그 상황에서 설문조사보다는 익명의 서면 인터뷰를 진행할 것이다.

넷째, 누구를 응답자로 설정하는 것이 효과적일지 잘 생각해봐라. 설문의 주제에 따라서 응답자를 누구로 정할 것인지가 중요하다. 예를 들어, 임원/팀장의 리더십을 진단해야 할 때, 그 진단 대상자의 리더십에 관해 제일 잘 응답할 수 있는 사람이 자기 자신일지, 아니면 그 사람과 오랫동안 함께 일한 동료/후배 직원인지를 생각하라. 전자(前者)라고 판단하면 자기 보고식(Self-report) 검사를, 후자(後者)로 판단하면 다면 평가(진단)를 선택해야 한다. 조직 단위에서도 그 조직이 현재 겪고 있는 문제 현상의 원인을 정확히 알고 싶은데, 조직문화가 보수적이라 누구도 솔직하게 답하지 않을 것 같다고 예상한다면, 현(現) 재직자가 아니라 최근 1년 내 퇴사자에게 묻는 대안이 있다.

　마지막으로, 수시 설문 방식(Pulse Survey)도 적극적으로 검토해봐라. 개인 단위의 진단에서는 어렵겠지만, 조직 단위의 진단에서는 한 방에 전체 직원을 대상으로 한 번에 조사지를 뿌리는 방식에서 벗어날 것을 추천한다. 그 대안은, 일정 주기마다(매월 또는 분기별) 응답자 그룹을 새롭게 구성하고 그 표집에 소수의 문항을 보내 회사에서 중요하게 생각하는 몇 가지 요인을 꾸준히 추적 관찰 또는 모니터링하는 Pulse Survey이다. 이미 해외 기업에서는 수십 년 전부터 활용하고 있는 방식이다. 유독 우리나라 기업에서만 이런 방식을 이유 없이 불편해한다. 한 예로, 어떤 회사에 이 방식을 제안했더니 HR 담당 임원이 "그 표집의 대표성을 어떻게 증명할 것이냐?"라고 하던데…. 사실 이 질문은 통계의 기초를 너무 몰라서 하는 말이다.

글을 마치며

　나는 인사담당자들이 진단/검사/설문/측정에 대한 고정관념을 깨길 바란다. 예전에는 해외 유명 학자 또는 컨설팅 회사가 만든, 겉으로 보기엔 멋지지만, 우리 체형에 잘 맞지 않는 기성복을 억지로 입었다면, 이제는 각자의 체형 및 기호에 따라 맞춤복을 지어 입어야 한다. 게다가 지금은 빅데이터, AI의 시대이고, HR도 이러한 역량을 강화할 것을 요구받는 상황이 아닌가? HR Analytics의 시작은 양질의 데이터를 꾸준히 축적, 가공, 관리, 분석하는 것일 것이다. HR 운영 시에 발생하는 정보(예: 인사발령 이력)도 중요하겠지만, 회사에서 하는 각종 진단이나 설문을 통해 수집되는 정보도 HR Analytics에 있어 중요한 역할을 하도록 해야 한다. 우리가 쓸 만한 데이터를 계속 수집해서 활용하려면, 그만큼 인사담당자가 진단에 관심을 두고 공부하여 준(準)전문가가 되어야 한다. 좋은 도구를 볼 수 있는 눈을 가져야 하고, 필요하다면 각 기업에 맞는 도구를 만들 수 있는 역량이 있어야 한다. 그때 기왕이면 세상에 없는 우리만의 것을 만들기를 바란다.

Dreaming of a new HR

설문지 잘 만드는 Tip

이 글은 제목 그대로 설문지를 잘 만드는 Tip에 관한 것이다. 인사담당자는 설문지를 만들 일이 꽤 자주 있는데, 그때 고려해야 하는 구체적인 요소를 담았다. 설문조사 시 좋은 참고가 되길 바란다.

1. 설문 형태와 척도를 어떻게 정할 것인가?

일반적인 설문의 형태 및 척도는 리커트(Likert) 5점 척도이다. 큰 고민이 필요 없는 간단한 설문조사라면 가볍게 이 5점 척도를 사용해도 된다. 응답자도 이 5점 척도를 편하게 느낀다. 그러나, 5점 척도로는 뭔가 부족하다고 느낄 때는 크게 두 갈래 길 중에서 선택해야 한다.

첫째는, 리커트 척도가 아닌 아예 다른 설문 형태를 택하는 것이다. 리커트 척도 같은 Scaled Question이 아닌 다양한 형태의 설문 유형이 존재한다. 양자택일형(Two-way), 체크리스트형(Checklist), 다중선택형(Multiple Choice), 우선순위형(Rank Order) 등이 있다. 물론, 리커트 척도가 아닌 다른 유형을 택하면, 독특하고 창의적이어서 좋긴 하지만 문항 개발 자체는 더 어려울 수 있다. 문항 설계에 관한 전문성이 있어야 하는 동시에, 묻고자 하는 주제 영역에 관한 인사이트가 없으면 문항 개발 자체가 불가능할 수도 있다.

둘째는, 리커트 척도를 선택하되, 5점 척도가 아닌 다른 Scale을 쓰는 것이다. 즉, 안전하고 무난하게 리커트 척도를 택했다고 해도 5점 척도를 쓸 것인지, 아니면 다른 Scale을 쓸 것인지를 결정할 수 있다. 5점 척도가 가장 무난하긴 하지만 결정적인 단점이 있다. 그것은 바로 중앙화 경향이 강해진다는 것이다. 응답자들이 별생각 없이 웬만하면 3점('보통')을 찍는다는 것이다. 그래서, 6점 척도, 7점 척도, 더 나아가 외국에서는 10점 척도도 많이 쓴다. 10점 척도는 응답자 입장에서 너무 복잡하게 보이는 것 같고, 7점 척도는 5점 척도와 유사하게 4점으로 수렴하는 경향이 나올 수 있어서, 나는 6점 척도를 선호한다. 6점 척도를 쓰면, 1~3점은 부정, 4~6점은 긍정 응답이라고 명확하게 반분(半分)할 수 있는 장점도 있다.

2. 문항의 개수는 몇 개가 적절한가?

문항을 몇 개로 설계해야 적절한지는 설문의 주제와 내용에 따라 다를 것이다. 물어야 하는 내용이 넓고 복잡할수록 당연히 문항도 늘어난다. 그리고 문항의 형태, 즉 응답 방식에 따라 적정한 개수가 또 달라진다. 리커트 척도는 하나의 문항에 응답하는 시간이 짧으므로 전체 문항 개수가 좀 많아도 된다. 반면, 다중선택형의 경우 한 문항당 응답 소요 시간이 길기 때문에 문항 개수를 줄여야 한다. 이렇듯, 설문의 주제, 내용, 문항 형태 등에 따라 적절한 개수를 콕 짚어 말할 수는 없지만, 일반화하면 이 정도로 말할 수 있겠다. 1년에 한 번 대대적으로 하는 조사는 리커트 척도 기준으로 80개 미만, 특정 목적을 갖고 단발성으로 하는 조사는 30개 미만이 적당하다.

단발성 조사의 경우, 이렇게 바꿔 말하면 더 이해가 쉬울 수 있다. 요즘 설문조사는 웬만하면 온라인으로 하는데, 응답 페이지를 나누지 않고 한 페이지에 담았을 때, 스크롤이 너무 많이 생기지 않아야 한다. 네이버 같은 포털 사이트의 첫 화면을 보면 (각자 모니터의 해상도에 따라 다르지만) 마우스의 스크롤 휠로 3~4번 정도 드래그하면 끝까지 볼 수 있다. 단발성 조사 시 문항 개수도 이 정도가 최대치이다.

3. 문항의 배치는 어떻게 해야 하는가?

문항이 많으면 구성이나 흐름에 스토리라인이 있어야 한다. 이 역시 글쓰기와 비슷해서 항상 두괄식, 미괄식, 기승전결 구조 사이에서 고민하지만, 대체로 기승전결 구조를 선호한다. 초반에는 가벼운 애피타이저 또는 마중물 같은 문항을 던진다. 그렇게 관심을 유도한다. '어? 이 설문 좀 재밌겠네?', '이 설문의 주제는 이런 것이구나!', '아! 이번 조사는 나에게 꽤 중요한 것이구나!' 정도의 느낌만 전달해도 성공이다. 될 수 있으면 앞부분에 창의적이고 독특한 문항을 많이 배치하려고 한다.

그 후에는 전체 설문 주제에 대한 응답자의 입장(Stance)을 묻는 포괄적인 질문을 한다. 직원의견조사이면, 회사에 대한 나의 만족도가 높은지 낮은지 정도의 입장은 대강 정할 수 있는 질문을 한다. 이게 아마 기승전결 중 승(承)에 해당할 것이다. 그다음에는 디테일로 들어간다. 회사 만족도가 낮다면 왜 낮은지, 어떤 영역에서 유독 불만이 높은지, 회사가 무엇을 개선해야 한다고 생각하는지를 꼬치꼬치 캐묻는다. 여기가 본론이고, 메인 스테이지이며, 전(轉)일 것이다. 실제로 어떤 조사방법론 서적에서도 핵심이 되는 문항은 중후반부에 배치하는 것이 좋다는 내용이 있다.

마지막인 결(結)도 중요하다. 세상만사가 그러하듯, 마무리가 중요하다. 이 마무리가 전체 설문의 인상을 좌우하기도 한다. 보통 여기에는 인구통계정보를 묻거나, 주관식 문항을 배치하는데, 이것이 가장 무난하긴 하지만 또 제일 성의 없는 마무리이기도 하다. 약간의 재미와 재치 있는 문항 한두 개를 여기에 배치할 것을 추천한다. 아니면, 드라마 「형사 콜롬보」처럼 마지막에 허를 찔러서 본심을 묻는 질문을 해보는 것도 좋다. 참고로, 콜롬보 형사는 피의자를 조사할 때, 마지막 인사를 하고 나가다가 꼭 "아! 그런데 한 가지만 더 묻겠다(영어로는 "Just one more…")"라고 질문해서 결정적인 진술을 얻었다.

4. 한 문장의 길이는 어느 정도가 적절한가?

문항/문장의 의미가 잘 전달된다는 전제하에서 짧으면 짧을수록 좋다. 사람이 한눈에 읽고 이해하기 편한 문장의 길이는 40자 이내라고 한다. 리커트 척도의 경우 A4에 12pt로 쓴다고 할 때, 웬만하면 한 줄 안에서 해결해야 한다. 이때, 문장은 당연히 단문(短文)이어야 한다. 중문(重文), 복문(複文)은 안 된다. 앞 문장에는 동의하는데, 뒤 문장에는 동의하지 못할 때 응답자는 몇 점을 선택해야 할지 혼란스러워진다.

문장에 들어가는 단어/용어는 쉽고 명확할수록 좋다. 신입사원도 읽고 이해할 수 있어야 한다. 신입사원이 회사에 다닌 기간이 짧아서 문항에서 묻는 내용을 알지 못해 응답하지 못할 수는 있어도, 문장 자체를 독해(讀解)하지 못해서는 안 된다. 그래서, 만약 새롭게 문항을 만들었으면, 갓 대학을 졸업한 신입사원에게 검토를 부탁해봐라. 읽고 이해되지 않는 단어/용어는 없는지, 문장은 한눈에 들어오는지를 확인해달라고 하라. 문항 개발의 마지막 단계에서는 맑고 순수한 눈이 필요하다.

5. 문장의 주어(主語)를 어떻게 설정할 것인가?

생각보다 문장의 주어가 중요하다. 이것은 설문 결과에도 꽤 큰 영향을 미친다. 조직 단위 진단을 기준으로 볼 때, 동일한 문장의 주어를 '나', '우리 팀', '전체 임직원', '우리 회사의 리더', '나의 상사', '우리 회사' 중에서 무엇으로 정하느냐에 따라 결괏값이 확확 달라진다. 사람들은 '나'와 '동료'에게는 관대하고, '회사/조직/리더'에 대해서는 부정적인 경향이 있다. 예를 들어, "○○은 핵심가치를 잘 실천하고 있는가?"라는 문항이 있다고 가정해보자. 이 문장의 주어가 '나'일 때와 '나의 상사'일 때 결괏값이 달라지는 것은 당연하다. 이 문항의 내용 자체가 추상적이기 때문에 더 그러할 것이다.

이렇게 주어에 따라 결괏값이 달라지기 때문에 주어를 신중하게 정해야 하는 것도 있지만, 더 중요한 포인트는 주어와 서술어가 논리적으로 연결되는가를 살펴야 하기 때문이다. 위 예시에서 주어를 '회사'로 바꿔보겠다. 그러면 "우리 회사는 핵심가치를 잘 실천하고 있는가?"가 된다. 여러분은 이 문항에 응답할 수 있나? 아마 '우리 회사'가 무엇을 의미하는지 각자 해석이 다를 것이다. 어떤 사람은 회사의 제도나 의사결정 같은 측면을 떠올리며 응답할 것이고, 어떤 사람은 CEO나 경영진을 떠올릴 것이다. 따라서 이 문항은 이렇게 바뀌어야 한다. "우리 회사는 구성원들이 핵심가치를 잘 실천하도록 적절히 지원하는가?" 또는 "우리 회사의 여러 제도는 핵심가치와 잘 닿아 있어 일관성이 있는가?"로 말이다.

6. 문항이 지나치게 추상적이거나 규범적이지 않은가?

문장이 개념적/추상적일수록 응답자도 자기만의 해석으로 두루뭉술하게 답할 수밖에 없다. 경험적으로 보면, 이런 문항의 평균 점수는 예상외로 높게 나온다. 응답자 입장에서는 '무엇을 묻는지 잘 모르겠으니까 대충 높게 주자. 굳이 나쁘게 응답할 필요 없잖아'라고 생각하는 것 같다. 그러니 되도록 구체적으로 물어야 한다. 오랜 고민이나 여러 해석 없이 직관적으로 응답할 수 있어야 한다. 예를 들어, "귀하는 우리 회사의 비전 체계를 잘 이해하고 있습니까?"라고 묻는 것과 "귀하는 우리 회사의 비전 문구(Vision Statement)를 암기하고 있습니까?"라고 묻는 것은 매우 다르다. (후자(後者)는 너무 단순하고 직설적이며 Yes or No로 물을 수밖에 없으므로 회사에서 하는 설문에는 적합하지 않지만, 이렇게 관찰 가능한 구체적인 행동으로 묻는 것이 확실하다고 주장하고 싶어서 극단적인 예를 들어봤다)

위와 같은 맥락에서, 문항의 내용이 사회적으로 또는 해당 회사/기관에서 바람직하다고 여겨지는 쪽을 선택하도록 유도해서는 안 된다. 문장이나 표현이 추상적일수록 이런 규범적인 응답을 유도하는 효과가 있다. 예를 들어, "귀하는 평소 윤리적입니까?"라고 질문하면 웬만한 사람들은 '매우 그렇다'를 선택할 것이다. 그러나, "귀하는 아무도 보지 않을 때 교통 법규를 어기는 일이 종종 있습니까?"라고 물으면 완전히 다른 결과를 얻을 것이다. 문항을 개발할 때 이 부분이 가장 어렵다. 우리가 묻거나 확인하고 싶은 것이 있는데, 그것을 가장 잘 나타내는 상징적인 행동을 찾는 작업이 제일 힘들다. 그만큼 내용에 관한 전문성과 경험이 있어야 할 수 있는 작업이기도 하다. 대충 만들어서 슬쩍 물어본 후 끝내고 싶은 마음과 항상 내적 갈등을 일으키기도 한다. 반대로, 이 작업이 조사 설계자의 전문성을 한껏 드러내는 부분이기도 하다.

7. 역문항(역채점 문항, 역코딩 문항)을 사용해도 되는가?

역문항은 다른 문항들과 질문의 방향이 반대인 문항을 말한다. 예를 들어, 전체 문항이 긍정문으로 되어 있는데, 몇몇 문항만 부정문인 경우를 역문항이라고 한다. 이 역문항을 쓰는 경우는 크게 두 가지로 나뉜다. 첫째는 불성실 응답(예: 관대화)을 걸러내기 위한 의도적인 장치로 쓴다. 둘째, 어떤 문장은 부정문으로 써야 그 맛이 제대로 살기 때문에 어쩔 수 없이 쓰기도 한다. 이 두 가지 모두 충분히 가치가 있는 이유이지만, 나는 역문항을 그리 좋아하지 않는다. 분석할 때 역코딩해야 하는 번거로움도 있지만, 그보다는 응답자 입장에서 혼란을 줄 수 있기 때문이다. 어떤 문장은 그 뉘앙스가 아주 애매해서 이것이 긍정문인지 부정문인지가 명확하지 않은 경우가 있다. 예를 들어, "귀하는 우리 회사에 1년간 재직한 결과, 이직을 위해 들인 노력에 대해 후회하지 않습니까?"라는 문항이 있다고 가정하자. 여기에 5점 만점에 5점을 주면 '후회하지 않는다'이기 때문에 긍정적 의미이다. 그것이 설계자의 의도일 것이다. 그런데, 가끔 어떤 응답자는 반대의 해석을 한다. 후회한다는 의미로 5점을 주기도 한다. 이렇기 때문에 역문항을 설계할 때는 신중해야 한다. 응답자가 긍정과 부정 사이에서 잠시라도 고민하게 해서는 안 된다. 만약 어떤 이유로든 역문항을 쓸 수밖에 없다면, 응답자가 이 문항은 역문항이라는 것을 인지할 수 있도록 별표라도 표기해주는 것이 좋다.

글을 마치며

대학/대학원에서 통계학 또는 측정평가를 전공했거나 평소 조사방법론에 관심이 많은 분은 이 내용을 잘 아실 것이다. 또, 사회조사분석사라는 자격증도 있으니, 이런 분들이 보기에 위의 내용은 좀 초보적일 수 있다. 나는 통계를 전공한 것은 아니지만, HR 영역에서 관련 프로젝트를 많이 하다 보니 몇 가지 노하우가 쌓였다. 위 내용은 그 노하우를 정리한 것이니, 더 깊이 있는 공부를 하고 싶은 분은 관련 서적을 읽거나 강의를 듣기를 추천한다.

우리는 인사담당자로서 크고 작은 설문조사를 많이 한다. 학문적으로 근거가 있는 문항을 그대로 차용해서 쓸 때도 있지만, 우리 회사와 목적에 맞게 새롭게 개발해서 써야 할 때도 많다. 그럴 때 위의 내용을 한번 떠올리면서 만들어보길 바란다. 고려하는 요소가 늘어날수록 한 문항 만들기도 힘들어지지만, 또 그만큼 품질은 확확 올라갈 것이다. 또, 경영진이 "왜 문항을 이렇게 만들었냐?"라고 물었을 때 똑 부러지게 답할 수 있기도 하다.

Dreaming of a new HR

다면평가 진단를 위한 변 辨

카카오의 '유서' 사건

2021년 2월, 직장인 익명 커뮤니티 블라인드에 카카오의 직원으로 추정되는 이용자가 유서 형식의 글을 올려 카카오 인사시스템에 대한 불만을 제기했다. 특히 함께 일한 동료들이 하는 다면평가 중에 "이 사람과 다시 함께 일하고 싶나요?"라는 항목을 문제 삼았다. 이렇게 논란이 일자 카카오는 평가제도와 보상 등 인사 전반의 문제를 논의하는 태스크포스(TF)를 설치하겠다고 발표했다. 이 사건을 보면서, HR 분야의 업무를 20년 동안 해온 사람이자, 고객사에 다면평가(진단) 서비스를 제공하는 업체의 대표로서 답해야 하는 질문이 생긴 기분이다. 그 질문은 "과연 다면평가는 악(惡)인가?"이다. 그리고, 지금까지 경험한 사례를 통해 "다면평가를 선용(善用)하려면 어떻게 해야 하는가?"란 이야기도 풀어보겠다.

다면평가(진단)의 배경 및 목적

인사평가는 모든 기업에서 항상 논란과 불만의 대상이다. 실제로 조직 진단 또는 직원 만족도 조사를 해보면, 부동의 불만 요인 1위는 보상이고, 2위가 평가이다. 지난 20년 동안 평가제도만큼 유행도 자주 바뀌고, 회사마다 이런저런 시도를 많이 하는 영역을 본 적이 없다. IMF 시절 직후에는 MBO가 들불처럼 번졌고, 그다음에는 KPI를 활용한 BSC, 최근에는 OKR이 트렌드이다. 그래서, OKR의 본질적인 부분은 간과한 채 '멋진 선진 제도'의 도입으로만 접근하는 회사들도 자주 목격한다. 그때마다 '아…. 저렇게 하면 또 마찬가지일 텐데…'라는 생각을 자주 한다.

이렇게 인사평가 분야에서 여러 시도를 하는 데 비해서 잘 바뀌지 않는 이유 중 하나는 평가자가 바뀌지 않기 때문이다. 절대평가, 수시평가, 상시 피드백이 트렌드가 되어가는데, 평가자들은 옛날 그대로인 경우가 많다. 지금의 평가자, 즉 리더들도 그 이전 세대의 리더들에게 제대로 된 평가자 리더십을 본 적이 없기 때문이다. 그렇다고 회사가 딱히 인사평가와 관련한 교육도 해주지 않는다. 그래서, 여전히 기업 현장에는 승진자 몰아주기, 등급 돌려먹기, 좋은 게 좋은 거지 식의 평가 관행이 남아 있다.

이제는 이런 관행이 유지되기 어려워졌다. 첫 번째 이유는, 많은 기업이 수평적이고 애자일해지면서 제도와 구조의 허점 속에 숨기 어려워졌기 때문이다. 직급이 높아져도 관리와 정치만 하면서 적당히 지내기가 불가능해졌다. 더구나 이 애자일한 조직에서는 피라미드 형태로 짜인 조직구조가 아니라, 거미줄처럼 사방팔방 연결된 유기적 네트워크 속에서 일하게 됐기 때문에, 한 사람의 성과/역량/태도 등이 여러 사람의 눈에 드러날 수밖에 없어졌다. 두 번째 이유는, 직장 구성원의 세대가 바뀌었기 때문이다. 최근 다수 기업에서 일어났던 노사 간 성과급 갈등을 보면, MZ세대가 직장 구성원의 대세가 되면서 예전처럼 어물쩍 넘어가는 것은 불가능해진 것을 느낀다. 이 새로운 세대들은 납득할 만한 설명과 논리, 그리고 근거를 요구한다. 공정성에 대해서 굉장히 예민하다. 따라서 인사평가 역시 상당한 수준의 근거와 명확한 설명을 요구한다. 또한, 이들은 인사평가를 단순히 등급 매기기가 아니라 자기계발을 위한 중요한 정보로 삼고자 하는 경향마저 보인다.

나는 다면평가(진단)의 목적을 한마디로 이렇게 말한다. 회사 입장에서는 특정인을 다양한 주변 사람의 눈에 의지해 (객관성이 높을 것으로 기대하면서) 평가(진단)하는 것이고, 구성원 입장에서는 자신이 업무 성과 외에 다양한 측면(예: 행동 패턴, 심리적 위험 요소인, 직장 내 평판)을 파악하여 자아성찰과 자기계발에 활용하는 것이라고…. 물론, 여전히 이런 의문은 남는다. 예를 들어, '평가자가 많아진다고 해서 결과의 타당성이 높아지는가?', '다면평가(진단) 결과를 직원 육성이 아니라 구조조정이나 보직해임에 잔인하게 사용하는 예도 있지 않은가?', '이미 평가 문화가 엉망인 회사에서 다면평가를 했을 때 제대로 된 결과가 나오겠는가?' 하지만, 지난 수년간의 경험을 봤을 때, 상사의 일방향적인 Top-down식 평가보다는 다면평가 결과가 타당할 가능성이 크며, 이상한 응답을 하는 평가자가 예상외로 거의 없지만 이를 걸러낼 수 있는 장치 마련은 충분히 가능하다는 확신이 있다.

그리고, 다면평가(진단) 결과를 인사평가에 직접 반영하거나, 또는 문제직원을 색출하는 데 활용하는 예도 간혹 있었지만, 이 또한 적절히 활용되기만 한다면 회사와 구성원 전반에 도움이 되겠다는 생각도 갖고 있다. 물론, 이러한 내 생각에 반론을 펼칠 분도 많다는 것을 안다. 아무래도 내가 컨설턴트이기 때문에 이런 생각을 하는 것일 것이다. 하지만, 이 문제를 회사(社)와 구성원(勞)의 대결 구도로만 생각할 필요는 없다. '문제직원 보존의 법칙'이라는 말을 들어봤을 것이다. 어느 조직에나 일정 비중의 문제직원이 있다는 뜻인데, 내가 살아보니 정말 그렇더라. 그 문제직원이 회사에 끼치는 피해는 둘째 치더라도 주변 구성원들에게 미치는 악영향은 어마어마하다. 문제직원을 잘 발견해내서 행동을 교정하도록 안내할 수 있다면, 다면평가(진단)가 제 할 일을 충분히 잘한 것이라 믿는다.

다면평가(진단) 잘 쓰는 법

우리 고객사 중에 우리가 제공하는 다면평가(진단) 서비스를 정말 잘 활용하는 곳이 있다. 옆에서 보면 감탄이 나올 정도이다. 우리로서는 우리 서비스를 우리의 개발 의도대로 잘 써주시니 감사할 뿐이다. 이 회사의 HR 담당 임원과 친해서 자주 이야기를 나누는데, 아래와 같은 몇 가지 특징을 발견할 수 있었다.

첫째, 다면평가(진단) 결과를 활용하는 데 원칙과 일관성이 있다. 그 고객사의 대표이사와 HR 담당 임원이 기본적으로 다면평가(진단) 결과에 대한 신뢰가 있어서 가능한 것 같지만, 무서울 만큼 일관성을 갖고 활용한다. 단기적인 비즈니스 성과보다는 장기적으로 일하기 좋은 직장을 만들겠다는 신념으로 의사결정을 내린다. 예를 들어, (이렇게 이분법적으로 나뉘는 경우는 드물지만) 업무 성과는 좋지만, 리더십은 최악인 A 후보자와 반대로 성과는 다소 부족하지만, 리더십과 평판이 좋은 B 후보자 사이에서 한 번도 망설여본 적이 없다고 했다. 지난 몇 년간 항상 B 후보자를 부서장에 임명했고, 그 결과 조직문화와 인재상을 따로 정해서 공표하지 않아도 모든 임직원이 그것이 무엇인지 감(感)을 잘 잡고 있다고 한다.

둘째, 다면평가(진단) 결과를 개인들에게 정확하게 피드백했다. 좋은 면만 부각시키고 약점은 두루뭉술하게 넘어가고 싶은 유혹을 떨치고, 냉정할 만큼 있는 그대로의 결과를 개인들에게 알려줬다. 그 대신, 각자의 약점으로 도출된 부분을 개선할 수 있도록 회사가 최선을 다해서 도왔다. 교육, 코칭 같은 개인의 변화를 돕기 위한 것뿐 아니라, 부서 이동이나 직무 변경처럼 각 리더가 처한 환경을 변화시켜 주려는 노력을 기울였다. 그래서, 팀장과 팀원 간에 소위 케미가 맞지 않거나, 성격 특성상 해당 직무가 맞지 않을 경우 본인 희망에 따라 인사이동도 적극적으로 진행했다. 필요하면 직무 전환을 위한 재교육(Re-skilling)도 지원했다.

셋째, 다면평가(진단)의 대상을 현재의 부서장(리더)과 앞으로 리더가 될 가능성이 있는 후보군으로 명확하게 정했다. 전 직원이 전 직원에 대해서 하는 다면평가(진단)는 지양했다. 그 이유는, 다면평가에 평가자(응답자)로 참여하는 직원들도 평가 대상자가 늘어날수록 집중력이나 성실함이 떨어질 것이고, 또 타 부서와 협업 기회가 상대적으로 적은 저직급/저연차 직원들은 자칫 본인의 소속 부서 내에서 인기투표가 되어

버릴 가능성이 있다고 생각했기 때문이다. 최소 리더 후보군(=파트장)은 되어야 업무상 네트워크가 넓어지고, 그에 따라 다양한 시각으로 그를 볼 수 있는 눈이 많아지며, 성격 같은 단순한 정보 외에 다양한 측면(예: 리더십, 심리적 특성)이 드러난다고 믿었다. 나도 전 직원이 평가자인 동시에 진단 대상자가 되는 형태는 선호하지 않는다. 마치 모두가 모두에 대해서 감시자의 역할을 하는 원형 감옥 패놉티콘(Panopticon)이 떠올라서 잘 추천하지는 않는다.

넷째, 구성원들의 평가 성숙도를 신뢰했다. 이 회사의 구성원들도 처음에는 의심이 있었다. '우리 직원들이 어리고 철이 없는데 상사나 동료 직원을 과연 제대로 평가할까?'라고 생각했다. 그러나, 몇 년 동안의 경험을 통해 그런 걱정은 기우(杞憂)였음을 확신하게 됐다. 앞에서도 썼듯이, 이제 세대가 바뀌었다. 윗사람 눈치를 보거나, 응답 내용 때문에 나에게 불이익이 오면 어떡할지 걱정하는 세대는 이제 회사에 별로 남아 있지 않다. 요즘 20~30대의 특징은 무서울 만큼의 솔직함과 공정성에 대한 예민함임을, 나는 다면평가(진단) 서비스를 운영하면서 매일 느낀다. 참고로, 우리 회사의 다면평가(진단) 시스템에는 불성실 응답(예: 지나친 관대화와 가혹화)을 걸러내는 장치가 있는데, 한 회사에서 평균 5% 미만의 불성실 응답이 검출되고 이들은 대부분 40대 이상의 직책자들인 경우가 많다.

글을 마치며

다시 이 글의 초반에 언급한 카카오의 사건으로 돌아가 보겠다. 나는 특정 직원이 '유서'라는 표현까지 쓰면서 다면평가제도를 비판한 것에 대해 어느 정도 공감한다. "이 사람과 다시 함께 일하고 싶나요?"라는 문항이 진단 결과를 성적표로 받아 들어야 하는 개인에게는 잔인하고 무서울 거라는 것도 인정한다.

 그러나, 다면평가(진단)가 기존 인사평가제도에 비해 장점도 많이 있다. 물론, 다면평가(진단)가 인사평가를 완전히 대체할 수 있는 것은 아니지만, 보완재로서는 충분히 순기능이 있을 것이다. 한 예로, 누구나 장단점이 공존할 텐데, 그것들을 다양한 사람들의 시선을 통해 객관적으로 평가받을 수 있지 않겠는가? 만약 다면평가(진단)가 없다면 한 사람의 다양한 측면 중 특정한 부분만, 그것도 한두 사람(주로 상사)의 판단만으로 부각되고 기록되지 않겠는가? 그리고 회사에 문제직원이 있다면 그 사람들을 잘 찾아내는 것도 중요하다. 여러분도 "원수는 직장에서 만난다"라는 말을 알지 않는가? 다면평가(진단)가 단순한 인기투표나 도편추방제가 되지 않도록 하는 예방책을 잘 마련했다는 전제하에서, 그리고 다면평가(진단) 도구가 날카롭고 정확하다는 가정하에서, 제대로 잘 찾아낸 문제직원은 핵심인재 10명을 양성한 것 이상의 가치가 있을 것이다.

Dreaming of a new HR

다면진단 운영 시 주요 쟁점 여덟 가지

이 글에서는 다면진단 서비스를 운영하면서 쌓인 노하우를 나누고자 한다. 다면진단이 쉽게 생각하면 그냥 뚝딱 할 수 있는 것 같지만, 잘하려면 세심한 세팅과 의사결정이 필요하다. 여러분도 우리 회사의 운영 원칙을 이해하면 자체적으로 다면진단을 시행할 때 도움이 될 것이다. 아래에서 다루게 될 여러 쟁점 외에 더 디테일한 것이 많이 있지만, 오늘은 고객사와 우리 사이에 자주 논의되는 주요 내용만 담았다.

이슈 1. 진단 대상자의 관리 범위 내 모든 인원을 평가자(/응답자)로 세팅할 것인가?

일부 고객사에서는 진단 대상자가 임원일 경우 그 휘하에 있는 모든 구성원을 평가자(/응답자)로 세팅하려는 경우가 있다. 이러면 한 명의 리더를 평가하는 평가자(/응답자)가 100명이 넘기도 한다. 이는 우리가 극구 만류하는 방식이다. 이렇게 최대 다수의 평가자(/응답자)를 세팅할 때 발생하는 문제는 다음과 같다. 첫째, 진단 대상자와 접점이 거의 없는 구성원조차도 평가하기 때문에 결과 타당성을 의심받는다. 입사한 지 1년이 채 되지 않은 신입사원이 임원을 몇 번이나 봤겠는가? 둘째, 응답 인원이 너무 많아지면 진단 결과의 평균화 현상이 일어난다. 즉, 결과의 선명함이 떨어지고 중간 어디쯤 위치한 밋밋한 결과를 얻는다. 셋째, 평가자(/응답자)의 피로도가 높아진다. 이런 식으로 진단 대상자와 평가자(/응답자)를 매칭하면, 일반 팀원은 임원과 팀장까지 포함하여 상당히 많은 수의 상사에 대해 평가해야 한다. 그러면 개별 응답에 대한 집중도가 떨어져서 성의 없는 응답을 유도하게 된다.

이 이슈를 좀 더 넓게 보면, 진단 대상자 한 명당 평가자(/응답자)를 몇 명을 세팅하는 것이 적절한가와 관련되어 있다. 한마디로, 평가자(/응답자) 세팅은 다다익선(多多益善)이 아니다. 오히려, 의미 있는 응답이 가능한 동시에 최대한 적은 인원이 세팅되어야 한다. 우리 회사는 보통 8~12명이 적당하다고 말한다. 진단 대상자를 기준으로, 상사 1~2명, 동료 3~4명, 후배 4~6명이 적당하다.

이슈 2. 주관식 문항을 넣을 것인가?
그 결과는 어떻게 분석/공유할 것인가?

진단 대상자에게 풍부한 내용과 생생한 목소리를 전달하기 위해 주관식 문항을 넣어달라는 고객사가 있다. 이 마음은 나도 충분히 이해하고 장점도 잘 안다. 다만, 주관식 문항을 넣어서 텍스트로 된 질적(質的) 자료를 수집했을 때 단점에 관해 언급하려 한다. 첫째, 평가자(/응답자)의 익명성이 훼손될 수 있다. 누구나 습관적으로 틀리는 맞춤법과 자주 쓰는 표현들이 있다. 이것이 아니더라도 주관식 응답 내용을 찬찬히 읽다 보면, 누가 이 내용을 썼는지 추정할 수 있는 사례가 많다. 둘째, 객관식 응답의 대체적인 내용과 주관식 응답 내용 사이에 모순이 발생하는 경우 그 해석이 어렵다. 실제로 객관식에서는 진단 대상자에 관해 혹평해놓고, 주관식에서는 갑자기 태도를 180도 바꿔서 칭찬 일색으로 적는 경우가 있었다. 무엇이 진심인지 알 수 없어 당혹스럽다. 셋째, 진단 대상자가 수천 명에 이를 만큼 다수일 경우 데이터 처리 및 가공이 어렵다. 텍스트로 된 정성 데이터를 분석하는 여러 도구가 나와 있지만, 그 정확도가 그리 높지 않다. 보통 키워드 빈도 분석을 많이 쓰는데, 그 단어가 사용된 문장 속 맥락(Context)이 무시된다는 점에서 위험한 면이 있다. 다면진단에 주관식 문항을 넣어 그 결과를 각 개인에게 피드백하고 싶은 마음은 충분히 이해한다. 다만, 다면진단에서 단순히 정보량이 많다고 좋은 것은 아니라는 점은 짚고 넘어가고 싶다. 주관식 문항이 들어가는 순간 운영과 분석 모두에서 몇 배 더 세심해져야 한다.

이슈 3. 불성실 응답을 어떻게 예방 또는 사후조치할 것인가?

다면진단은 평가자(/응답자)가 소수이기 때문에 한 명 한 명의 응답 데이터가 소중하다. 그래서 한 명 한 명이 모두 성실하고 솔직하게 응답해주길 바란다. 그런데, 세상일이 다 내 마음 같지 않듯이, 불성실한 평가자(/응답자)도 상당히 많다. 이런 불성실 응답에는 다양한 유형이 있다. 처음부터 끝까지 특정 보기나 점수 하나로 찍거나, 지그재그로 선택하기도 한다. 아니면, 50여 개의 문항을 단 2~3분 만에 아무렇게나 찍어버리기도 한다. (참고로, 우리 회사의 시스템은 평가자(/응답자)가 언제 응답을 시작해서 언제 마쳤는지를 볼 수 있다. 우리 표준 문항에 성의 있게 응답하는 분들은 평균 15분 정도가 걸린다)

이런 불성실 응답을 예방하기 위해 사내 홍보 및 캠페인을 하기도 한다. 그러나 이 역시도 완벽하게 불성실 응답을 막지는 못한다. 우리 회사의 시스템은 응답 중에 불성실 응답으로 예상되는 응답 패턴을 보이면 경고창을 띄우는 기능도 제공하고 있다. 예를 들어, 너무 빠르게 응답할 때, "귀하는 너무 빠르게 응답하고 있습니다. 질문을 천천히 읽은 후 응답해 주십시오"라고 말이다. 그러나 이 역시도 불성실 응답을 완벽하게 차단하지는 못한다.

결국, 불성실 응답이 전체 응답 중 10% 정도 나오게 되는데, 이를 어떻게 처리할 것인가가 관건이다. 원칙적으로 불성실 응답을 모두 삭제하는 것이 좋다. 일부 데이터라도 살려서 분석에 활용하는 방법도 있겠으나, 해당 데이터 전체를 삭제하는 쪽을 택할 것을 권한다. 이렇게 하는 편이 결과 타당도를 높이는 데 더 효과적이다. 다면진단은 평가자(/응답자)가 소수이기 때문에 한 명 한 명의 응답 데이터가 미치는 영향이 크다. 따라서, 불성실 응답은 최대한 철저하게 걸러내는 것이 필요하다. 물론, 이렇게 걸러낼 때마다 데이터양이 줄어드는 것은 마음이 아프지만….

이슈 4. 선택지에 '잘 모르겠음' 또는 '응답할 수 없음'을 넣을 것인가?

소소하지만 꽤 중요한 의사결정이다. 객관식의 보기(/선택지)에 '잘 모르겠음'을 넣을 것인가, 아니면 모든 문항에 강제로(또는 필수적으로) 응답하게 할 것인가에 관한 것이다. 데이터를 처리하는 입장에서는 후자가 더 편하다. 데이터에 빈칸이 없는 것이 더 편리하니까 말이다. 그러나, 이는 너무 행정편의주의인 것 같다. 어떤 평가자(/응답자)가 진단 대상자에 관해서 응답할 때 그에 관해서 잘 모르는 부분도 분명히 있을 수 있으므로, "이 부분은 잘 모르겠다"라고 답할 수 있어야 한다. 특히, 직속 부서 후배가 아니라 유관 부서원으로서 응답할 때는 더욱더 그렇다.

다만, 불성실 응답자 중에 모든 문항에 '잘 모르겠음'을 선택하는 경우가 있다. 정말 진단 대상자를 잘 몰라서 그렇게 했다면, 본인이 평가자(/응답자)로서 적절하지 않다고 메일을 보내든지 하는 다른 방법을 찾았어야 한다. 이런 응답자 때문에 '잘 모르겠음'을 보기에 넣는 것이 두렵다. 그럼에도 평가자(/응답자)에게 강제로 모든 문항에 필수적으로 응답하도록 하는 것은 강압적인 것 같아 피해야 한다.

이슈 5. 진단 대상자에게
자기평가(Self-evaluation)를 하게 할 것인가?

시중에 존재하는 대부분의 다면진단도구 및 서비스가 진단 대상자에게 자기평가를 하게 하고, 주변 사람들이 한 평가와 비교하게 되어 있다. 일종의 차이(Gap) 분석인데, 나는 다면진단에 있어 이 Gap 분석에 회의적이다. 진단 대상자가 자기 자신을 완벽하게 객관적으로 판단하지 못한다는 전제하에서 다면진단이 시행된다고 믿기 때문이다. 또한, 진단 대상자가 자신에 관해 대체로 좋은 평가를 하면 "겸손하지 못하다"라고 비난하고, 반대로 대체로 나쁜 평가를 하면 "왜 그렇게 자신감이 없냐?"라고 비난하는 경우를 자주 봤다. 이 때문에 영리한 진단 대상자는 적당히 중간 정도의 자기평가를 한다. 그래야 뒷말이 없을 것이라는 사실을 알기 때문이다. 진단 대상자는 자기 자신에 관한 평가조차도 솔직하게 입력하지 못하는 것이 현실이다. 게다가 내 경험상 자기평가 데이터는 크게 쓸 곳이 없다. 타인의 인식과 Gap을 확인하는 데 쓰이는 정도이다. 꼭 공식적으로 응답하여 자기평가 기록을 남기지 않더라도 그 정보는 개인의 의식 속에 항상 존재할 것이다. 오히려 다면진단 결과가 모두 나온 다음에 그 결과를 개인에게 피드백 시 사전과제로서 가볍게 자기평가를 하게 하는 것이 더 효과적이다.

이슈 6. 평가자(/응답자)의 평가 경향을 수리적으로 보정할 것인가?

어떤 평가를 한다고 하면 평가자(/응답자)의 평가 경향, 즉 전체적으로 관대하게 평가하느냐 박하게 평가하느냐를 신경 쓰는 분들이 많다. 이런 분들은 꼭 평가자(/응답자)의 평가 경향을 수리적으로 보정해야 한다고 주장한다. 이 주장에 대해서 일부 동의하지만, 두 가지 이유에서 다면진단에서의 평가 경향 보정을 반대한다. 첫째, 평가 경향 보정은 오리지널 데이터를 크게 훼손한다. 즉, 평가자(/응답자)가 응답할 때 보인 의지 또는 생각을 과도하게 희석시켜 버린다. 예를 들어, 나의 상사가 정말 좋은 리더라고 생각해서 진심을 담아 좋게 응답했는데, 회사는 내가 관대화 경향을 보인다고 판단하여 강제로 점수를 깎아버린다면 몹시 화가 날 것 같다. 요즘 절대평가 트렌드와 같은 맥락에서, 평가자(/응답자)의 원본 데이터를 최대한 존중해야 한다. 다면진단의 전제 중 하나가 '우리는 모두 성인이고 타인에 대해 성숙한 판단을 내릴 수 있다'이다. 둘째, 이것은 매우 현실적인 이야기인데, 평가 경향을 알려면 한 명의 평가자(/응답자)가 다수의 진단 대상자에 관해서 평가한 데이터가 존재해야 한다. 물론, 다수의 응답을 해야 하는 평가자(/응답자)도 있지만, 대다수는 한두 명에 대해 응답할 뿐이다. 따라서, 평가 경향이라는 것을 도출할 근거가 부족하다. A라는 평가자(/응답자)에게 주어진 한두 명의 진단 대상자가 정말 모두 다 좋은 사람일 수도 있고, 반대로 모두 다 역량이 떨어지는 사람일 수도 있기 때문이다. 성급한 일반화 또는 침소봉대(針小棒大)가 데이터를 다룰 때 가장 경계해야 하는 것이다.

이슈 7. 상사 평가자의 응답 결과에 더 큰 비중을 적용할 것인가?

어떤 고객사는 상사, 동료, 후배 평가자(/응답자) 중에서 상사의 응답 결과에 더 높은 비중을 실어 분석해달라고 요청하는 경우가 있다. 이러한 요청을 받아들여서 가중치를 다르게 설정하여 분석해본 경험이 있는데, 오히려 결과 타당도가 떨어졌다. 게다가, 잘 생각해보면 이는 다면진단의 근본 취지와 잘 맞지 않는다. 다면진단은 상사가 잘 모르는, 매일 부대끼며 함께 일하는 동료와 후배들이 보고 느끼는 모습을 잘 잡아내는 것에 목적이 있다. 그래서 공식적인 인사평가와 별도로 다면진단을 하는 것이 아니겠나? 하물며 어떤 회사는 상사를 뺀 채 동료와 후배만 평가하도록 하는 270도 평가를 하기도 한다. 그런데, 상사 평가자의 응답 결과에 더 높은 가중치를 적용한다면 (주로 직상위자의 의견이 강하게 들어가는) 공식적인 인사평가와 결과가 비슷해진다.

이러한 경험 때문에 특정 평가자 그룹에 더 높은 가중치를 주지 않는 편을 권장한다. 다시 말해, 10명의 평가자(/응답자)가 있다고 할 때, 각각이 차지하는 비중은 10%씩이다. 모두가 평등하다. 상사라고 해서 더 높은 가중치를 주고, 후배 직원이라고 해서 더 낮은 가중치를 주지 않는다. 다면진단 시에는 평가자 모두를 성숙하고 평등한 구성원이라고 가정하는 것이 더 효과적이다.

이슈 8. 다면진단 결과를 개인에게 공유할 때 평가자 유형(예: 상사, 동료, 후배)에 따른 상세 결과까지 알려줄 것인가?

진단 대상자에게 개인별로 다면진단 결과를 알려줄 때도 고려할 것이 많다. 어떤 정보를 어떻게 가공해서 어떤 수준까지 공유할 것인가를 세심히 선택해야 한다. 그렇지 않으면 예상치 못한 전개가 나타날 수 있다. 이 중 하나의 이슈가 바로 '평가자 유형별 결과를 따로 알려줄 것인가'이다. 즉, "너의 상사는 너에 관해서 이렇게 평가했고, 너희 동료들은 이렇게 평가했다"라고 상세히 알려줄 것인지를 정해야 한다.

결론부터 말하면, 이렇게 세분된 결과를 공유하는 것에 반대한다. 이러한 평가자 유형별 결과 분석이 어렵지는 않다. 문제는 진단 대상자가 평가자 유형별 결과를 받았을 때 어떤 반응을 보일 것인가이다. 실제로 이렇게 구분해서 결과 보고서를 제공한 적이 있는데, 이때 나타난 현상은 진단 대상자들이 상사의 평가에만 관심을 가지고, 동료와 후배 직원의 평가에 관해서는 무관심했다는 것이다. 냉정하게 말하면, 이들은 이런 생각이었던 것 같다. '나의 인사권자인 상사(보통은 임원)의 의견에만 관심이 있지, 나에게 직접적인 영향을 주지 못하는 동료나 후배의 의견에는 관심이 없다'라고 말이다. 이는 다면진단의 목적에 정면으로 배치되는 현상이다.

글을 마치며

다면진단 운영을 잘하려 들면, 위에서 언급한 주요 쟁점 외에도 수많은 쟁점이 있다. 고객사마다 상황과 목적이 다르기 때문에 요구사항도 천차만별이다. 그것들을 다 적자니 글이 너무 길어질 것 같아서 이 정도로 썼다. 나와 우리 회사는 다면진단에 진심이다. 우리 스스로가 큰 애정을 가진 서비스이다. 우리에게 다면진단은 단순히 용역이나 아웃소싱이 아니라, 우리의 인사철학이 담긴 주력 서비스이다. 그래서 지키려고 하는 몇 가지 원칙이 있다. 이 원칙의 충돌 때문에 고객사와 계약이 성사되지 않는 경우도 종종 있지만, 그렇다고 돈만 좇고 싶지 않다. 너무 돈만 좇다 보면 우리가 이 서비스를 만든 취지가 훼손될 것 같다. 이 글을 읽은 여러분도 자체적으로 다면진단을 설계 및 운영할 때 위의 주요 쟁점들을 생각해봐야 할 것이다. 경영진과 하나하나를 놓고 다퉈야 할 수도 있다. 그때 우리의 생각과 경험이 도움이 될 수 있을 것 같아 이 글을 썼다.

Dreaming of a new HR

다면진단 결과의 활용 유형과 특징

회사마다 다면진단을 하는 이유와 그 결과 활용의 방식이 다르다. 나 같은 서비스 제공자 입장에서는 동일한 결과물이 고객사에 따라 이렇게 다양한 형태로 쓰일 수 있구나 싶어서 신기하기도 하다. 이번 글에서는 다면진단 결과의 목적과 활용 방식을 몇 가지 유형으로 구분한 후 각각의 특징을 정리해보고, 각 사에 어떤 것이 적합할지 생각해보는 기회를 갖고자 한다.

다면진단 결과의 활용 유형

다면진단 결과 활용의 유형은 크게 세 가지 기준으로 나눌 수 있다.

첫 번째는 다면진단 결과를 진단 대상자, 즉 개인에게 피드백해 주는지 여부이다. '이게 무슨 말이지? 다면진단 결과를 진단 대상자 본인에게 알려주는 것이 당연한 것 아니야?'라고 생각하는 분도 있겠지만, 모든 회사가 그렇지는 않다. 두 번째는 다면진단 결과를 인사관리(HRM), 특히 평가, 승진, 배치, 퇴직(Outplacement)에 어떻게 활용 또는 연계하는가이다. 인사관리에 연계하지 않는 경우도 있고, 연계하더라도 그 범위나 강도는 회사마다 천차만별이다. 세 번째는 다면진단 결과를 개인들의 리더십 및 역량 개발, 즉 HRD에 얼마나 적극적으로 활용하는가이다. 사실 이는 HRD 부서의 업무능력뿐만 아니라, 경영진의 의지 및 교육 예산과도 맞물린 문제이다.

유형 1. 인사고과 직접 반영형

다면진단 결과를 인사고과(/인사평가)에 직접 반영하는 유형이다. 우리 고객사 중 이 유형은 민간기업에서는 드물고 공공기관/공기업에서 자주 나타난다. 이 유형의 특징은 점수화, 계량화, 수치화, 순위화에 집착한다는 것이다. 예를 들어, 전체 인사고과의 총합이 100점인데, 이 중 다면진단 결과를 20점으로 환산하여 반영해야 하므로, 문항이 어떻게 설계되어 있더라도 결국은 점수화되어야 한다.

우리의 다면진단도구는 점수화에 적합하기보다는 정성적/종합적인 정보를 수집하게 되어 있기 때문에 이런 요구를 받을 때마다 약간 난감하다. 물론, 최근에는 이런 요구를 원체 자주 받다 보니 나름대로 논리를 개발해서 점수화를 하여 그 결과의 타당도에 대해 호평을 받기도 하지만, 개발 의도와 다르게 점수화를 할 때마다 뭔가 찜찜한 기분이 든다.

이렇게 다면진단 결과를 인사고과에 일정 비중으로 직접 반영할 때는 문항 설계, 설문 운영, 결과 분석 같은 기본적인 것 외에 한 가지에 더 신경을 써야 한다. 그것은 바로 평가자(/응답자) 간에 담합해서 관대화/가혹화 응답을 하는 불성실 행위를 미리 방지하거나, 또는 이미 발생한 경우 잘 걸러내는 것이다. 이를 위해서는 사전에 캠페인을 잘해야 하고, 문항 설계 시에 L척도 등을 이용해 불성실 응답을 걸러낼 수 있는 장치를 마련해야 하며, 결과가 나온 후 관대화/가혹화 경향을 판별하는 기준도 정해둬야 한다. 공공기관/공기업일수록 인사고과에 예민해서 이런 이상행동이 자주 나타나므로 잘 대비해야 한다.

표 1. 인사고과 직접 반영형

개인에게 피드백	인사관리와 연계	HRD와 연계
No	Yes	No
인사고과 결과를 통해 간접적으로 알려줄 뿐, 다면진단만의 디테일한 정보는 제공하지 않음. 최하위 그룹 일부에게만 경고 차원에서 자세한 결과를 알려주기도 함.	인사고과(평가)에 일정 비중으로 점수화하여 반영함으로써 강력하게 연계함. 일부 회사에서는 승진심사 시 다면진단 결과를 점수로 넣기도 함.	단발성 리더십 교육으로 연계하는 경우는 있지만, 대체로 HRD와 강하게 연계하지 않음.

유형 2. 자아성찰 유도형(=조직분위기 조성형)

다면진단을 처음 도입한 회사들은 거의 모두 이 유형에 해당한다. 도입 첫해부터 다면진단 결과를 적극적으로 활용하기에는 결과 타당도에 대한 믿음이 부족하거나 진단 대상자들이 마음의 준비가 되어 있지 않기 때문이다. 이 2번 유형의 특징은 개인에게 결과를 알려주되, 그 결과를 적극적으로 활용하지는 않는다는 데 있다. 물론, 다면진단 결과를 종합적으로 알게 되는 CEO와 인사담당자의 머리에 잔상이 남기 때문에 부지불식간에 여기저기 활용은 되겠지만, 그 활용 방식이 구체적이거나 체계적인 것은 아니다. 다면진단 결과가 약간 '인사팀의 비밀 노트' 같은 느낌으로 보관되고 활용되는 셈이다.

그럼에도 불구하고, 이렇게 한 번 다면진단을 진행하고 개인들에게 피드백하면, 진단 대상자는 자신을 돌아볼 기회가 된다. 또, 이런 다면진단을 매년 주기적으로 하겠다고 선언하는 경우, 아무래도 리더들이 자기 행동에 신경을 쓸 수밖에 없으므로 회사 내에 부정적인 행동이 줄어들어 조직분위기가 바로잡히는 효과는 있다.

이렇게 느슨한 방식의 활용이 나쁘다고 생각하지는 않지만, 이 기간이 너무 길어지면 다면진단에 대한 구성원들의 관심은 떨어지고 결과 타당도도 하락한다. 실제로 우리 고객사 중에 이렇게 3년을 진행한 경우가 있었는데, 최근에 또 다면진단을 실시했을 때 구성원들이 많이 한 말이 "이거 왜 하나요? 몇 년째 솔직하게 응답했는데, 나쁜 리더는 그냥 자리를 지키고 있고, 좋은 리더가 더 잘 되는 것도 못 봤는데…"였다. 다면진단을 꾸준히 할 계획이라면, 그리고 회사와 구성원이 모두 웬만큼 준비됐다면 진단 결과를 적극적으로 활용하는 것을 검토해야만 한다. 게다가, 개인이 자아성찰을 통해 자율적으로 행동을 개선할 가능성은 10% 미만이다. 다면진단 결과의 인사적 활용뿐만 아니라 교육 같은 회사 차원의 개입도 분명 필요하다.

표 2. 자아성찰 유도형 (=조직분위기 조성형)

개인에게 피드백	인사관리와 연계	HRD와 연계
Yes	No	No
다면진단 결과에 관한 개인 보고서를 통해 개인에게 자세하게 피드백함. 피드백할 때 보고서만 주는 경우도 있고, 설명회 또는 워크숍을 통해 전달하는 경우도 있음.	평가, 승진, 배치 등 인사관리 전반에 활용하지 않음. 단, 특수 상황(예: 저성과자 퇴출) 시에 간헐적으로 활용함.	자아성찰 유도도 HRD 활동이라고 생각할 수 있지만, 좀 더 구체적이고 적극적인 HRD 활동은 없음.

유형 3. 역량 개발 강화형

2번 유형에서 좀 더 발전한 형태라고 할 수 있다. 다면진단 결과를 인사관리에 연계하지 않더라도 HRD 활동에 적극적으로 활용하는 것이다. 어떤 회사는 다면진단 결과를 1:1 코칭에 활용하기도 하고, 아니면 집합식 리더십 교육에 활용하기도 한다. 특히, 다면진단 결과는 1:1 코칭에 좋은 근거 데이터로 쓸 수 있다. 요즘 1:1 코칭을 할 때 중요한 것이 코치의 개인 능력에 더해, 현재 상태에 대한 정확한 진단이라고 한다. 예전에는 자기 보고식(Self-report) 심리검사를 통해 이러한 근거를 확보했는데, 이 결과는 코칭을 받는 사람(피코치)이 약간 조작할 수 있기도 하고 해석도 다소 두루뭉술해서 신뢰를 얻지 못하는 경우가 더러 있다. 그에 비해 다면진단 결과는 타인의 눈에 비친 내 모습이므로 반박이 어렵고 그만큼 수용도가 높다. 성인교육(Adult Learning) 분야에서 학자 대부분이 공통적으로 말하는 것이 있다. 성인은 자기 자신의 현 상태에 대한 인지, 즉 자아성찰 또는 메타인지가 있어야만 효과적인 학습이 이루어진다는 것이다. 이 점에서 볼 때 다면진단 결과는 좋은 학습의 출발점이 된다.

1:1 코칭은 비용이 많이 들기 때문에 모든 진단 대상자에게 적용해주긴 어렵다. 그렇다고 한 번의 교육(주로 강의 형태)으로 우리 회사 리더십 수준이 달라질 것을 기대하는 것도 무리이다. 그래서, 선택과 집중이 필요하다. 지금도 잘하고 있는 리더에게 리더십 교육을 듣게 하는 것은 큰 효과가 없다. 그분들은 개인 보고서만 받아도 스스로 충분히 자아성찰을 통해 발전 방안을 찾는다. 보통은 문제가 심각한 리더들이 보고서를 받아도 무시 또는 부정한다. 이들에 대한 적극적인 개입이 필요하다. 리더십도 부익부 빈익빈 현상이 극심한 세계인 것 같다. 이 리더십의 불평등 현상을 개선하려면 하위 그룹에 대한 집중적인 투자가 필요할 것이다. 물론, 최악의 리더는 돈을 쏟아부어도 전혀 개선되지 않는 밑 빠진 독에 물 붓기 현상을 보이는 경우도 많으므로 코칭 대상자를 선정할 때 신중할 것을 추천한다. 대상자 선정 시, 최소 본인의 리더십을 개선할 의지가 있는지는 확인할 것을 권장한다.

표 3. 역량개발 강화형

개인에게 피드백	인사관리와 연계	HRD와 연계
Yes	No	Yes
다면진단 결과에 관한 개인 보고서를 통해 개인에게 자세하게 피드백함. 피드백할 때 보고서만 주는 경우도 있고, 설명회 또는 워크숍을 통해 전달하는 경우도 있음.	평가, 승진, 배치 등 인사관리 전반에 활용하지 않음. 단, 특수 상황(예: 저성과자 퇴출) 시에 간헐적으로 활용함. 더 나아가, 조직문화/분위기를 간접적으로 파악하는 수단으로도 활용함.	1:1 코칭, 그룹 코칭, 강의 수강 등 HRD 활동과 연계. 하위 그룹 리더에게 집중적인 투자와 개입이 필요함.

유형 4. 인사 공정성 제고형

이 4번 유형은 다면진단 결과를 전방위적으로 활용하는 케이스이다. 개인에게 결과를 자세히 피드백할 뿐만 아니라, HRM/HRD 모두에서 적극적으로 활용한다. 특히, 인사관리 중 고과(평가)에만 반영하는 것이 아니라, 직급 승진 또는 직책 임명 심사 시 중요한 참고자료로 활용하고, 가끔은 부서/직무 배치 시 참고자료로 활용한다. 저성과자 관리 및 퇴출에도 중요한 정보로 쓰인다.

이렇게 HR(D) 전반에 활용하려면 다면진단 결과에 대한 강한 신뢰가 전제되어야 한다. 다면진단 결과도 단순한 점수가 아니라 진단 대상자의 다양한 면을 드러낼 수 있도록 도구 자체가 설계되어야 한다. 시중에 존재하는 다면진단도구의 가장 일반적인 형태가 문항을 수십 개 나열하고 그에 대해 주변 사람들이 5점 척도로 응답한 결과를 평균 내서 보여주는 식이다. 예를 들어, '의사소통: 3.52점, 성실성 4.05점, 팀워크 3.87점…' 하는 식으로 말이다. 그런데 이런 정보만으로는 진단 대상자의 총체적인 모습을 알 수 없다. 다면진단 결과를 HR 전반에 활용하기에는 정보량이 너무 적고 그 깊이도 얕다. 따라서, 다면진단 결과를 회사의 인사 공정성 향상 전반에 활용하려는 의지가 있다면, 다면진단도구를 선택하거나 개발할 때부터 신중해야 한다.

이 유형에서 또 하나 중요하게 생각해야 하는 것이 있다면, 그것은 바로 평가자의 선정이다. 보통 진단 대상자 한 명당 평가자(/평가단)를 구성할 때 10명 정도를 정한다. 그런데 이 숫자에 집착하다 보면, 진단 대상자와 접촉이 거의 없는 평가자를 넣기도 한다. 이러면 다면진단 결과에 대한 신뢰가 깨질 수 있다. 다면진단의 전제 중 하나가 '한 명의 평가자의 판단보다는 다수의 평가자에 의한 집단지성의 결과가 좀 더 정확할 것이다'라지만, 인원이 많기만 해서 좋은 결과가 나오는 것은 아니다. 심지어 어떤 회사는 진단 대상자가 임원일 경우 그 소속 부서원 전체를 평가자로 세팅하는 예도 있다. 그 임원을 한 번이라도 본 사람은 다 평가하라는 의도일 것이다. 이 역시도 진단 대상자에 대한 관찰 빈도가 낮은 하위 직급자도 다수 포함된다는 측면에서 결과 타당도를 해칠 수 있어 주의가 필요하다. 또, 이렇게 평가자가 너무 많으면 평균화의 오류 때문에 진단 대상자의 특성이 잘 드러나지 않은, 다시 말해 밋밋하게 중간 어디쯤 위치한 결과가 나올 수 있다.

다면진단 서비스를 제공하는 사람으로서 이 네 번째 유형이 가장 반갑긴 하지만, 가끔 좀 아쉬운 면이 두 가지 있어 여기에 간단히 적는다. 첫째, 다면진단 결과가 인사관리(HRM)에 강력하게 활용되는 순간부터 인재 육성(HRD)과 연결고리가 약해지는 현상이 있다. 구성원들이 '우리 회사에서는 다면진단 결과가 승진 여부를 결정해!'라고 생각하는 순간, 리더십 개발 같은 육성적인 면은 흐려져버린다. 다면진단이 HRM과 HRD라는 두 손을 다 잘 잡게 하고 싶은데, 한쪽 손을 너무 강하게 쥐는 바람에 다른 한 손을 놓게 된다고나 할까? 다면진단 결과가 HRM과 HRD 모두에게 좋은 수단이 될 수 있도록 균형 잡힌 노력이 필요하다. 둘째, 인사관리와 연계할 때 내용물은 빼버리고 겉으로 보이는 점수만 쏙 빼서 쓰는 현상도 있다. 특정 인물이 다면진단에서 낮은 점수를 받았다 하더라도 그 내용과 배경을 자세히 들여다보면, 그가 그럴 수밖에 없었던 이유가 있는데 이를 다 무시해버리는 것이다. 일종의 낙인효과나 성급한 일반화 같은 것이다. 다면진단 결과가 지금의 리더십이나 역량을 정확하게 보여준다고 하더라도, 맥락을 모두 무시한 채 청룡언월도

휘두르듯이 쓰는 것은 지양해야 한다.

표 4. 인사공정성 제고형

개인에게 피드백	인사관리와 연계	HRD와 연계
Yes	Yes	Yes
다면진단 결과에 관한 개인 보고서를 통해 개인에게 자세하게 피드백함. 피드백할 때 보고서만 주는 경우도 있고, 설명회 또는 워크숍을 통해 전달하는 경우도 있음.	평가, 승진, 배치 등 인사관리 전반에 활용함. 핵심인재 선발, 저성과자 퇴출 등에도 적극 활용함.	1:1 코칭, 그룹 코칭, 강의 수강 등 HRD 활동과 연계함.

다면진단 결과를 어떻게 활용하는 것이 바람직한가?

다면진단 결과를 어떻게 활용하는 것이 바람직하냐는 질문에는 쉽게 답하기 어렵다. 회사마다 다면진단을 하는 이유와 목적이 다르기 때문이다. 우리 같은 서비스 제공업체는 정확한 데이터를 수집해서 이를 잘 가공해서 고객사에 제공하는 것이 미션이기 때문에, 그 활용은 고객사의 몫이다. 다만, 내가 항상 고객사에 당부하는 것은 몇 가지 있다. 그때마다 "우리는 귀사에 잘 벼른 칼을 드리는 것을 사명으로 생각한다. 다만, 그 칼로 최고의 요리사가 될 것인지, 강도가 될 것인지는 귀사에 달렸다. 우리가 드린 칼이 함부로 쓰이길 바라지 않으니, 최대한 신중하게 사용하기를 바란다"라고 말한다. 이 글을 쓰는 지금도 이 마음은 변함이 없다. 그래서 현재 다면진단을 계획하고 있거나 이미 하고 있는 인사담당자에게 몇 가지 당부를 드린다.

첫째, 다면진단을 하는 목적이나 결과 활용 방안에 대해 처음부터 잘

계획을 세워라. '일단 한번 해보고 나중에 생각하자'라는 생각은 금물이다. 목적에 따라 다면진단도구가 달라져야 하고, 데이터 분석 및 보고서 작성의 형태도 달라져야 한다. 둘째, 다면진단 결과를 인사고과(평가)에 직접 연결하기보다는 좀 더 종합적으로 활용하는 방식을 생각해 봐라. 다면진단 결과를 인사고과에 기계적으로 반영하는 식으로는 그것이 미치는 영향을 예측할 수 없다. 아마 거의 영향이 없는 쪽으로 흘러갈 가능성이 크다. 아니면, 어떤 사람에게는 영향이 있고, 어떤 사람에게는 영향이 없는 불공평함이 생길 수도 있다. 따라서, 다면진단 결과를 직급 승진 및 직책 임명 시 종합적인 판단의 근거 중 하나로 쓰는 것이 더 합당하다. 인사위원회가 있는 회사라면 인사위원회가 다면진단 결과를 의사결정의 근거로 쓰는 것만으로도 꽤 훌륭한 활용법이 된다. 셋째, 다면진단 결과를 반드시 HRD 활동과 연결하려고 노력하라. 우리 회사가 공식적으로 '다면평가'가 아니라 '다면진단'이라는 표현을 쓰는 이유가 이것이다. 우리는 다면진단 결과가 개인들을 발전시키고 육성하는 데 쓰이길 바라는 마음이다. '회사가 노력한다고 사람이 바뀌나?' 같은 냉소적인 생각은 잠시 제쳐놓고, '그래도 한번 노력은 해보고 그래도 안 되면 그때 다시 생각하자' 식의 접근이 필요하다. 다면진단을 도입한 초기에는 자아성찰을 통한 자율적인 행동 개선을 기대하는 느슨한 형태로 하더라도, 2년 차부터는 좀 더 적극적인 개입이 필요하다. 그렇지 않고서는 다면진단의 효용성이 떨어져서 하나 마나 한 일이 될 것이다. 넷째, 다면진단 결과가 나쁜 사람이 있다면, 한 번이라도 그 사람이 처한 상황이나 배경을 생각해주기를 바란다. 우리는 대체로 어떤 문제가 생기면 개인의 탓으로 돌리고 환경이나 시스템의 영향은 과소평가하는 경향이 있다. 업무능력이 부족한 신입사원으로 가득한 부서를 맡은 팀장은 민주적인 리더십을 발휘하기 어렵다. 오히려 지시적인 리더십이 더 효율적이기 때문이다. 타고난 위대한 리더가 드문 것처럼, 태생부터 나쁜 리더도 없다고 가정하라. 다면진단 결과가 나쁘다고 특정 리더를 힐난하고 조롱해서는 안 된다. 회사가 리더들에게 무엇을 해줬는지, 앞으로 무엇을 해줘야 하는지 고민해야만 한다. 다섯째, HR 관련 의사결정 시 다면진단 결과에만 너무 의존하지 마라. 다면진단은 결국 타인의 인식에 기대는 방법이다. 따라서 현실과 어느 정도 괴리가 있을 수 있다. 누구에게나 사람에 대한 편견과 선입견이 있고, 진단 대상자와 평가자(/응답자) 간에 인간관계가 얽힐 수밖에 없으니까 말이다. 다면진단 결과가 다른 검사나 평가보다 조금이라도 더 정확하다는 개인적인 믿음은 있지만, 그렇다고 다면진단 결과가 현실을 100% 완벽하게 포착해낸다고 우기고 싶지는 않다. 그래서, 다면진단'만'으로 인사운영을 하는 것은 바람직하지 않다. 다면진단'도' HR에서 하나의 중요한 요소로 작동하길 바란다.

Dreaming of a new HR

조직을 망치는 리더의 심리적 위험 요소

안타까운 소식이…

몇 년 전 직장 내 괴롭힘으로 직원 한 분이 극단적인 선택을 했다. 그 괴롭힘이란 상사로부터 가해진 과도한 성과 압박과 인격적 모독이었다. 이 회사는 급여와 복지, 그리고 조직문화가 좋기로 유명한 회사라서 사람들에게 더 충격을 줬다. 나도 이 사건을 보면서 충격을 받은 동시에, 꽤 많은 생각을 하게 됐다. 주변 사람과도 이런저런 이야기를 나누게 됐다. 한 명의 직장인이 건강하고 행복하게 사는 데 있어, 객관적인 처우나 근무 환경보다 더 중요한 것은 주관적인 안녕감(Subjective Well-being), 심리적 안전감(Psychological Safety) 같은 것이 아닐까 생각했다. 그리고 이런 주관적/심리적 요소는 결국 인간관계가 많은 것을 좌우할 텐데, 이 인간관계의 메인은 결국 리더와 관계인 것 같다.

리더십 디레일러는 무엇인가?

리더십 디레일러(Derailer)는 리더가 현재의 직책에서 이탈할 수 있는, 겉으로 자주 드러나는 심리적 위험 요소이다. Derail이 선로에서 벗어나는 것, 즉 탈선을 의미하니, Derailer는 리더의 자리에서 탈선하게 만드는 요소라는 뜻이다. 학자들의 정의에 따르면, 이 리더십 디레일러는 조직의 리더로서 지양해야 할 행동 유형으로서, 관리자가 보유한 리더십의 발휘에 방해 요소로 작용하며, 궁극적으로는 실패의 원인이다. 다른 말로는 Leadership Derailment Factor라고 하기도 한다. 그 예시는 아래 표와 같다.

구분	내용
인격 모독형 (Bully)	직원에게 모욕을 하거나 막말을 한다
사적 이익추구형 (Self-interest Focused)	조직 성과보다 개인의 이익을 추구한다
현실 안주형 (Risk Avoider)	도전을 하지 않고, 변화는 회피한다
의사결정 지연형 (Boil the Ocean)	의사결정을 미루고 또 미룬다
비관형 (Pessimism)	항상 조직에 불만이 있고 뒷담화를 자주 한다
폐쇄형 (Overly Exclusive)	자신의 조직을 사유화하여 마음대로 한다
파벌 형성형 (Sectarian)	학연, 지연으로 조직을 운영한다
착취형 (People Eater)	우수한 직원을 계속 자기 옆에 두고 놓아주지 않는다
변덕형 (Emotionally Volatile)	감정에 따라 움직이고, 기복이 심하다
나르시시스트형 (Overactive Ego)	자신이 제일 특별하고 유능하다 믿는다

그림 18. 리더십 디레일러

누구나 심리적 위험 요소가 있다. 겉으로 멀쩡해 보여도 적어도 하나씩은 심리적 문제가 있다. 그것이 타고난 기질 때문일 수도 있고, 어릴 때 부모님으로부터 받은 영향일 수도 있으며, 특정한 사건으로 인한 트라우마로 인한 것일 수 있다. 하지만, 이러한 심리적 문제가 조직 내에서 지위가 올라갈수록 더 문제가 된다. 일반적으로 지위가 낮을 때는 본인의 심리적 문제를 잘 감추려고 한다. 또, 그런 문제가 미치는 영향의 범위도 제한된다. 그러나 지위가 높아지면 더 큰 스트레스 상황에 놓이기 때문에 이러한 심리적 문제를 감추기 어려워진다. 자신도 권력이 있다고 느끼기 때문에 이를 애써 감추려고 하지도 않는다. 그런데 그의 권력과 영향력이 확대된 만큼 이 심리적 문제가 조직과 구성원에게 미치는 영향은 점점 커진다.

그래서 이 때문에 최근 각 기업은 리더들의 심리적 위험 요소를 파악하고 관리하려는 노력을 많이 한다. 그 방법 중에는 심리검사도 있고, 전문가와 코칭도 있을 텐데, 우리도 다면진단에서 타인의 눈에 비친 각 리더의 심리적 위험 요소를 파악하여 보고하는 서비스를 하고 있다. 지난 몇 년간 누적된 해당 결과를 간략히 공유한다.

리더십 디레일러 정의

우리 회사는 리더십 다면진단 서비스를 제공하고 있다. 4~5개의 섹션으로 구분되어 있는데, 그중 하나가 바로 리더십 디레일러이다. 다만, 아주 본격적인 심리진단도구가 아니기 때문에, MMPI 같은 전문적인 심리진단도구처럼 많은 문항을 쓸 수는 없다는 한계가 있다. 그래서 리더십 디레일러 중에서 몇 가지만 진단하도록 개발했다. 그 디레일러에 어떤 것이 있는지 알아보자.

첫 번째는 '우울증'이다. 우울증이라고 표현하면 너무 강한 것 같은데, 무기력증에 좀 더 가까운 개념이다. 만사 귀찮고, 아무것도 하기 싫은 상태에 가깝다. 두 번째는 '히스테리'이다. 감정 기복이 심하고, 이유 없이 가슴 속에 화(火)가 많은 상태이다. 세 번째는 '사회성 부족'이다. 협력보다는 과도한 경쟁을 추구하고, 사람과 건강한 관계 맺기를 어려워하는 것이다. 네 번째는 '편집증'이다. 완벽주의자 또는 통제에 집착하는 Control-freak을 떠올리면 된다. 다섯 번째는 '강박증'이다. 편집증과 비슷한 면이 있지만, 강박증은 목적이나 이유가 정확하지 않은 불안이다. 그 막연한 불안 때문에 늘 노심초사하고 주변 사람을 괴롭힌다. 여섯 번째는 '자신감/주도성 결여'이다. 본인의 솔직한 모습을 드러내는 것을 두려워하고, 새로운 것에 과할 정도로 스트레스를 받으며, 커뮤니케이션 불안 증세를 보이는 것이다. 일곱 번째는 '협소한 시각'이다. 자기 말만 옳다고 믿는 독불장군과 눈앞의 사사로운 이익에 집착하는 것을 의미한다. 흔히 '꼰대'가 이런 모습을 자주 보인다. 마지막으로 '대인관계 미흡'이다. 다른 사람들이 상처받을 말을 쉽게 하거나, 후배 직원들을 본인의 도구나 부품처럼 취급하는 것이다. 고상한 표현으로 '인간의 도구화'가 잘 어울린다. 사실, 이 마지막 위험 요소를 만들 때 생각했던 원래 표현은 '소시오패스'였다. 하지만, 이것이 너무 강하고 범죄자 같은 느낌을 주기 때문에 순화시킨 것이 지금의 표현이다.

구분	대표 문항 (예시)
우울증	예전보다 전반적인 에너지 레벨이 떨어진 것 같다
히스테리	쉽게 화를 내고 또 쉽게 풀어진다
사회성 부족	"사람에 실망했다", "언젠가는 배신당할 것이다"라는 말을 자주 한다
편집증	꼼꼼한 것을 넘어서 완벽함에 대한 집착적인 성향을 보인다
강박증	"만약 …하면 어떻게 하지?", "혹시 …하면 큰일이야"라는 말을 자주 한다
자신감/주도성 결여	모든 논쟁을 피하려고 하며, 정당한 자기 주장을 하는 것에 서툴다
협소한 시각	지나친 자기확신이나 근거 없는 자만심에 빠져있다
대인관계 미흡	다른 사람들이 상처받을 만한 말을 쉽게 한다

그림 19. 우리 회사가 만든 리더십 디레일러

다면진단 결과를 통해 본 우리나라 리더의 디레일러

앞서 말한 대로, 우리 리더십 다면진단은 전문적인 심리진단용 도구가 아니기 때문에 어느 정도 한계가 있다. 그러나, 자기평가가 아니라 타인의 눈에 비친 리더 행동을 통해 진단한 것이기 때문에 꽤 정확도는 높다고 생각한다. 더구나 이 글을 쓰는 시점을 기준으로, 여러 기업의 다양한 직종에 재직 중인 5,000명이 넘는 리더에 관한 정보이므로 어느 정도 경향성을 드러내는 결과라고 믿는다. 여러분은 위 8개 디레일러 중에 어떤 것이 많이 나왔을 것으로 예상하는가? 우리나라 기업의 리더들은 어떤 문제 행동을 많이 할 것 같은가? 물론, 개인마다 차이는 있지만, 5,000명의 데이터 속에는 어느 정도 경향이 있다.

1위는 우울증이다. 이는 대부분의 회사에서 공통적으로 나오는 현상이다. 특히, 조직 규모가 크고 업력이 긴 회사일수록 이 우울증이 높게 나온다. 또한, 지속적으로 업무량이 많거나 시간 외 근무가 많을수록 우울증도 높아진다. 한마디로, 지쳐가는 것이다. 리더 개인으로 보면 리더 자리에 오래 있을수록 우울증이 높아지는 현상이 있다. 우울증이 무기력에 가깝기 때문에, 아무래도 오래 머물러 있으면 에너지 레벨이 떨어지는 것 같다. '매너리즘에 빠진다'라는 표현으로 설명할 수 있다.

2위는 편집증이다. 앞서 완벽주의 성향에 가깝다고 말했듯이, 성공한 리더들에게 어느 정도 존재할 수밖에 없다. 업종이나 직무가 꼼꼼함을 요구할 때 이 편집증이 높게 나오는 경향이 있다. 나는 이것을 나쁘게만 보지는 않는다. 사람이 일을 잘하려면 어느 정도의 편집증은 도움이 된다. 다만, 이것이 너무 과해서 집착적인 성향을 보일 때는 문제가 된다. 마이크로 매니지먼트 경향의 리더십 스타일을 보이는 분들이 이 편집증이 높게 나온다. 또, 리더로 임명된 지 얼마 되지 않은 초급관리자도 이 편집증이 높다. 아무래도 권한위임과 성과관리에 서투르다 보니 본인이 모든 것을 다 완벽하게 챙겨야 한다고 생각하기 때문이다.

3위는 히스테리이다. 감정 기복이 심해지고, 특히 짜증을 자주 부리는 것이다. 여러 리더십 디레일러 중 이 히스테리가 주변 사람들에게 본격적으로 피해를 주는 단계로 접어드는 시작점이다. 우울증이나 편집증은 자기 자신에게 피해를 주기는 해도 타인에게 미치는 영향이 아주 크지는 않다. 그런데 히스테리는 슬슬 나쁜 리더의 길에 접어들게 하는 마중물 같다. 히스테리가 심해지면 주변 사람들이 그 리더의 눈치를 보면서 피하게 된다. 그러면 의사소통의 횟수와 질이 현저하게 감소하며, 업무에서도 문제가 일어날 가능성도 커진다. 히스테리가 심해진다는 것의 의미는 자아성찰이 안 된다는 것과 동의어이다. 히스테리는 스스로 자기감정을 들여다보거나 설명하지 못하기 때문에 나타난다. 리더의 자아성찰 또는 메타인지가 고장 나면 그때부터는 개선될 가능성보다 악화할 가능성이 높아질 수밖에 없다.

팬데믹 상황과 불황을 거치면서 이 디레일러에도 변화가 생긴 것 같다. 팬데믹 동안 업종마다 업 앤 다운이 극명하게 갈렸다. 어떤 업종은 사상 최고의 호황을 누리고 있고, 반대로 어떤 곳은 존폐의 기로에 놓였다. 그래서 조직분위기와 성과, 그리고 업무량도 극과 극으로 달라졌다. 소위 잘나가는 업종의 회사에 있는 리더들은 실적은 좋지만 그만큼 업무량이 폭증하여 '편집증'과 '히스테리'가 상승하는 경향을 보인다. 이게 더 심해지면 일부 리더들은 '대인관계 미흡'이 상승하기도 한다. 점점 소시오패스에 가까워지는 것이다. 리더들이 이 상태까지 가면 실적을 위해 조직문화나 인간관계를 희생하는 수준에 이른 것으로 봐야 한다. 반면, 어려운 시절을 보내고 있는 업종의 회사들의 리더들은 '우울증'과 '강박증'이 높아진 것 같다. 이 상황에서 무엇을 해야 할지 몰라 무기력해지며, 고용 불안 등의 이유로 걱정이 많아지기 때문이다. 어느 쪽이든 안쓰럽고 안타까운 것은 마찬가지이다.

위험한 리더들에 대한 조치

HR 업무가 다 그렇듯 이 이슈를 다루는 절차도 비슷하다. 우선, 문제가 있는 리더를 잘 알아내는 것이 필요하다. 일종의 인지(Detection)이고 선발(Selection)이다. 리더들에게 심리검사를 하게 해도 되고, (익명성이 잘 보장되는 조건에서) 제보를 받아도 좋다. 아니면 다면평가 또는 동료평가(Peer Review) 시에 해당 내용을 넣어도 괜찮다. 퇴사자 면담 시에 해당 내용을 파악하는 방법도 있다. 어떤 이유로 사내에서 이도 저도 할 수 없는 상황이라면, 블라인드니 잡플래닛의 익명 게시판에서 정보를 수집하는 방법도 있다.

그다음에는 심각성을 파악해야 한다. 업무 상황이나 환경 때문에 발생한 일시적인 문제인지, 아주 오랫동안 그런 문제를 보였는지를 알아야 한다. 매우 일시적인 것이라면 리더를 리프레시 휴가를 보내는 정도로 해결될 수 있다. 일시적인 것이 아니고 수개월에서 1년 정도 지속된 문제였다면, 리더가 전문가의 코칭을 받도록 하는 것이 좋다. 코칭을 통해 리더가 본인의 심리적 어려움을 털어놓는 것만으로도 많은 부분이 개선될 수 있다. 물론, 이렇게 문제가 있는 리더들은 본인이 심리적으로 또는 리더 행동상에서 문제가 있다는 것을 쉽게 인정하지 않는다. 당사자에게 잘 커뮤니케이션하고, 전문가로부터 도움을 받든지 아니면 스스로 개선하도록 유도하는 것이 인사담당자의 어려운 미션이다.

리더의 문제 행동이 1년 이상 지속되어온 것이거나 그 정도가 심각하다면, 개선 노력만으로 충분하지 않다. 우선 피해자를 찾는 것이 필요하다. 보통, 심리적으로 문제가 심각한 리더 밑에는 꼭 한 명의 희생양이 있다. 피해자를 찾았다면, 그 피해자와 리더를 분리하는 조치를 해야 한다. 리더가 아니라 그 피해자가 심리적으로 치유될 수 있도록 도와야 한다. 문제가 심각한 리더는 개선 기회를 주되 그렇지 않으면 과감히 헤어질 결심을 하는 것이 좋다. 나는 이 정도로 문제가 심각한 리더 중에 자신의 노력만으로 문제 행동을 고치는 사례를 거의 본 적이 없다. 그래서, 권고사직을 고려한 Outplacement 절차를 진행할 것을 추천한다. 이 대목에서 칭기즈칸의 책사였던 야율초재가 한 명언을 인용하겠다. "하나의 이익을 얻는 것이 하나의 해를 제거함만 못하고, 하나의 일을 만드는 것이 하나의 일을 없애는 것만 못하다"

"Are you still an effective team?"

그림 20. 영화 「오블리비언(Oblivion)」의 포스터

톰 크루즈가 주연으로 나오는 「오블리비언(Oblivion)」이라는 영화를 보았는가? 나는 무척 재밌게 봤다. 아직 안 봤다면 한번 시청할 것을 추천한다. 꽤 재밌고 메시지도 좋은 영화이다. 이 영화 속에서 원격으로 톰 크루즈에게 일을 주고 관리하는 팀장(나중에는 사람이 아닌 AI로 밝혀지지만⋯)이 반복적으로 묻는 말이 있다. "당신들은 여전히 효과적인 팀입니까(Are you still an effective team)?"라고 말이다. 이 영화를 보는 내내 이 질문에 노이로제가 걸릴 뻔했다. 그것이 감독의 의도였을 테니 제대로 성공한 셈이다. 이 영화를 다 보고 나면 이 대사를 원문 그대로의 의미가 아니라 좀 다르게 해석하게 된다. 검색해보니, 외국에서는 이 대사를 (나쁜 의미로) Mission-control의 상징처럼 생각하는 것 같다.

흔히 비즈니스는 냉혹한 세계라고 말한다. 비즈니스의 목적이 궁극적으로는 더 높고 훌륭한 것이더라도 돈을 벌지 못하면 무의미하기 때문이다. 그래서 유능하고 로열티가 높은 구성원으로 가득 찬 회사를 꿈꾼다. 그러나 그것은 지향하긴 하나 도달할 수 없는 유토피아 같은 곳이다. 실제 우리가 사는 현실 세계에서는 수많은 다양한 인간들이 섞인 조직을 구성할 수밖에 없다. 최근에는 MZ세대와 팬데믹 상황으로 인해 그 다양성이 더 증가했다. 그러므로 이러한 다양성을 잘 다루는 HR이 필요하다. 좀 더 직설적으로 말하면, 최고의 성과는 아니더라도 자기 일에 책임감을 갖고 묵묵히 걷고 있는 구성원을 존중하고 보호하는 HR이 필요하다.

나는 이 영화 속 대사를 이렇게 바꾸는 것이 필요하다고 생각한다. "당신들은 여전히 (육체적/정신적으로) 건강한 팀입니까(Are you still a healthy team)?"라고⋯. 이러한 질문이 많이 오가고, HR이 이러한 건강도를 자주 확인하고 관리하는 회사가 더 오래 번영하는 시대가 될 것이다. ESG 경영도 결국 이러한 건강함과 건전함에 초점이 있는 것일 테니까 말이다. 마지막으로, 이 글을 읽는 여러분에게도 묻고 싶다. 당신은 여전히 건강한 인사담당자입니까? 귀하의 회사의 리더와 구성원은 건강합니까?

Dreaming of a new HR

다면진단 결과를 통해 본 최악의 리더 유형

글을 쓰게 된 이유

나는 리더십을 개선함에 있어 긍정적인 행동을 증가시키는 것보다 부정적인 행동을 감소시키는 것이 더 효과적이라고 주장한다. 다시 말해, 사회적으로 리더에게 기대되는 행동을 억지로 하는 것보다 본인의 언행 중 리더로서 하지 말아야 하는 것을 하지 않는 것이 더 효과적이라는 의미이다. 이러한 주장의 연장선상에서, 이 글은 수년간 축적된 약 5,000명 리더의 다면진단 데이터를 바탕으로 최악의 리더 유형을 찾아본 후 반면교사(反面教師)로 삼고자 한다.

분석 방법

분석 방법을 설명하기 위해서는 우리 회사의 리더십 다면진단도구의 구성을 간단히 소개할 필요가 있다. 우리 문항은 크게 4개의 카테고리로 구성되어 있다(고객사의 요구에 따라 카테고리 구성을 바꿀 수 있게 레고 블록 형태로 되어 있지만, 표준 구성은 4개이다). 첫째, 〈리더십 역량〉이다. [사람관리]와 [성과관리]의 2개 영역으로 구분된, 각 5개씩 총 10개 역량에 대해 수준을 진단한다. 예를 들어, 의사결정, 문제해결, 권한위임, 의사소통 같은 것을 평가한다. 둘째, 〈심리적 위험 요소〉이다. 리더가 현재의 직책에서 이탈할 수 있는, 겉으로 자주 드러나는 심리적 위험요인이다. 다른 말로 디레일러(Derailer)라고 한다. 예를 들어, 우울증, 히스테리, 편집증, 강박증, 자신감 결여 등이 해당한다. 셋째, 〈상황별 행동 특성〉이다. 리더가 일상 업무 속에서 자주 마주치는 상황을 제시하고, 그때 진단 대상자가 어떤 행동을 자주 하는지를 선택한다. 문제 상황으로는 타 부서와 협업, 회의, 회식, 팀원 간 갈등 발생 상황 등이 있다. 선택지(/보기)가 선택된 빈도를 분석하면, 리더의 평소 행동 패턴을 알 수 있다. 넷째, 〈단도직입 질문〉이다. 일종의 종합 평가이다. 앞에 나온 문항들이 각론이라 하면, 이는 총론에 가깝다. "모든 것을 종합적으로 고려할 때, 이 리더와 계속 함께 일하고 싶은가?"를 묻는 식이다.

우리는 〈단도직입 질문〉에서 결과가 나쁜 최하위 5%의 진단 대상자를 따로 뽑아봤다. 그리고 이들을 '하위 그룹'으로 명명했다. 이 하위 그룹 약 200명의 데이터를 따로 모아, 이들의 〈리더십 역량〉, 〈심리적 위험 요소〉, 〈상황별 행동 특성〉을 분석했다. 이들에게서 공통적으로 보이는 문제 행동은 무엇인지, 또 이들을 어떻게 다시 몇 가지 유형으로 분류할 수 있는지 군집분석을 통해 연구했다. 더불어, 반대로 〈단도직입 질문〉에서 결과가 매우 좋은 최상위 그룹의 결과를 따로 모은 후 비교분석을 통해 정말 하위 그룹의 패턴이 특징적인지 확인했다.

최악의 리더 유형

데이터 분석은 통계의 힘을 빌렸지만, 설명까지 숫자로 하고 싶지는 않다. 한 경제학자의 표현을 빌려, 숫자와 통계로 설명하면 삼류, 표와 그림으로 설명하면 이류, 글과 말로 표현하면 일류라고 믿는다. 가급적 재밌고 생생하게 풀어보겠다.

| **히키코모리형**(a.k.a. 동굴 속 배트맨)

이 유형은 혼자 일하는 스타일이다. '리더가 어떻게 혼자 일할 수 있어? 리더는 Follower가 있어서 리더 아닌가?'라는 의문이 들겠지만, 의외로 이런 타입이 많다. 내성적이지만 일 잘하는 실무자가 급하게 직책에 임명된 경우에 이렇게 될 가능성이 크다. 또, 원래는 그러지 않았는데 직장생활 중에 여러 사건을 겪으면서 점점 인간관계를 차단한 사례이다.

이들의 특징은 〈리더십 역량〉 중 '협력', '의사소통' 점수가 크게 떨어진다는 것이다. 이 두 가지가 떨어지면 주변 사람들에게 리더로서의 기본 자질을 의심받는 것 같다. 우리가 가진 리더의 이미지 중에 타인과 잘 어울리는 동시에 말도 잘하며, 자기주장도 뚜렷한 모습이 있기 때문인 듯하다. 또, 이들은 〈심리적 위험 요소〉 중 '자신감/주도성 결여', '사회성 부족'이 높다. 자기 스스로 동굴 속으로 숨어버려서 타인과 상호작용을 줄여버린 경우이다. 심지어 같은 부서의 팀원들조차도 외면하여 자발적인 아웃사이더를 택하니, 〈단도직입 질문〉에서 "함께 일하고 싶지 않다"라는 응답이 급증한다.

다소 성급한 결론인 것 같지만, "리더가 갖춰야 하는 가장 기본적인 역량이 무엇이냐?"라는 질문을 받는다면, 나는 '협력'과 '의사소통', 그리고 일정 수준 이상의 '자신감'이라고 답하겠다. 특히 '협력'이 무너지면 다른 것들도 함께 무너진다. 리더이든 누구이든 조직 안에서 네트워크 속 점(Dot)이나 매듭(Knot)이라는 점을 잊어서는 안 되겠다. 또, 직장생활을 하다 보면 사람에게 실망하고 상처받을 때가 분명 한두 번은 있다. 그렇다고 그 상처 때문에 인간관계를 끊어버려서는 안 된다. 이 대목에서 회복탄력성(Resilience)이 생각난다. 리더는 한두 번의 실망과 상처는 훌훌 털고 다시 일어나는 힘이 필요하다.

표 1. 히키코모리형 (a.k.a. 동굴 속 배트맨)

낮은 〈리더십 역량〉	높은 〈심리적 위험요소〉	최빈 〈상황별 행동 특성〉
'협력' '의사소통'	'자신감/주도성 결여' '사회성 부족'	(협업 시) "답답하다" (회의 시) "본인의 의지가 있는 것 같은데 속내를 감춘다" (팀원 간 갈등 발생 시) "모른 척한다 (=외면한다)" (회식 시) "분위기에 어울리지 못하고 혼자 외떨어져 있다"

| **소시오패스형**(a.k.a. 이기적인 야망가)

소시오패스라는 표현이 너무 강하긴 하지만, 소시오패스의 사전적 정의가 '자신의 성공을 위해서 수단과 방법을 가리지 않으며, 이에 대해

양심의 가책을 느끼지 않는 사람'임을 상기해보면, 직장 내에 이런 사람이 꽤 있음을 아실 것이다. 한 연구에 따르면 소시오패스가 사이코패스보다 훨씬 많다고 한다. 전 인구의 4% 정도(25명 중 한 명)라고 한다. 심리학자 마샤 스타우트는 "그들은 우리의 일상에 늘 함께 있다. 이 사실을 인정하고 그들을 알아야 한다"라고 말한 바 있을 정도이다.

이 유형은 겉으로 보기에 상당히 유능하다. 그래서 다면진단 결과 중 〈리더십 역량〉에서는 '인정 및 격려'를 제외하면 모든 역량에서 평균 이상의 점수를 얻다. 문제는 〈심리적 위험 요소〉에서 드러난다. 후배 직원들이 바보가 아닌 이상 상사가 자신을 진심으로 대하는지, 도구적 수단으로 대하는지 느낀다. 이는 단순히 일을 많이 시키고 적게 시키고의 문제가 아니다. 마음가짐과 태도의 문제인 것이다. 이 소시오패스 유형의 리더들은 세부 문항 중 '다른 사람들이 상처받을 만한 말을 쉽게 한다', '팀원들을 본인의 목적 달성을 위한 도구나 부품으로 취급한다는 느낌을 받을 때가 있다'라는 문항에서 점수가 높게 나온다.

이 유형은 개선이 어렵다. 다른 인간에 대한 진심 어린 관심과 배려, 즉 Hospitality는 유년기에 형성된다. 출세욕이 가득한 소시오패스는 쉽게 바뀌지 않는다. 그 성향을 밖으로 드러나지 않도록 잘 감출 뿐이다. 앞에서 말했듯이 이런 유형이 대체로 유능하기 때문에 회사 입장에서는 리더로서 문제를 알아도 어찌하기 어렵다.

표 2. 소시오패스형 (a.k.a. 이기적인 야망가)

낮은 〈리더십 역량〉	높은 〈심리적 위험요소〉	최빈 〈상황별 행동 특성〉
'인정 및 격려'	'업무적 대인관계 미숙' '히스테리'	(협업 시) "이기적이다", "불편하다" (회의 시) "남의 의견을 무시하고, 무조건 자기 의견에 따르라고 강요한다" (팀원 간 갈등 발생 시) "본인이 편애하는 팀원 편에 선다"

마이크로 매니저형(a.k.a. 실무 오퍼레이터)

최악의 리더 유형 중 가장 높은 비중을 보이는 유형이다. 우리나라 기업의 팀장급 중간관리자는 정도의 차이가 있을 뿐 대부분 이 유형의 문제를 다들 조금씩 갖고 있다고 해도 과언이 아니다. 그 이유는, 시대가 바뀌면서 팀장을 완전한 리더로 보지 않고, 선수 겸 코치로 보는 기업이 늘었기 때문이다. 즉, 팀장이 지시하고 관리만 하는 것이 아니라, 본인이 직접 해당 팀의 주요 과업을 맡는다. 이는 손에서 일을 놓지 않고 실무 감각을 유지하는 장점이 있는 반면, 큰 그림을 보지 못하고 눈앞의 작은 문제해결에만 매몰되는 단점도 생긴다.

이 유형의 특징은 〈리더십 역량〉 중 '비전 제시 및 전략 추진', '권한위임', '후배육성'이 눈에 띄게 떨어진다는 것이다(반대로, '문제해결'은 높다). 이 세 가지 역량의 공통점은 장기적 관점에 해당한다는 것이다. 이를 거꾸로 해석하면, 마이크로 매니저는 당장 눈앞에 놓인 일을 빠르고 효과적으로 처리하느라, 팀원들에게 적절히 일을 배분하고 그 과정을 관리하여 그들이 자연스럽게 일 속에서 성장하게 하지 못한다. 또, 이들은 〈심리적 위험 요소〉 중 '편집증'과 '우울증'이 높다는 특징이 나타난다. 본인이 실무적으로 많은 것을 직접 수행하는 만큼 완벽하게 해야 한다는 집착이 강해서 '편집증'이 생기고, 이런 상태가 오래 지속될수록 몸과 마음이 지쳐서 전반적으로 무기력해진다. 〈상황별 행동 특성〉에서 높은 빈도로 선택되는 키워드 중 '(평소 업무 스타일이) 꼼꼼하다'가 압도적으로 높게 나온다. 그 외, '(협업 시) 수동적이다', '(팀원 간에 갈등이 발생한 상황에서) 마치 아무 일도 없었던 것처럼 덮어버리려고 노력한다', '(팀원의 업무처리가 미숙한 상황에서) 후배 직원에게 적절히 피드백도 못 하고, 자기 자리에서 한숨만 쉰다'이다.

내 주위에도 이 유형이 많다. 이런 리더들을 보면 마음이 아프고 안타깝다. 유능한 실무자를 아무 준비도 없이 리더 자리에 앉히고 잘 살아남는지 보는 'Sink or swim'식의 서바이벌 테스트를 하는 회사가 아쉽다. 이들이 초급 수준의 리더가 될 수 있는 주춧돌조차 놓아주지 않는 것은, 유능한 실무자가 리더 자리의 무게를 견디지 못해 번아웃이 오게 할 수 있다. 회사는 이들에게 적당한 여유와 휴식을 주는 것도 고려해야 한다.

표 3. 마이크로 매니저형 (a.k.a. 실무 오퍼레이터)

낮은 <리더십 역량>	높은 <심리적 위험요소>	최빈 <상황별 행동 특성>
'비전 제시 및 전략 추진' '권한위임' '후배육성'	'편집증' '우울증'	(업무 스타일) "꼼꼼하다" (협업 시) "수동적이다" (팀원 간 갈등 발생 시) "마치 아무 일도 없었던 것처럼 덮어 버리려고 노력한다"

| **우유부단형**(a.k.a. 걱정인형)

이 유형은 유독 <리더십 역량> 중 '의사결정'이 약하다. 의사결정 자체를 두려워하여, 중요한 의사결정을 한없이 미루거나, 이미 결정된 사항도 자주 번복한다. 그러다 보니, 타이밍이 중요한 일조차 좋은 시기를 놓쳐 실기(失期)하는 일이 잦다. 물론, 리더들이 의사결정을 미루거나 번복할 때는 상황적인 이슈도 있을 것이다. 예를 들어, 상급자(예: 임원)의 방향성이 바뀌었다거나 팀원들이 모르는 사내/외 상황이 변화했다든가 하는 식으로 말이다. 그런데, 이러한 변화를 팀원들에게 제대로 설명하지 않는 것도 문제이다. 우유부단한 것이 아니라 상황에 의해 어쩔 수 없는 전략적 선택이었다 할지라도 이를 팀원들에게 제대로 알리는 것은 리더의 몫이다.

또, 이 유형은 〈심리적 위험 요소〉 중 '강박증', '협소한 시각'이 높다. 나는 이 결과를 이렇게 해석한다. 리더가 우유부단한 것은 다시 또 두 가지 이유로 나뉜다. 첫째는 너무 완벽한 의사결정을 하려다가 선택 장애가 일어나는 것이다. 이때 '강박증'이 높아진다. 안 해도 되는 걱정까지 사서 하게 되면서 예민해질 수밖에 없다. 둘째는 전체적인 큰 그림이나 판세를 읽지 못하는 것이다. 속된 말로 눈치가 없는 것이다. 회사는 사람들이 모여 있는 집단이기 때문에 정치가 없을 수 없다. 그런데, 이들은 정치적 맥락을 파악하지 못하다 보니 의사결정 시 더 어려움을 겪는다. 그러면 주변으로부터 우유부단하다는 평을 듣게 된다.

이들은 자신이 부여받은 권한 내에서 작은 것부터 결정하고 그 결과에 책임지는 연습을 하는 것이 중요하다. 내가 가끔 리더들에게 농담으로 하는 말 중에 "가끔은 회식 메뉴를 민주적인 절차가 아닌 본인의 의견을 주장해서 결정해봐라"가 있다. 어떤 리더들은 민주적인 절차를 너무 중시해서 작은 것조차 토의를 통해 정하는 것을 종종 목격한다. 민주적인 의사결정도 과하면 문제이다. 가끔은 리더로서 결단력과 책임감을 보여줄 필요가 있다.

표 4. 우유부단형 (a.k.a. 걱정인형)

낮은 <리더십 역량>	높은 <심리적 위험요소>	최빈 <상황별 행동 특성>
'의사결정'	'강박증' '협소한 시각'	(업무 스타일) "느리다", "회피적이다" (회의 시) "본인의 의지가 있는 것 같은데 속내를 감춘다" (팀원 간 갈등 발생 시) "마치 아무 일도 없었던 것처럼 덮어 버리려고 노력한다" (회식 시) "일 이야기, 회사 이야기만 해서 분위기를 처지게 한다"

| **고집불통형**(a.k.a. 꼰대형 독불장군)

위 4번 유형과 반대되는 유형이라고 할 수 있다. 이들은 대체로 카리스마와 자신감이 있는 경우가 많다. 문제는 그 자신감이 과해서 타인에게 상처를 주거나 독불장군이 되어간다는 것이다. 쉽게 말해, 남의 말을 듣지 않고 과거의 자신이 이룬 작은 성공에 집착한다. 마치 본인이 대단한 사람인 양 자신을 과시하거나 허세를 부린다. 자아성찰, 자기계발 같은 것은 먼 나라 이야기이다.

이들은 〈리더십 역량〉 중 '변화 대응', '혁신 추구', '인정 및 격려'가 유난히 떨어진다. 업무적으로는 '미래', '새로움', '변화', '혁신' 같은 것과 거리가 멀고, 사람을 대할 때 '예의', '예절', '존중'과 거리가 있는 것이다. 모두가 그런 것은 아니지만, 〈심리적 위험 요소〉에서 소시오패스적인 성향을 드러내는 경우도 제법 있다. 〈상황별 행동 특성〉에서 높은 빈도로 선택되는 키워드는 '(협업 시) 고압적이다', '고집이 세다', '(회의 시) 계속 혼자 이야기한다', '일단 다 모여봐 식의 회의 소집이 많다', '(팀원의 업무처리가 미숙한 상황에서) 일을 못 한다고 낙인찍고, 그때부터 철저히 무시한다', '(회식 시) 2차, 3차를 강요한다'이다.

이 유형의 특징은 본인이 훌륭한 리더라고 자신하고 있다는 점이다. 주변 사람에게는 속 빈 강정이라는 생각은 전혀 하지 못한다. 그렇기 때문에 다면진단 결과에 가장 큰 충격을 받는다. 나쁜 결과에 대해 가장 크게 분노하고 저항한다. 그만큼 개선의 가능성이 제일 높기도 하다. 모두가 그런 것은 아니지만, 수년간의 변화 추이를 분석해보면 급격한 개선을 보인 리더가 이 유형에 해당하는 비중이 높다. 기본적으로 쿨한 스타일이기 때문에, 본인의 리더십에 문제가 있다는 것을 인정하면 (자존심 회복을 위해서라도) 그때부터 상대적으로 빠르게 개선을 위해 노력한다. 물론, 이 유형에는 쿨하지 못한 꼰대 스타일도 섞여 있는데, 이분들은 꼰대인 채로 점점 역사의 뒤안길로 사라지는 것을 자주 본다.

표 5. 고집불통형 (a.k.a. 꼰대형 독불장군)

낮은 <리더십 역량>	높은 <심리적 위험요소>	최빈 <상황별 행동 특성>
'변화 대응' '혁신 추구' '인정 및 격려'	'변화적응 미흡' '협소한 시각' '업무적 대인관계 미숙'	(협업 시) "고압적이다", "고집이 세다" (회의 시) "계속 혼자 이야기한다", "'일단 다 모여봐' 식의 회의 소집이 많다" (회식 시) "2차, 3차를 강요한다", "사무실에서 보던 모습보다 훨씬 활력이 넘친다"

그렇다면, 나와 인사담당자는 무엇을 해야 하는가?

우리는 다면진단 결과를 통해 최악의 리더를 다섯 가지 유형으로 나눠봤다.
① 히키코모리형(a.k.a. 동굴 속 배트맨)
② 소시오패스형(a.k.a. 이기적인 야망가)
③ 마이크로 매니저형(a.k.a. 실무 오퍼레이터)
④ 우유부단형(a.k.a. 걱정인형)
⑤ 고집불통형(a.k.a. 꼰대형 독불장군)

공감이 가는가? 물론, 이 다섯 가지 외에도 최악의 리더는 얼마든지 있을 수 있지만, 우리 데이터 속에서 찾은 결과는 위와 같다. 내가 지금까지 함께 일했던 상사 또는 고객 중에 리더로서 별로라고 생각했던 사람들을 하나씩 대입해보니 대체로 이 다섯 가지 유형 중 하나에 대입해볼 수 있다. 가끔은 2개 이상의 유형이 복합된 예가 있기도 하다. 예를 들어, 소시오패스이면서 우유부단하거나, 본인 자신은 히키코모리이면서 팀원들의 업무는 마이크로 매니지먼트로 관리하는…. 이들의 이미지를 머릿속에 떠올리는 것만으로도 치가 떨릴 정도이다. 최악 중의 최악이라고 말할 수밖에 없겠다.

　이 글을 읽는 귀하가 리더라면 본인 스스로 나는 어떤 유형에 해당할까 생각하면서 성찰해보기를 바란다. 타고난 완벽한 리더는 현실에서 찾기 어렵다. 우리 같은 소시민은 시행착오를 겪으면서 조금씩 리더로 성장해가는 것이다. 좋은 리더가 되려고 긍정적인 행동을 억지로 늘리는 것보다, 나쁜 리더가 하는 최악의 행동 몇 가지만 줄여도 주변 사람으로부터 좋은 평판을 얻을 수 있다.

　또, 만약 귀하가 인사담당자라면 우리 회사의 주요 리더 중에 이런 최악의 리더가 누가 있는지 잘 찾아봐라. 각각이 이 다섯 가지 유형 중 어디에 해당하는지도 추정해봐라. 그 후에는 그들을 좋은 리더로 바꾸려고 노력하거나, 아니면 그 아래에 있는 팀원들의 마음을 잘 헤아리고 어루만져줘라. 이런 최악의 리더 밑에는 반드시 피해자가 있고, 그들은 블라인드에 악성 글을 올리거나 얼마 지나지 않아 회사를 떠날 가능성이 크다. 대이직의 시대(The Great Resignation)에 성실하게 일하는 소중한 직원을 몇몇 나쁜 리더 때문에 떠나보내는 것은 큰 손실이 아닐 수 없다.

Dreaming of a new HR

신규 입사자는 왜 1년 이내에 회사를 떠나는가?

이 글을 쓰게 된 이유: 대이직의 시대

대이직의 시대(The Great Resignation)라는 말이 있다. 팬데믹으로 인해 많은 것이 바뀐 가운데, 직장과 일을 보는 관점도 크게 변화했다. 과거보다 이직을 편하게 생각하며, 더 나아가 이직을 개인 경력개발의 주요 수단으로 삼는 분위기가 생겼다. 그러다 보니 모든 기업은 좋은 인재를 채용하는 것에 공을 들이는 동시에, 이들이 조기 퇴사하지 않도록 잘 관리하는 데 스트레스를 받는다. 애써 뽑은 인재가 제대로 역량을 발휘하기도 전에 이런저런 이유로 회사를 떠나는 것은 경제적 손실과 더불어 남은 다른 직원에게 심리적으로 악영향을 주기 때문이다.

내가 오랫동안 고객으로 함께 일한 다국적 기업은 HR 관련 KPI로 중요하게 관리하는 것이 있다. 그것은 바로 New Hire Retention Rate, 줄여서 NHRR이라고 부르는데, 직역하면 신규 입사자의 1년간 잔존율이다. 글로벌 본사 직원에게 이 지표를 왜 그렇게 중요하게 보는지 물었더니, "NHRR이 낮다는 것은 회사에 여러 측면에 문제가 있다는 것을 상징적으로 보여준다. 채용시장에서 그 회사가 평판이 나빠짐은 물론이고, 남아 있는 직원의 만족도도 낮다고 추정할 수 있다"라는 답변이 돌아왔다. 그 설명을 듣고 머리로도 이해가 되고 경험적으로도 공감이 됐다.

〈Onboarding Survey〉 서비스 소개

우리 회사는 몇 년 전부터 〈Onboarding Survey〉라는 서비스를 개발하여 고객사에 제공하고 있다. 이를 간단히 소개하면 다음과 같다. 입사 후 최소한의 적응 기간(2~3개월)이 지난 신규 입사자를 대상으로 정기적으로(보통 2~3주 간격) 아주 간단한 설문을 보낸다. 문항은 5~6개이며, 쉽고 짧은 문장으로 이루어져 있다. 이 설문은 100% 모바일로만 이루어지며, 3개월에서 최대 6개월까지 발송된다. 각 문항은 [개인생활], [대인관계], [직무만족], [회사만족]의 4개 카테고리로 나뉜다(이 4개 카테고리는 다시 여러 개의 서브 카테고리로 구분되는데, 여기서는 자세하게 설명하지 않겠다). 이 결과는 회차마다 개인별로 분석되어 이탈 위험이 감지되는 신규 입사자에 관해 인사팀에 보고한다. 인사팀은 그 결과를 바탕으로 개인 면담을 하거나, 그 직원의 현업 부서장에게 관리 가이드를 제공한다.

최근 몇 년 동안 우리의 이 〈Onboarding Survey〉 서비스를 이용한 고객사가 많이 늘었다. 그래서 분석 가능한 데이터가 쌓였다고 판단하여 이 글을 쓰게 됐다. 요즘 신규 입사자들은 왜 조기 퇴사 하는지, 조기 퇴사를 막으려면 회사와 리더가 어떻게 해야 하는지를 공유하려 한다. 다만, 우리의 이 데이터가 다양한 산업, 규모, 지역의 회사에 고르게 분포하지 못하다 보니, 이 결과를 너무 일반화하지는 않으셨으면 좋겠다. 그럼에도 불구하고, 조기 퇴사율을 낮추기 위해 고민하는 인사담당자에게 시사점을 주고 싶어 이 글을 쓴다.

조기 퇴사의 원인 – 경력직 편

우리 〈Onboarding Survey〉의 문항은 경력직과 신입용이 나누어져 있다. 물론, 공통문항도 꽤 되지만, 각각의 관리 포인트가 약간 다르리라 생각했다. 다만, 위에서 언급한 4개의 카테고리는 일치하기 때문에 비교분석을 해볼 수 있었다. 그 결과, 경력직 입사자와 신입 직원의 조기 퇴사 원인에서 약간의 차이가 있었다.

먼저, 경력직 입사자의 조기 퇴사 원인은 명쾌하다. 이들은 본인이 하는 일(직무)에 만족하지 못하면 퇴사 가능성이 급격하게 상승한다. 특히, 입사 전에 회사가 약속했던 직무 또는 과업이 아니라, 전혀 생각지도 못했던 엉뚱한 일을 하도록 강요당하거나, 현재 하는 일이 본인의 경력에 도움이 되지 않는 소위 잡무(雜務)라는 생각이 들면 조기 퇴사 하는 경우가 많다. 퇴사라는 다소 극단적인 선택을 하지 않더라도, 다른 영역 전반에서 부정적인 태도로 돌변하는 패턴을 발견할 수 있다. 경력직은 이직할 때 연봉 상승을 기대했고, 그런 처우 관련 요구가 어느 정도 충족된 상태로 이직한 것일 테니, 처우 문제로 퇴사하는 경우는 별로 없다. 이들이 스스로 의미 있다고 느끼는 일, 개인의 성장에 도움이 되는 일을 하고 있다고 느끼게 해주는 것이 중요하다.

경력직의 또 다른 조기 퇴사 원인은 [개인생활]이다. 이것은 좀 더 자세히 들여다볼 필요가 있다. 어느 정도 높은 업무량, 야근, 주말 근무로는 조기 퇴사가 발생하지 않는다. 경력직이다 보니, 입사 후 단기간에 본인의 역량을 증명해 보여야 한다는 압박감이 있기 때문에, 웬만한 고강도 업무는 잘 견뎌낸다. 그런데, 퇴근 후에도 시도 때도 없이 오는 업무 연락 같은 불합리한 관행은 문제가 된다. 보통 이런 관행은 그 회사의 조직문화나 업무처리 방식과 밀접하게 관련이 있다. 그러다 보니 경력직은 '아! 이 회사는 이런 식으로 일하는구나. 계속 이런 식이면 나는 오래 다니기 어렵겠다'라고 생각하고 조기 퇴사를 결정하나 보다.

조기 퇴사의 원인 – 신입 편

신입 직원은 경력직 입사자에 비해 조기 퇴사 원인이 분명하지 않다. 초기 경력자이다 보니 아직 직무 전문성도 낮고, 일과 직장에 대한 가치관이 정립되기 전이기 때문이다. 경력직이 좀 더 많이 고민하고 이것저것 따져본 후 퇴사를 결정하는 것에 비해, 신입 직원은 상대적으로 충동적인 퇴사 결정도 잦은 것 같다. 그럼에도 신입 직원의 조기 퇴사 원인을 일반화하면 아래와 같다.

HR 관련 체계가 잘 갖춰져 있는 대기업은 이런 경우가 적지만, 중견/중소기업에서는 의외로 이런 일이 잦다. 입사 전 채용 과정에서 이야기했던 연봉과 입사 후에 말하는 연봉이 다른 것이다. 예를 들어, 채용 과정에서 이야기한 연봉은 퇴직금을 포함한 금액이라고 말을 바꾸거나, 매년 거의 일정하게 나올 것으로 기대하는(그러나 올해는 어떨지 모르는) 성과급을 포함한 총보상을 말했다고 해버리는 것이다. 이러면 신입 직원 입장에서는 사기당한 기분이 들 것이다(실제로, 이런 식의 채용과 연봉 협상은 노무 이슈를 일으킬 소지가 다분하다). 그러면 신입 직원은 처음에는 어리둥절하면서 몇 개월 다니겠지만, 어느 순간 본인이 속았다는 생각이 들면 조기 퇴사를 결정한다. 한마디로, '나는 이 회사를 믿지 못하겠다'라고 생각하는 것이다. 신입 직원의 조기 퇴사 원인 1위는 [회사만족] 중 급여에 관한 것이고, 단순히 급여가 높고 낮음이 아니라 그 합리성과 공정성이 중요한 것으로 나타난다. (물론, 급여의 절대 금액이 아예 중요하지 않다고 주장하는 것이 아니다. 신입 직원은 친구/지인들과 비교를 많이 하고 연봉에서 자존감을 찾는 경우가 있어서, 경쟁력 있는 연봉도 당연히 중요하다)

신입 직원의 또 다른 조기 퇴사 원인은 [대인관계]이다. 대인관계 중에서도 특히 직상위자(/사수)나 부서장과 관계가 중요하다. 본인이 부서에서 막내이기 때문에 웬만하면 비슷한 또래의 동료와 관계는 좋다. 그런데 상사의 리더십이 부정적이면 조기 퇴사 징후가 급격하게 상승한다. 특히, 요즘 신입 직원은 Z세대인데 이들은 개인의 성장에 관심이 높다. 그런데 상사가 본인의 성장에 무관심하여 기초적인 직무교육이나 OJT조차 해주지 않으면 금방 부적응 상태로 빠지게 된다. 심지어 어떤 사수는 귀찮아하면서 텃세까지 부린다. 그러면 신입 직원의 자존감이 빠르게 하락한다. 이것이 심리적 원인이 되어 조기 퇴사를 유도하게 된다.

조기 퇴사 예방을 위한 대책

직장인이 퇴사를 결정하는 이유는 다양하다. 퇴사 결정은 사람마다 제각각의 이유로 이루어진다. 어떠한 법칙으로 일반화하기는 어려운 듯하다. 그러나, 위의 분석 결과를 확대해석 해서 어느 정도 보편적인 현상이라고 가정한다면, 다음과 같은 시사점을 뽑아볼 수 있다. 우선, 경력직에는 제대로 된 의미 있는(Meaningful) 업무를 주고, 그에 필요한 권한과 자원을 충분히 제공하는 것이 조기 퇴사를 막는 데 중요하다고 볼 수 있다. 입사 전에 약속했던 직무를 갑자기 바꾸거나 직무확대 또는 직무충실화라는 이상한 명분을 붙여 두 가지 이상의 직무를 시키는 것은 자제해야 한다. 앞에서도 언급한 것처럼, 경력직은 이직 후 새로운 회사와 사람들에게 적응하는 것 이상으로, 본인의 성과를 빨리 보여주고 싶은 조바심 같은 것이 있다. 이들이 일을 잘할 수 있게 회사와 리더가 지원해줘야 한다. 또, 좋은 성과를 냈을 때 인정과 격려를 통해 자존감을 높여줘야 한다. 학문적으로 '합법적 주변 참여(Legitimate Peripheral Participation)'라는 개념이 있다. 이 개념을 빌려서 표현하자면, 경력직 입사자가 본인의 일(업무)과 성과를 통해 빨리 '온전한 참여자(Full Participant)'가 되도록 도와줘야 한다.

또한, 경력직은 라이프사이클상 결혼 및 출산을 통해 가정을 이루고 있는 경우가 많다. 이들은 어느 정도 높은 업무 강도를 견딜 각오와 준비가 되어 있지만, 임계점을 넘어갈 정도로 과도하게 높은 업무 강도가 장기간 지속되는 것을 견디기 어렵다. 가정도 잘 챙겨야 할 연령대이기 때문이다. 요즘 트렌드 자체가 일과 삶의 양립을 중요하게 여기기도 하고 말이다. 이들이 일을 잘할 수 있게 돕는 동시에, 그에 따른 반대급부로 너무 심하게 업무 스트레스에 시달리지 않도록 관리해줘야 한다. 내가 경험한 바로도, 다른 회사에서 이직해온 경력직이 일을 얼마나 잘하는지 테스트하기 위해 과도한 업무를 주거나, 그동안 그 부서에서 미루어왔던 일을 한꺼번에 던지는 경우가 있다. 이는 경력직 입사자에게 번아웃을 불러오거나, '회사와 우리 팀이 나에게 우호적이지 않구나'라는 텃세를 느끼게 한다.

신입 직원의 조기 퇴사를 예방하기 위해서는 이들을 (법과 제도를 잘 모르는) 초짜 취급하는 것부터 버려야 한다. 몇 마디 감언이설로 '일단 입사시키고 보자'는 식의 접근은 금물이다. 회사는 신입 직원을 위한 우리 회사의 초봉이 얼마인지를 정확하게 정해놓고 있어야 한다. 그리고 그것을 (특수한 경우가 아닌 이상) 잘 지키고자 노력해야 한다. 노무 이슈를 예방하기 위해 근로계약서 및 연봉계약서를 빨리 작성하는 것은 상식이다. 그리고, 신입 직원이 입사하면 하루라도 빨리 오리엔테이션 또는 설명회를 통해 회사의 인사제도를 잘 알려줄 필요도 있다. 신입 직원이 회사의 HR에 대해 갖는 불만의 다수는 오해 또는 무지(無知)에서 비롯된다. 따라서 충실한 설명과 정보 공유만으로도 이를 쉽게 해결할 수 있다.

그리고, 신입 직원은 대인관계에 예민할 수밖에 없으므로 이 부분에 관해서도 회사가 관리해줘야 한다. 물론, 신입 직원이 해당 부서장과 맞지 않는다고 해서 부서장을 교체할 수는 없는 일이다. 다만, 각 부서장이 Z세대 신입 직원을 상대할 때 주의해야 하는 포인트나 예상되는 부정적 행동은 미리 알려줄 필요가 있다. 전통적으로, 신입 직원의 조기 적응을 위해 멘토링 제도를 운영하는 예도 많지만, 이 제도가 잘 작동해서 효과를 보이는 경우를 자주 보지 못했다. 따라서, 인위적/가식적으로

운영되기 쉬운 멘토링 제도보다 현장에서 좀 더 쉽게 적용할 수 있는 실질적인 방안이 필요해 보인다. 멘토링처럼 개인과 개인을 이어주는 프로그램을 포함한 넓은 의미의 Onboarding Program을 운영할 필요가 있다.

글을 마치며

조기 퇴사는 개인에게 손해이다. 그렇게 짧은 재직 경험을 이력서에 쓰기도 애매하고 안 쓰자니 또 경력 기간이 비어서 애매하니까 말이다. 조기 퇴사는 회사에도 큰 손해이다. 우선, 그 직원을 채용하고 교육하는 데 들어간 비용이 그대로 사라진다. 한 연구에 따르면, 한 사람이 조기 퇴사 하면 그 직원이 받던 연봉의 3배가 손실로 남는다고 한다 (이는 연봉 외에 복지 및 교육 비용에 기회비용까지 다 포함하는 것 같다). 더 심각한 것은 점점 더 치열해지고 있는 채용시장에서 회사의 명판을 급격하게 떨어뜨린다는 것이다. 최근에는 이렇게 조기 퇴사 한 직원들이 조용하게 다른 회사로 이직하지 않는다. 블라인드나 잡플래닛 같은 곳에 글을 남긴다. 그리고 이것은 잠재적 지원자들에게 영향을 미친다. 그로 인해 우수인재가 우리 회사를 지원하는 횟수가 줄어들게 된다. 결국, 회사는 좋은 인재를 데려오기 위해서 더 많은 돈을 써야 하니 인건비 부담이 늘어난다.

이런 금전적 손실보다 더 심각한 것은, 조기 퇴사율이 높아지는 현상이 시사하는 바가 꽤 커서, 지금 재직하는 직원들의 회사 만족도 역시 하락 추세라고 추정할 수 있다는 것이다. 내 경험상 이것은 거의 100%

이다. 옛날 광부들은 탄광으로 일하러 갈 때 항상 카나리아라는 새를 갖고 다녔다고 한다. 카나리아가 지저귐을 멈추거나 비틀거리는 것으로 가스 누출을 감지했다고 한다. 카나리아가 가스에 매우 취약해서 극소량의 독성 가스도 느낄 수 있다고 한다. 어쩌면 신규 입사자는 우리 회사에 오랫동안 쌓인 악습이나 관행에 가장 민감한 존재일 수 있다. 이들을 카나리아로 생각하여, 이들의 불만이나 퇴사 사유를 진지하게 듣고 문화나 제도를 수정하는 데 좋은 정보로 활용할 필요가 있다.

새로운 HR을 꿈꾸는
인사담당자를 위한
실무 안내서

조직문화 편

Dreaming of a new HR

일의 의미
Meaning of Work

  '일의 의미'라는 표현을 들으면, 거부감이 드는 분들도 있을 것이다. '일에 무슨 의미가 있어? 내가 일하고 싶어서 하나? 다들 돈 벌어서 먹고살려고 일하는 것 아닌가?'라고 생각할 것이다. 그러나, 전대미문의 팬데믹 또는 개인적인 이유로 일을 쉬거나 직장을 잃어본 분이라면, 일이 갖는 여러 의미에 대해 절실히 체감했을 것이다. 일이 없어지면 돈을 못 버는 것이 가장 힘들지만, 사회적 관계도 없어지고 자존감도 확 떨어진다.

  나는 직업상 다양한 회사와 직무를 간접 경험하다 보니, 일의 의미에 관해 자연스럽게 생각해보게 되었다. 더구나 대학원에서 이와 관련한 공부를 하고 논문도 쓰면서 일의 의미에 관한 관심이 더 강화됐다. 오늘은 인사담당자 여러분과 일의 의미에 관해 함께 생각해보고, 우리 회사의 〈조직(문화)진단〉에 있는 관련 문항을 통해 우리나라 직장인의 생각을 엿보겠다.

일의 의미(Meaning of Work)

일의 의미에 대한 학문적 연구물은 많이 있다. Meaning of Work라고 하고, 줄여서 MOW라고 하기도 하는데, 구글(Google)에서 검색만 해봐도 꽤 많은 책과 논문을 발견할 수 있다. 이런 이론적 틀을 소개하는 것은 이 책의 성격에 맞지 않는 것 같아서 내 나름대로 한번 정리해 보겠다. 이론적 틀에 내 생각과 경험을 더해서 정리한 결과라고 보면 좋겠다.

첫째, 일은 돈을 벌고 생계를 유지하며 가족을 부양하는 의미가 있다. 당연하지만, 일의 가장 원초적인 의미는 경제적 수단이다. 돈을 벌지 못하면 그것은 여가 또는 취미 활동이다. 둘째, 일은 사회적 관계를 형성하게 해준다. 어딘가에 소속되어 있다는 안정감도 준다. 여러분도 갑자기 내일부터 회사에 나가지 못하게 되면, 인간관계 중 최소 절반은 사라질 것이다. 셋째, 일은 자아실현을 도와준다. 인간은 일을 통해 성장하고 발전하는 면이 있다. 일을 함으로써 과거에는 자신감이 없었거나 부족했던 부분이 점차 발달하고 그것이 사람 자체를 성장시킨다. 자신도 몰랐던 재능을 꽃피우는 예도 있다. 이러한 발견과 성장 때문에 자신의 가치가 높아진다고 느끼면 자존감도 함께 올라간다. 넷째, 일은 자아정체성을 형성한다. '내가 어떤 직업을 갖고 있다', '내가 어느 직장에 다닌다'가 사회적 체면이나 명예가 되기도 한다. 더 나아가 그 직업/직장이 가진 가치를 내재화하면 자아가 바뀐다. 나는 직업으로 인해 사람이 (좋은 방향으로든, 나쁜 방향으로든) 바뀌는 경우를 자주 봤다. 다섯째, 일은 생활에 규칙성을 부여해주는 의미도 있다. 이것이 단순히 일정 시각에 출근하고 퇴근한다는 의미가 아니다. 출퇴근 시각이 정해져 있지 않은 프리랜서나 전문직도 일을 하기 위해서는 자신만의 루틴이 필요하다. 이런 루틴이 개인의 삶을 건강하고 건전하게 유지하는 데 도움이 된다. 여섯째, 일은 재미를 주기도 한다. 나는 가끔 후배들에게 "내가 하고 싶은 일을 하는데 그 일이 술술 잘 풀리기까지 하면, 이보다 더 재밌는 일이 있겠는가?"라고 말할 때가 있다. 여러분도 한 번쯤은 일에 몰입해서 미친 듯이 재밌게 해본 적이 있을 것이다. 그 결과마저 좋아서 주변으로부터 칭찬과 인정을 받았다면 금상첨화이다. 일은 고단하고 힘든 것만이 아니다. 삶의 활력소 및 원동력이 될 때도 있다.

Lottery Question

외국 학자들이 일의 의미를 연구할 때 썼던 문항 중에 Lottery Question이 있다. Lottery는 우리말로 로또이다. 그래서 '로또 질문(문항)'이라고 부르기도 한다. 이는 원래 이런 질문이다. "귀하는 로또로 큰 돈을 벌게 되면, 지금 하는 일을 그만두겠습니까? 아니면 이 일을 계속하겠습니까?" 아주 단순한 질문이다. 쉽게 말해, 한평생 놀고먹어도 될 만큼의 돈이 생겼는데, 일을 그만둘 것인지, 아니면 일에는 여러 의미가 있는 만큼 계속 이 일을 하거나 직장을 다닐 것인지를 묻는 것이다. 1980년대부터 쓰이기 시작했으니 40여 년의 역사가 있는 문항이다. 물론, 학자들 사이에서는 이런 단순한 문항으로 개인이 일에 부여하는 의미를 묻는 것은 부족하다는 의견도 있지만, 단순함이 주는 날카로움(Edge)도 있다고 생각한다.

그래서, 우리 회사가 서비스하는 〈조직(문화)진단〉에도 이것을 변형하여 개발한 문항이 하나 있다. 우리는 이것을 5점 척도로 구분하기 위해 척도별 정의를 내렸다. 일종의 Continuum을 만들려고 했다. 문항과 선택지는 아래와 같다.

[질문]
귀하에게 어느 날 갑자기 100억 원이 생긴다면, 귀하가 할 것으로 예상되는 행동은 무엇입니까?

[선택지]
① 경제적 여유가 생겼으니, 내 일에 더 몰입하면서 즐거운 마음으로 회사에 다닐 수 있을 것 같다.
② 나에게 일과 회사는 돈을 버는 것 외에 다양한 의미가 있다. 아무 일 없었던 것처럼 계속 회사에 다닐 것 같다.
③ 갑자기 그만두는 것은 좀 그러니, 일단은 조용히 회사에 다녀보겠다. 그럼에도 몰입감은 생기지 않을 것 같다.
④ 다니던 회사와 동료들에 대한 예의상 인수인계를 위해 최소한 한두 달 정도는 더 다니다 그만둘 것 같다.
⑤ 지긋지긋한 회사를 그만둘 수 있어서 너무 좋다. 내일이라도 당장 그만두겠다.

우리나라 직장인은 일에 어떤 의미를 부여하는가?

우리가 이 문항을 포함해서 〈조직(문화)진단〉을 진행한 고객사는 2022년 말 기준 약 100개이고, 응답자는 4만여 명이다. 이 중 대기업이 60%, 중견기업이 25%, 중소기업이 15% 정도이다. 대기업 계열사라 해도 매출이나 규모에 따라 재분류한 결과이다. 대체로 안정적이고 보상 수준도 괜찮은 회사라고 가정해도 좋다. 그렇기 때문에 이 결과를 우리나라 직장인 전체의 의견이라고 해석하는 것은 무리가 있다. 이런 한계가 있다는 것을 알고 읽어주기를 바란다.

선택지	비중
① 경제적 여유가 생겼으니, 내 일에 더 몰입하면서 즐거운 마음으로 회사를 다닐 수 있을 것 같습니다.	29.5%
② 저에게 일과 회사는 돈을 버는 것 외에 다양한 의미가 있습니다. 아무 일 없었던 것처럼 계속 회사를 다닐 것 같습니다.	38.7%
③ 갑자기 그만두는 것은 좀 그러니, 일단은 조용히 회사를 다녀보겠습니다. 그럼에도 몰입감은 생기지 않을 것 같습니다.	16.1%
④ 다니던 회사와 동료들에 대한 예의상 인수인계를 위해 최소한 한두 달 정도는 더 다니다 그만둘 것 같습니다.	12.4%
⑤ 지긋지긋한 회사를 그만둘 수 있어서 너무 좋습니다. 내일이라도 당장 그만두겠습니다.	3.3%
합계	100%

그림 26. 일의 의미에 관한 우리나라 직장인의 응답 결과

이 결과를 보니, 어떠한가? 예상한 것과 비슷한가? 나는 이 결과를 보

고 좀 놀랐다. 로또에 당첨되어 벼락부자가 되어도 계속 회사에 다니겠다는 응답이 68.2%(①+②)이다. 단기간에 회사를 그만두겠다는 응답이 15.7%(④+⑤)인 것과 대조를 이룬다. 이 결과만 보면 우리나라 직장인들이 일과 회사에 부여하는 의미가 생각보다 넓고 깊은 것 같다. 직장인들이 위에서 말한 일이 갖는 다양한 의미를 은연중에 인지하고 있는 것은 아닐까 생각해보기도 한다.

그런데, 이렇게 밝고 긍정적으로만 해석할 것은 아니다. 이 데이터를 좀 더 자세히 분석하면 이면(裏面)이 보인다. 첫째, 일에 대해 풍부한 의미를 부여하는 것은 좋은 직장, 좋은 일자리일 때만 나타난다. 다시 말해, 대기업과 중소기업으로 나누어서 분석하면 차이가 보인다. 그리고 대기업이더라도 조직문화가 나쁘거나 최근 경영실적이 악화되는 추세라면 또 부정적인 응답이 높아진다. 일자리의 질(質)이 일의 의미에도 영향을 준다는 뜻이다. 둘째, 직급/직위/직책에 따라 편차가 있다. 당연히 직급이 높고 직책이 있는 분들이 일에 더 다양한 의미를 부여한다. 생각해보면 그럴 것 같다. 직급이 높을수록 지금의 회사 및 일과 자신을 동일시하는 경향이 있다. 명함 한 장이 자신을 설명해주는 면이 큰 것이다. 게다가 그 자리에 있어서 맺어지고 유지되는 인간관계도 많을 것이다. 반면, 직급/직위가 낮을수록 일을 경제적 수단으로 보는 면이 강해진다. 이는 어쩔 수 없는 현상이기도 하나, 최근 MZ세대의 출현으로 인해 더 가속화되는 것 같다. 많은 회사에서 나타나는 성과급에 대한 공정성 시비, 사무직 노조 설립 움직임 등이 이런 것과 관련이 있다. 셋째, 직무의 전문성이나 복잡성이 높을수록 일에 다양한 의미를 부여하는 특징도 발견했다. 회사마다 다르긴 하지만, 대체로 생산/제조보다 마케팅/영업이 좀 더 복잡한 문제를 다뤄야 하고, 또 연구/개발로 가면 더 높은 전문성이 요구된다. 나는 이것을 이렇게 해석해봤다. 어떤 일을 하는 데 필요한 학력, 전공, 경험 수준이 높을수록 개인도 스스로 학습을 위해 많은 투자를 했을 것이고, 기회비용 때문에라도 포기하기 어렵고 더 많은 애착을 갖게 되는 것이 아닐까 한다. 이 해석이 너무 고상하다면, 이런 단순한 해석도 가능하다. 직무 요건이 높고 직무 자체가 고난도일수록 사회적 지위가 높기 때문에, 내가 아무리 많은 돈이 생겼다 하더라도 이를 유지하고 싶은 것이라고….

돈, 돈, 돈 하는 사회 분위기에 대한 우려, 그리고 잡 크래프팅

최근 많은 회사에서 성과급 이슈가 터져 나오는 것을 보면서 두 가지 생각이 든다. 노(勞) 측의 주장이 정당하다는 데 어느 정도 동의한다. 우리나라도 미국처럼 경영진과 일반 직원 간 보상 격차(Pay Ratio)가 점점 벌어지고 있다. 직장 내 소득 불평등이 심해지고 있는 셈이다. 그러니 직원들이 "우리에게도 제대로 나눠달라"라고 주장하는 것은 당연한 일이다. 그러나, 또 한편으로는 "몇 년 후는 모르겠고, 지금 당장의 현금 보상이 중요하다"라고 외치는 풍조도 조금 우려스럽다. MZ세대의 특징 중 하나가 '즉시 보상, 즉시 만족, 현실 중시'라고 하던데, 회사는 오늘 또는 올해만 보면서 경영할 수 없기 때문이다. 일, 직장, 일터에는 돈 외에 많은 의미가 있는데, 너무 한쪽으로만 의미가 쏠리는 것은 걱정되는 현상이다.

일의 의미와 관련해서 유행하는 최신 용어는 '잡 크래프팅(Job Crafting)'이다. 이는 자신에게 주어진 업무를 스스로 의미 있게 만드는 일련의 활동을 의미한다. Top-down으로 관리자가 직무 내용을 정해주는 직무설계(Job Design)와 반대의 개념이다. 예를 들어, 간호사가 자기 일을 환자에게 더 정교한 의학적 기술을 제공하는 것이 아닌, 전반적인 환자의 삶에 대한 케어로 인지적 범위를 확장하도록 돕는 것이다. 이 잡 크래프팅은 이렇게 일에 대한 개인의 인식이나 신념을 변화시키는 것 외에, 실제로 일이 갖는 물리적 범위, 인간관계를 바꾸는 변화도 포함한다.

나는 잡 크래프팅이라는 개념 자체에 대해서는 찬성하고 지지한다. 내가 하는 일의 의미를 돌아보고, 그 범위를 넓힘으로써 자긍심을 높이는 동시에 성과 향상에도 기여할 수 있다면 그보다 좋은 일이 어디 있겠는가? 내가 하는 일의 최종 고객이 누구인지, 그 사람에게 내가 만든 상품이나 서비스가 어떤 의미일지를 상상해보는 것만으로도 내 일을 다르게 볼 수 있다고 말하기도 한다. 그러나, 기업 현장에서 잡 크래프팅이라는 이름 아래 회사가 직원들에게 억지로 허위의식을 심는 것 같아 이 점도 약간 우려스럽다. 잡 크래프팅의 전제는 '스스로 의미 있게 민드는 것'이다. 여기서 '스스로'를 빼버리고 회사가 개인에게 일의 의미까지 부여하려 하는 것은 작위적이고 폭력적이기까지 하다. 잘못하면 이런 시도 자체가 노사 갈등의 원인이 될 수 있기에 주의가 필요하다.

글을 마치며

나는 인사담당자의 끝판왕은 인사 관련 지식/기술이 극도로 발달한 사람이 아니라, 철학, 사회학, 심리학에 정통한 사람이라고 생각한다.

학문적 내공이나 성취 수준을 의미하는 것이 아니라, 각 학문의 관점과 문제의식을 충분히 이해하고 기업 현장에 적용하는 것을 의미한다. 이 중 철학에 해당하는 것이 바로 이 글의 주제인 '일의 의미'일 듯하다. 인사담당자라면 한 번쯤 내가 하는 일의 의미, 더 나아가 우리 회사 구성원들이 갖는 일의 의미에 관해 생각해보면 좋을 것 같아서 이 글을 썼다. 구성원들에게 각자가 하는 일이 갖는 회사 내 의미, 사회에 미치는 영향 등을 깨닫게 도와주는 것도 HR이 지향해야 하는 궁극적 이상이 아닐까 싶다.

글을 마치면서 마지막으로 여러분께 묻고 싶다. 당신에게 HR은 어떤 의미입니까? 많은 직무 중에 왜 HR을 선택했나요? 인사담당자로 일하면서 언제 보람되고 행복하십니까? 귀사에서 인사담당자의 존재 의미는 무엇인가요?

Dreaming of a new HR

귀사의 조직문화는 안녕하십니까?

조직문화란 무엇인가?

누군가가 나에게 조직문화에 대한 정의를 내려보라고 하면, 쉽게 답할 자신이 없다. 조직문화라는 개념이 품는 범위 자체가 너무 넓다. 그래서 조직문화가 무엇인지, 또 그것을 관리하려면 어떻게 해야 하는지 똑 부러진 답을 내놓긴 어렵다. 그럼에도 불구하고, 이 글이 조직문화에 관한 것인 만큼, 내가 생각한 대로 조직문화를 정의해보겠다.

내가 생각하는 조직문화의 개념은 두 가지의 조합이다. 하나는 '일에 관해 생각하고 처리하는 방식'이고, 다른 하나는 '구성원 간에 은연중 공유된 DO & DON'Ts'이다. 전자(前者)는 업무 수행과 관련한 것이다. 우리 회사가 업(業)을 어떻게 정의하는지, 문제를 어떻게 해결하는지, 고객을 어떻게 다루는지, 업무에 있어 무엇을 중시하는지 등을 포함한다. 후자(後者)는 좀 더 일상생활의 측면에 가깝다. 일종의 불문율 또는 암묵지 같은 것이다. 즉, 우리 회사에서는 어떤 행동을 해야 인정받는지, 어떤 잘못을 하면 다른 사람들로부터 배척당하는지, 어떤 상황에서 나서거나 침묵해야 하는지를 포함한다. 전자의 업무적인 요소와 후자의 비업무적인 요소가 결합하면 조직문화가 된다고 생각한다.

우리 회사의 조직(문화)진단 소개 및 분석 결과 공유

우선, 우리 회사의 조직(문화)진단도구의 특징을 설명하겠다. 일반적으로 조직문화를 진단할 때 경쟁가치모형(CVF: Competing Values Framework)을 많이 쓴다. 하지만, 우리는 그 진단 문항이 진부하기도 하고, 얻는 결과물(=조직문화 유형)의 단순함에 비해 문항 개수가 너무 많다고 느껴서, 단도직입적으로 묻는 방식을 택했다. 우리는 모두 성인이니 질문과 보기만 잘 던진다면 직관적으로 본인이 느끼는 조직문화를 잘 선택할 것이라 믿었다. 또한, 각자가 조직문화에서 문제라고 응답한 보기에 따라 뒤에 이어지는 문항이 달라지도록 설계했다. 일종의 분기형(分岐形)인데, 이렇게 구조를 짜면 개인들은 소수의 문항에 응답해도 그 응답 결과를 모두 모으면 꽤 깊이 있는 시사점을 얻을 수 있어 효율성이 높다는 장점이 있다.

오늘은 세부 문항이 아닌 조직(문화)진단의 초반부에 등장하는 공통 문항 몇 가지로 이야기를 나눠보겠다. 실제로 우리가 서비스하는 조직(문화)진단은 조직문화에 영향을 주는 요소에 의해 설계된 세부 문항들로 촘촘하게 구성되어 있지만 말이다.

| 질문 1. 우리나라 직장인들은 회사에 얼마나 만족하나?

우리 조직(문화)진단 문항 중 첫 번째 질문이다. 실제로는 문장을 줄여서 내보내는데, 이 질문을 처음 만들 때 원본은 이것이었다. "연말에 회사가 귀하를 평가하여 인사평가 등급을 부여한다. 이번에는 거꾸로 귀하가 회사에 대해 평가등급을 부여해 보십시오" 그 후 보통 인사평가에서 제시하는 5등급, 즉 S, A, B, C, D등급으로 보기를 제시한다. S등급에 대한 설명은 "비즈니스, 사람, 시스템, 문화 등 모든 면에서 좋은 회사이다. 무척 만족스럽다. 오래 다니고 싶다", C등급은 "지금 당장 퇴사를 생각할 만큼 나쁘진 않으나, 만약 더 좋은 기회가 오면 마음이 흔들릴 것 같다"로 제시된다.

우리 고객사의 구성원들은 B등급을 제일 많이 선택했다. 40.9%가 B등급을 선택했다. 그럭저럭 괜찮은 회사이지만, 가끔 아쉽고 안타깝다는 의미이다. 식장인 내부분이 이런 마음이지 않을까 한다. 나도 공감되는 결과이다. 두 번째로 많이 선택한 등급은 A등급이었다. (내 예상과 다르게) 무려 37.2%가 A를 줬다. 회사가 완벽하지는 않지만 상당 부분 만족스럽다는 의미이다. 결과적으로 S, A, B등급(='보통' 이상)을 합하면 87%가량이 된다. 우리 고객사 중에 좋은 회사들이 많은 것인지, 아니면 다수의 직장인이 회사에 정말 만족하는 것인지 궁금하다. 물론, 전체 평균이 이렇다는 것이고, 개별 회사로 들어가면 많이 달라진다. 구조조정이 있었거나, 임금인상이 제한됐거나, 급격히 사업 전망이 어두워진 때도 C, D등급이 급증한다.

보기	선택 비중	긍정 / 부정
S등급: 비즈니스, 사람, 시스템, 문화 등 전반적으로 좋은 회사입니다. 무척 만족스럽습니다. 오래 다니고 싶습니다.	9.1%	46.2%
A등급: 완벽하진 않지만, 상당 부분 만족하는 좋은 회사입니다. 다른 회사가 크게 부럽지 않습니다.	37.2%	
B등급: 그럭저럭 괜찮은 회사지만, 가끔 아쉽고 안타까울 때가 있습니다. 조금만 더 노력하면 더 좋은 회사가 될 수 있을 것 같습니다.	40.9%	40.9%
C등급: 지금 당장 퇴사를 생각할 만큼 나쁘진 않으나, 만약 더 좋은 기회가 오면 마음이 흔들릴 것 같습니다.	10.2%	12.9%
D등급: 많은 부분에서 부족하거나 뒤떨어져 있습니다. 계속 비즈니스를 유지할 수 있을지, 구성원들의 삶이 나아질지 모르겠습니다.	2.7%	

그림 27. 조직(문화)진단 중 종합 만족도 문항의 결과

| 질문 2. 우리나라 직장인들은 회사에 대해 어떤 감정/느낌을 갖고 있을까?

어떤 사람이 회사에 계속 근속하거나 그만둘 때는 경제적 목적만큼 다른 심리적/정서적 요소도 중요하게 작용한다. 나도 이전에 다니던 직장에 사직서를 낼 때 철저히 미래를 계산해서 준비해놓은 상태가 아닌 경우가 많았다. 정의감에 불타서 욱하는 마음에 퇴사한 때도 있었고, 회사 분위기가 너무 답답해서 출근하기가 죽도록 싫어 퇴사한 적도 있다. 그래서, 우리는 고객사의 직원들이 회사에 대해 어떤 감정을 느끼면서 살고 있는지를 묻는 문항을 개발했다. 처음에는 '이게 잘될까?'라는 의심도 조금 있었는데, 이 결과가 주는 시사점이 상당히 있어서 고객사에서도 좋아하고, 나도 뿌듯하게 생각하는 문항 중 하나이다. 여러분은 지금 회사를 떠올리면, 또는 아침 출근길에, 회사에 대해 어떤 감정 키워드가 떠오를 것 같은가? 10초만 생각한 후 3개의 키워드를 머릿속에 담아두시고 전체 결과를 보면 좋겠다.

그림 28. 회사에 대한 감정/느낌 키워드

 전체 결과 중 1위는 '고마운'이다. 이는 상당수의 회사에서 공통적으로 나타난 현상이다. 절반이 넘는 회사에서 '고마운' 감정이 1위 또는 2위를 차지했다. 회사에 불만이 있어도, 회사가 존재하기 때문에 내가 현재 생활을 유지할 수 있으므로 어느 정도 감사한 마음을 갖는 것 같다. 여러분도 충분히 예상하듯이, 직급이 높고 근속연수가 길수록 이 감정이 강하게 나타난다.

 2위는 '만족스러운'이다. 이는 '고마운' 감정과 차이가 있다. '고마운'이 따뜻하지만 다소 소극적인 감정이라면, '만족스러운'은 좀 더 강하고 적극적인 감정이다. 그래서 이 '만족스러운' 감정은 회사마다, 그리고 개인에 따라 선택 빈도에서 차이가 크게 벌어진다. 회사가 소위 잘나가면 이 키워드의 선택 빈도가 확 올라간다. 보상수준, 회사의 브랜드, 해당 산업 내 위치, 언론 노출 빈도에 따라 이 감정에 차이가 벌어지는 흥미로운 현상을 발견할 수 있었다. 연봉, 복지 같은 객관적인 처우 외에도 회사에 대한 자부심, 그리고 그로부터 나오는 자존감이 '만족스러운' 감정에 영향을 미치는 것 같다.

3위부터 부정적인 키워드가 등장하는데, '답답한'이다. 일부 회사에서는 이 감정이 압도적인 비중으로 1위를 차지한 경우도 있다. 이런 회사들의 특징은 보통 다소 폐쇄적이고 위계가 과하게 강한 분위기가 있고, 사업 영역도 B2C보다는 B2B이거나 공공 또는 장치 산업인 경우가 많다. 즉, 혁신보다는 그동안 해오던 일을 문제없이 잘 처리해내는 것이 중요한 회사에서 선택 빈도가 높다. 아니면, 회사가 그룹 내 역할/책임(R&R) 측면에서 자리를 잡지 못해서, 무슨 일을 해야 할지 모르거나 기껏 추진하던 일이 중도에 부러지는 사례가 잦아, 직원들이 답답함을 느끼는 사례도 있었다.

4위와 5위도 모두 부정적인 키워드이다. 각각 '불안한'과 '고단한'이다. 불안한 감정이 많이 선택된 회사는 보통 구조조정을 했거나 곧 한다는 소문이 돌고 있는 경우이다. 고용 불안이 직장인에게는 가장 큰 위협이기 때문에 당연히 이런 결과가 나올 수밖에 없을 것이다. 그리고 시계열적으로 보면 이 '불안한'을 선택한 빈도가 작년에 급증했다는 특징이 있다. 팬데믹으로 인해 근무 형태, 일하는 방식, 고용 안정성 측면에서 변화가 컸기 때문에 이 역시 당연한 결과이다. 특히, 40대 이상 직책자들이 이 '불안한' 감정을 더 많이 느낀 사실을 발견했다. 아마 본인이 최소 10년 넘게 익숙하던 일하는 방식을 버리고 새롭게 재택근무, 화상회의 등에 적응하면서 불안감이 높아진 것이 아닐까 추정한다. 또는, 정말 고용 불안을 느꼈을 수도 있고 말이다.

이 문항에 관한 결과를 분석하다가 발견한 한 가지 독특한 현상은, 직원 만족도가 높고 회사 실적도 고공비행하는 회사에서 그렇지 않은 회사 대비 유난히 높게 나오는 키워드가 따로 있다는 점이다. 어떻게 표현하면 '차별화 키워드'라고 할 수 있는데, 그것은 '뿌듯한'과 '편안한'이다.

특히, 요즘 잘나가서 언론에도 자주 등장하는 회사에서는 직원들이 '뿌듯한'을 많이 선택한다. 그리고 모두가 다 아는 '신의 직장'이거나, 소위 '신도 몰래 숨겨놓은 직장'이라고 불릴 만한 곳에서는 '편안한'이 많이 등장한다.

또 한 가지 재밌는 결과는, 긍정적인 감정 키워드 중에 선택 비중이 유난히 낮은 (사실상 거의 선택되지 않은) 키워드가 '유쾌한', '신나는', '재미있는'이라는 점이다. 안타깝지만, 우리나라 회사가 직원들에게 이 정도의 행복감은 주지 못하나 보다. 회사가 이 정도로 짜릿한 감정을 주기는 쉽지 않다. 김훈 작가의 표현대로 "먹고사는 것은 언제나 비루하기 마련"인가 보다.

| 질문 3. 우리나라 기업의 조직문화 유형

이 글의 하이라이트인 조직문화 유형을 설명하겠다. 혹시 이 그림을 아는가? 미국의 한 디자이너가 2010년대 유명 IT 기업의 조직문화와 일하는 방식을 재치 있게 표현한 것이다. 애초에 제작 의도가 과장과 풍자이긴 하지만, 찬찬히 뜯어보면 고개가 끄덕여지는 면도 있다.

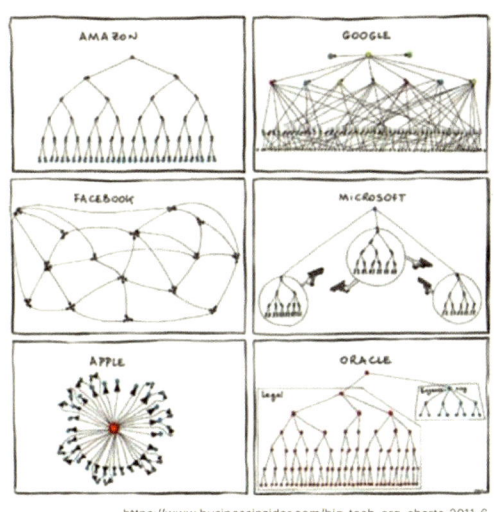

그림 29. 조직문화 유형

위의 각 사 조직문화를 텍스트로 전환하면 아래와 같이 표로 정리할 수 있지 않을까 한다. 이는 각 사에 대한 기존 정보를 활용하여 우리 회사가 정리한 것이다. 정말 여기 나온 특정 회사를 설명한다기보다는 '이런 조직문화를 가진 회사라면 아마도 이러할 것이다'라는 추정도 많이 포함하고 있다.

여기서 잠깐! 여러분도 여기서 잠깐 생각해봐라. 질문은 두 가지이니, 10초만 생각해보고 넘어가자. 첫 번째 질문은 "내가 느끼는 우리 회사의 조직문화는 이 중에서 어떤 것에 가까운가?"이다. 두 번째는 "우리나라 기업들은 대체로 이 중에서 어떤 유형의 조직문화에 해당할까?"이다. 물론, 동일한 회사와 부서에 재직하는 구성원들조차도 개인마다 느끼는 조직문화는 다를 수 있다. 직급과 권력에 따라, 인간관계에 따라, 다른 공기를 마시며 살기 때문이다. 그러니 복잡하게 생각하지 마시고, 느낌적인 느낌으로 답해보자.

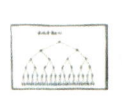

AMAZON
- 잘 짜여진 조직구조와 위계에 의해 의사결정이 내려지며, 철저한 분업화가 이루어짐.
- 대표이사 및 소수의 경영진이 발휘하는 리더십과 권한이 강함.
- 성과지향적 문화이고 개개인의 업무강도도 상당히 강해서, 이것을 이겨내면 빠르게 성장할 수 있음.

GOOGLE
- 공식적인 조직구조보다는 모든 부서가 촘촘하게 연결되어 있는 네트워크로 일함.
- 태스크포스 TF, 프로젝트 팀 등 임시 조직이 많고, 성과금 제도가 잘 발달되어 있음.
- 소수의 핵심인재를 우대하는 분위기가 있음.

FACEBOOK
- 전체적으로 분권화되어 있으며, 부서 간 협업도 느슨하게 이루어짐.
- 구성원 간 차등보다는 평등과 공평무사함을 강조함.
- 성과만큼이나 사람들 간에 좋은 관계나 따뜻한 분위기를 중시하는 스타트업 문화가 존재함.

MICROSOFT
- 각 부서는 철저한 위계에 의해 구성되며, 그 부서 간 벽 Silo 도 높아 거의 교류가 없음.
- 성과지향적일 뿐만 아니라, 내부 경쟁이 치열하여 항상 스트레스 수준이 높음.
- 직원에 대한 처우는 좋으나 그만큼 업무 강도도 강하며, 다소 관료적인 면도 있음.

APPLE
- 대표이사 또는 소수의 경영진을 중심으로 회사가 운영됨.
- 그들을 중심으로 각 부서가 방사형으로 연결되어 있음.
- 일반 직원들이 일하는 방식이나 의사소통 스타일은 꽤 수평적인 편임.

ORACLE
- 매뉴얼, 프로세스, 도구, 장치 등이 잘 갖춰져 있어, 업무가 체계적으로 이루어짐.
- 직접부서 Front-office 에 비해 지원부서 Back-office 가 비대하며, 현장과 본사 간에 갈등도 잦음.
- 모든 것이 관료적이어서 의사결정과 실행이 모두 느림. 마치 거대한 공룡 같은 느낌이 있음.

그림 30. 조직문화 유형별 설명

이제, 전체 평균을 알려드릴 순서이다. 우리나라 기업의 조직문화는 아마존(Amazon)처럼 잘 짜인 조직구조와 위계에 의한 의사결정이 이루어지는 1번 유형이 전체의 25%를 차지해서 1위로 나왔다. 전통적인 조직문화라고 할 수 있다. 우리 고객사 중에 대기업이 많아서 그런 것 같기도 하다. 그러나 많은 대기업이 조직문화를 유연하고 혁신적으로 바꾸기 위해 노력하고 있다는 점을 고려하면, 그 노력이 아직 빛을 발하는 것 같지는 않다. 다만, 이 조직문화 유형이 무조건 나쁘다고 생각하는 것은 경계해야 한다. 회사 규모가 커질수록, 그 회사의 산업이 안전/안정을 중시하는 분야라면, 당연히 이런 조직문화 유형이 나오는 것이 당연하다. 극단적인 예이지만, 병영 문화가 많이 개선되고 있는 것은 긍정적이지만, 그것은 불합리한 관행을 바로잡는 것이지, 군대의 명령 체계 자체가 바뀌지는 않을 것이다. 모든 회사가 스타트업처럼 수평적이고 민첩할 필요는 없다. 물론 각 사 대표들이 그렇게 되길 기대하지만, 규모와 산업 특성에 따라 그렇게 변화할 가능성이 작거나, 오히려 그러한 변화로 인한 부작용이 더 클 수 있다.

2위가 놀라웠다. 이 그림을 인용해서 문항을 만들 때 '버리는 카드'라고 생각했기 때문이다. 심지어 "이렇게 노골적으로 부정적인 조직문화가 있어? 우리나라 직장인들이 설마 이 유형을 많이 선택하겠어? 그냥 처음부터 뺄까?"라는 의견마저 있었다. 그 문제의 2위는 마이크로소프트(Microsoft)의 조직문화이다. 물론, 지금은 마이크로소프트의 조직문화가 많이 바뀌었다고 들린다. CEO가 사티아 나델라로 바뀌고 나서 과거의 악습을 싹 다 바꾸고 있는 것으로 유명하다. 지금 이 그림과 설명은 스티브 발머가 CEO이던 시절인 2000년대 후반의 모습을 풍자한 것이다. 그런데, 각 부서가 서로 힐난하며 극심한 내부 경쟁과 의사소통

장벽을 겪는 이 조직문화 유형이 우리나라에서 (1위와 근소한 차이로) 2위를 차지했다. 이 글을 쓰는 지금도 이 결과가 믿기지 않아 데이터를 다시 분석해서 검수했을 정도이다. 이것이 사실이라면, 내가 예상했던 것보다 부서 이기주의, 커뮤니케이션 장벽(Silo)이 심한 듯하다.

3위는 구글(Google)이다. 공식적인 조직구조가 있지만, 그와 상관없이 촘촘하게 얽혀서 일하는 문화이다. 항상 각종 태스크포스(Task Force)와 프로젝트팀이 돌아가고 있으며, 성과에 따른 확실한 보상도 이루어진다. 모든 면에서 혁신적이며 창의적이고 싶어 한다. 그래서 어쩌면 요즘 많은 기업이 지향하는 조직문화 유형이 아닐까? 이 조직문화를 많이 선택한 경우를 들여다보니, 대기업보다는 중견/중소기업이 다수이고, 직군으로 따지면 기획, 마케팅에서 많이 나타난다. 그런데 또 구성원의 입장에서 생각해보면 이러한 조직문화 및 일하는 방식은 피로도가 높다. 이런저런 TF에 불려 다니면서 여러 프로젝트에 문어발식으로 발 하나씩 걸쳐 놓고 정신없이 일하다 보면, 내가 누구인지, 나는 어떤 분야의 전문가인지, 나의 상사는 누구이며, 내 미래는 누가 책임져주는 것인지 헷갈리는 경우를 자주 봤다. 모든 것에는 장단점이 있기 마련인데, 이 조직문화도 회사 성과와 개인 성장 측면에서는 우수할지 몰라도, 일과 삶의 균형이나 심리적 안정감은 좀 떨어지지 않을까 싶다.

조직문화를 바꾸기 위해서는…?

여러분은 이러한 조직문화에 영향을 미치는 가장 강력한 요소가 뭐라고 생각하는가? 조직문화에 큰 영향을 미치는 것 중 하나가 산업이나 직군이다. 경험적으로 보면, 산업 또는 직군마다 조직문화에 일정한 패턴이 있는 것 같기도 하다. 예를 들어, 연구개발(R&D) 직군은 위 그림 중 페이스북(Facebook) 유형이 다수이고, 스타트업에서는 애플(Apple) 유형이 자주 나타난다.

그렇지만, 조직문화에 가장 강력한 영향을 미치는 것은 리더십이다. 리더들이 어떤 리더십 스타일을 갖고 있느냐에 따라 조직문화가 확확 달라지는 것을 자주 경험한다. 이는 내 경험뿐만 아니라, 우리 회사가 〈조직(문화)진단〉과 〈리더십 다면진단〉 두 가지를 동시에 서비스하는 고객사에서 데이터로도 확인된 것이다. 그렇기 때문에 "조직문화를 바꾸고 싶은데 어떻게 해야 하나요?"라는 질문에 대한 답은 명확하다. "리더(사람)를 바꾸거나, 리더십을 바꾸세요"라고 답할 수밖에 없다. 답은 간단한데, 실행이 어려울 뿐이다. 어떤 회사는 조직문화를 바꾼다고 교육과정을 만들거나 여러 이벤트로 직원들만 닦달하는데, 단언컨대 이것은 접근이 잘못됐다. 리더가 바뀌어야 조직문화가 바뀐다. 조직문화만큼은 Top-down으로 접근하는 것이 맞다.

또 하나, 리더십만큼이나 중요한 것이 있다. 보통 조직문화는 말랑말랑한 것이고 이것은 너무 딱딱한 것이라서 별로 관련이 없다고 생각하는 경향이 있는데, 이것만큼 중요한 것도 없다. 그것은 바로 인사제도이다. 미국에서 벤처캐피탈(VC)로 큰 성공을 거둔 사업가가 이런 말을 한 적이 있다. "조직문화 혁신에 있어 회사 벽에 걸어놓은 멋진 액자 속 문구보다 중요한 것은 인사제도와 그 운영이다. 누가 승진하고 성공하는지를 보여주는 것보다 구성원들에게 우리 회사가 지향하는 조직문화를 잘 설명할 수 있는 것이 있는가?" 나는 이 말에 크게 공감한다. 어떤 회사가 지향하는 조직문화는 수평적/가족적인 것인데, 인사제도는 지독한 개인주의/성과주의를 가리키도록 설계한 사례도 자주 본다. 이러면 구성원들은 서로 다른 메시지에 혼란을 느낄 것이다. 그리고 아마도 액자 속 좋은 문구보다는 인사제도가 가리키는 방향을 우리 회사의 진짜 조직문화라고 생각할 것이다.

모 그룹사에서 오랫동안 조직문화 업무를 담당했던 고객 한 분이 이렇게 말한 것을 기억한다. "조직문화를 바꾸려면 세 가지가 필요하다. 명료성, 반복성, 일관성이 그것이다" 명료성은 우리 회사가 어떤 조직문화를 지향하는지 모든 구성원이 이해할 수 있을 만큼 짧고 굵게 정의되어 있어야 한다는 것이다. 어느 정도 암기할 수 있어야 한다고 주장하기도 했다. 반복성은 조직문화상 바람직한 행동규범을 잦은 빈도로 노출시켜야 한다는 것이다. 우아한형제들이 사옥 곳곳에 본인들이 일하는 방식과 지향하는 행동을 적어놓는 이유가 아마 이것 때문일 것이다. 정말 귀에 못이 박힐 정도로 떠들어야 겨우 조금 이해하고 기억해준다는, 우아한형제들의 한 임원이 한 말도 생각난다. 마지막으로, 일관성이 위에서 내가 말한 것이다. 회사가 지향하는 조직문화에 따라 리더십, 직책 임면, 승진, 평가, 보상, 육성이 일관되게 이루어져야 한다는 뜻이다. 특히, 리더의 의사결정이 가장 중요하다고 한다. 리더가 상황에 맞춰 그때마다 서로 다른 방향의 의사결정을 내리면 조직문화는 절대 바뀌지 않거나, 오히려 더 혼란스러운 상황이 온다고 말했다.

여러분도 귀사의 조직문화를 바꾸고 싶은가? 리더십을 신경 쓰고, 명료성/반복성/일관성을 생각하면서 진행해보길 바란다. 조직문화의 변화는 마라톤보다 더 길고 힘든 여정일 테니 단단히 준비하기를 빈다. 그 대신 조바심은 내지 말아라. 그리 쉽게 변하는 것도 아니고, 또 엄청난 성과가 눈에 바로 보이는 것도 아니니까 말이다.

Dreaming of a new HR

미션, 비전, 핵심가치

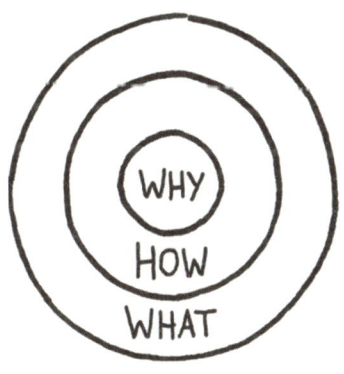

그림 31. 골든 서클(Golden Circle)

이 그림을 본 적이 있는가? 사이먼 사이넥(Simon Sinek)의 골든 서클(Golden Circle)이다. 이 그림을 한 번이라도 본 적이 있다면, 미션, 비전, 핵심가치, 조직문화 등에 관심이 있는 사람일 것이다. 그는 이 그림을 그리면서, 대부분의 기업과 사람들이 너무 WHAT, 즉 결과에만 집중한다고 주장한다. 혹은 이 결과를 달성하기 위한 방법론, 즉 HOW에 집착하거나…. 여기까지는 모든 기업이 모두 잘하며 큰 노력을 기울인다고 말한다. 그러나 그는 업(業)의 본질, 존재 이유 등 궁극적인 WHY를 생각하는 메타인지가 더 중요하다고 주장한다. 성공한 기업은 모두 이 WHY에 대한 확실한 답이 있다고 말하기도 한다. 이것이 큰 성공을 이룬 기업과 그렇지 못한 기업 간의 차이라고 한다. 기업 입장에서 이 WHY에 해당하는 것이 바로 미션, 비전이다.

많은 회사가 미션, 비전, 핵심가치를 갖고 있다. 웬만한 회사 홈페이지에 가면 이런 내용이 잘 정리되어 있다. 물론, 이것이 현실에서 얼마나 의미를 갖는지는 다른 문제이지만…. 최근 스타트업이나 유니콘 기업을 중심으로, 이런 가치체계를 잘 수립하여 일하는 방식이나 조직문화에 적극적으로 활용하는 기업도 늘고 있다. 그러나, 인사담당자조차 이들 간에 개념 차이를 잘 모르는 경우가 있다. 오늘은 이 미션, 비전, 핵심가치에 관련한 이야기를 풀어보려고 한다.

미션과 비전의 관계

미션은 기업/기관의 존재 이유(Raison D'etre)이다. 당연히 쉽게 변화하지 않는다. 환경 변화 속에서도 정체성을 유지할 수 있는 불변하는 중심이다. 언어적 표현은 시간이 지남에 따라 변화할 수 있지만, 근본적인 내용은 잘 바뀌지 않는다. 그래서 어떤 전문가는 미션을 북극성에 비유하기도 한다. 저 멀리 항상 같은 위치에 있어서 방향성이 되지만, 완성 또는 도달하기는 불가능한 궁극 같은 것이다.

참고삼아, 유명 해외 기업의 미션을 살펴보겠다. 들으면 많이 공감할 것이다. 언뜻 읽으면 당연한 문구이지만, 이들의 비즈니스의 근본을 잘 생각해보면 꽤 웅장하고 뭉클한 미션임을 알 것이다.

▶ YouTube
평범한 사람들이 자신의 목소리를 낼 수 있게 돕고 더 큰 세상과 만나게 하는 것

amazon
지구상에서 가장 고객 중심적인 회사로서, 고객이 온라인에서 사고 싶은 어떤 것이든 찾고 발견할 수 있는 회사

Google
세상의 모든 정보를 재조직해 세계인들에게 유용하게 쓰이도록 진힌다

그림 32. 해외 유명기업의 미션

비전은 미션을 수행하는 과정상 일종의 목표 지점 같은 것이다. 미래에 대한 구성원 간 합의이며, 꿈과 같이 쉽게 달성하기 어렵지만 그렇다고 불가능하지도 않은 담대한 목표에 해당한다. 비전은 기업/기관이 나아가야 할 미래의 목표상(像)이다. 어렵긴 하지만 달성 가능한 도전적인 목표를 포함한다. 위에서, 미션을 북극성에 비유한 전문가는 비전을 에베레스트산 정상에 비유했다. 북극성을 향해 가다 보면 오를 수 있

는 최고의 높이 같은 것이다. 그래서 비전에는 꽤 구체적인 숫자나 표적(Target)이 포함된다. 이러한 예를 들어보겠다.

월마트(Walmart)는 1990년대에 이러한 비전을 세웠다. "2000년까지 매출액 1,250억 달러가 된다" 연도와 숫자만 있으니 드라이하지만 명확하기는 하다. 그보다 더 유명한 이런 종류의 비전 문구는 1900년대 초 포드(Ford)의 것이다. "자동차를 대중화한다" 짧지만 이보다 확실한 비전이 또 있을까? 심지어 아예 경쟁사를 비전에 넣는 예도 있다. 나이키(Nike)는 1960년대에 (당시 1위였던) "아디다스를 격파하자"라는 비전을 세웠다고 한다. 실제로 이 비전을 이루고 지금은 패션 브랜드 가치 1위를 고수하고 있다(참고로, 아디다스는 4위이고, 구찌가 2위이다).

요즘은 이렇게 비전에 노골적인 비즈니스 목표만 담지 않는 추세가 있다. ESG 경영의 영향 탓인지, 균형 잡힌 시각을 담으려 노력하는 경향이 있다. 비즈니스(Business), 고객(Customer), 직원(Employee)의 관점을 고루 담으려 노력한다. 여기에 더해 사회(Society)의 관점을 넣기도 한다. 그래서 전체적으로 비전 문구가 다소 길어지는 추세이다. 그래서 비전 슬로건을 정하고, 이를 각각의 관점에서 해설하는 설명을 쓰는 형태로 구성한다.

핵심가치(공유가치)는 무엇인가?
그리고 유사 개념과 관계는 무엇인가?

핵심가치(공유가치)는 미션, 비전을 달성하기 위해서 기업/기관/구성원이 의사결정을 내리거나 행동할 때 원칙이자 기준이 되는 것이다. 그래서 어떤 분은 이 핵심가치를 신호등에 비유한다. 미션, 비전을 달성하기 위해 수단과 방법을 가리지 않는 것은 바람직하지 않으니, 무엇이 옳은지 그른지를 판단하는 기준이 있어야 한다는 것이다. 신호등만 잘 지키면 안전하게 길을 건널 수 있듯이, 핵심가치를 잘 알고 지키면 구성원의 업무 효율성도 높아진다. 무엇인가를 결정하고 행동할 때 좌고우면(左顧右眄)하지 않아도 되니까 말이다. 그래서 이 핵심가치는 일하는 방식에 직접적으로 관련된다. 요즘 어떤 회사는 핵심가치라는 말 자체를 쓰지 않고, 아예 'ㅇㅇ(회사명) Way' 또는 'ㅇㅇ(회사명) Style'이라고 표현하기도 한다. 그래서, 보통 핵심가치를 '혁신', '신뢰', '소통' 같은 키워드로 표현하던 관습에서 벗어나 일종의 슬로건 같은 문장으로 표현하는 트렌드도 생겼다. 예를 들어, 과거에는 '고객 중시'라는 키워드로 표현했던 것을 'Customer rules(직역하면, '고객이 왕이다')'처럼 문장으로 표현한다.

재미 삼아, 독일 자동차 3사의 미션, 비전, 핵심가치를 살펴보겠다. 다 같은 자동차 메이커이지만, 지향하는 바가 조금씩 다름을 느낄 수 있을 것이다. 예를 들어, BMW는 '운전의 재미'를 주구하고, Mercedes-Benz는 '럭셔리함'과 '미래'를 강조한다. 우리가 가진 각 브랜드에 대한 이미지가 잘 투영된 것 같다. 그렇다면 각 회사는 꽤 성공적인 것 아닌가? 본인들이 지향하는 비전과 가치가 소비자들에게도 잘 전달되고 있으니, 제품/서비스에도 이것들이 잘 반영된 증거일 테니까 말이다.

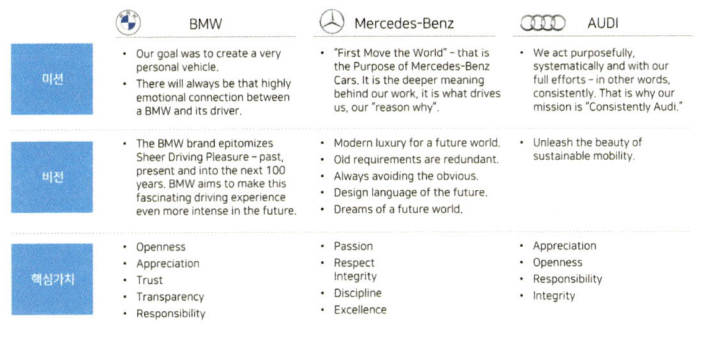

그림 33. 독일 자동차 3사의 미션, 비전, 핵심가치

미션, 비전, 핵심가치가 의미가 있을까?

많은 인사담당자가 이런 추상적·개념적인 것의 실효성에 대해 회의적이라는 것을 잘 알고 있다. 나도 그 누구보다 냉소적인 사람이었으니까 말이다. 회사와 사업이 돈을 벌어 먹고사는 것 이상의 의미가 있다는 것에 동의하지 않는다면, 이런 가치체계와 관련한 모든 것이 무의미할 것이다. 이렇게 한번 이야기해 보겠다. 성공은 돈을 좇을 때 오는 것일까, 아니면 세상에 가치 있는 것을 제공할 때 따라오는 것일까? 나는 후자(後者)라고 생각한다. 최근 접한 모 회사의 핵심가치 슬로건 중에 이런 것이 있었다. "Success is a result, not a goal" 꽤 멋진 데다가 나의 평소 생각과 닿아 있어서 메모장에 적어뒀다. 회사/기관이 미션, 비전, 핵심가치 같은 것을 정하는 이유도 이런 것이 아닐까? 비즈니스는 기본적으로 돈을 벌어야 유지되지만, 그저 돈만 좇는 것은 바람직하지 않으니 우리가 무엇을 지향하여 사업을 하는지를 잊지 않기 위함이다. 그것이 시간이 흘러서 구성원이 바뀌고 세대가 교체되어도 흔들리지 않길 바라는 마음으로 만드는 것이다.

HR의 관점에서 보면, 이러한 비전 체계가 없는 것보다는 있는 것이 낫다. 우선, 채용이나 평가에서 기준이 되어준다. 채용 시에는 인재상을 만들어 그에 맞는 후보자를 선발할 수 있고, 평가에서는 리더상이나 역량체계를 만들어 역량평가 지표로 활용할 수 있다. 한마디로, 인사운영상에서 꽤 쓸모가 있다. 이런 가치체계가 전혀 없는 회사에서는 인재상 같은 것은 고민할 겨를도 없이, 채용 요건만 충족하면 뽑기 바쁠 뿐이다. 지식, 스킬, 경험에 대한 준거는 있을지언정, 정신(Spirit), 가치관, 태도와 관련한 준거는 없는 셈이다. 뿌리가 얕은 나무가 바람에 많이 흔들리듯이, 기반이 약한 HR은 더 많은 풍파에 시달릴 수밖에 없다. 그때그때 임기응변으로 때우면서 일해야 하니 적어도 인사담당자가 더 힘들고 바쁠 것이다.

가치체계를 잘 전파하고 내재화시키려면…

모든 HR 관련 업무가 그렇듯이, 이 업무 역시 비슷하다. 우선, 구성원들이 인지(Aware)하게 하는 것이 중요하다. 그러려면 가치체계를 만들 때부터 참여하도록 하는 것이 좋다. 과거에는 회사의 경영진이나 소수 엘리트가 가치체계를 만든 후 Top-down으로 강요했다면, 이제 이런 방식은 통하지 않는다. 처음 만들 때부터 구성원들을 여러 방식으로 참여시켜야 한다. 워크숍이어도 좋고, 최소 설문조사라도 해야 한다.

두 번째 단계는 가치체계의 의미를 정확하게 이해(Understand)하게 해야 한다. 이를 위해 많은 회사가 해설서, 기술서, 안내서 같은 것을 제작하기도 한다. 그 어떤 구성원도 이 해설서를 꼼꼼히 읽지는 않겠지만, 향후 어떤 상황에서는 이렇게 문서로 정리되어 있는 것이 큰 힘을 발휘한다. 이런 해설서 외에도 교육과정이나 캠페인을 만들어도 좋고, 각종 사무용품을 제작하는 것도 좋다. 나는 이 부분에서 우아한형제들을 벤치마킹해야 한다고 생각한다. 우아한형제들은 본인들의 핵심가치나 일하는 방식('송파구에서 일 잘하는 방법 11가지'로 유명한…)을 회사 곳곳(예: 의자 다리, 전등갓)에 작은 글씨로 적어둔다고 한다. 책자로 만들어 배포하면 될 일을 왜 이렇게 번거롭게 하냐는 질문을 받으면 이렇게 답한다고 한다. "이렇게 해야 가끔 한 번씩이라도 생각해줄 것 같아서요"

가치체계를 이해시키는 데는 웅장하고 대단한 방식보다는 넛지(Nudge)가 더 효과적일 수 있다.

　세 번째 단계는 인사제도 등과 연결 지어서 정착(Settle)되도록 해야 한다. 가치체계가 외떨어져 혼자 존재하면서 빛나기는 불가능하다. 이것이 효과성/실행력을 가지려면, 결국 항상성이 있는 무엇인가 연계해야 한다. 일반적으로 그것은 채용, 인사평가, 리더십, 조직문화가 될 것이다. 채용 시 면접 질문에, 인사평가 시 평가항목에, 직책 임면 시 판단 기준에, 조직문화 이벤트 등에 준거 또는 테마가 되어야 한다. 이렇게 연계성을 가지지 못하면 가치체계가 액자 속 좋은 글귀로만 남는 것을 자주 목격했다.

　어떤 회사는 회사의 비전과 개인의 비전(My Vision)을 연결 지으라고 (교육과정 등으로) 강요하기도 하는데, 이것은 다소 무리가 있다. 특히, MZ세대처럼 회사와 개인의 구분이 명확한 경우에는 오히려 역효과가 날 수 있다. 그들에게 회사의 가치체계를 이해하는 것을 넘어, 개인의 비전/가치관에도 연결하라고 하는 것은 폭력적으로 느껴질 수 있다. 따라서, 매우 조심스러운 접근이 필요하고, 교육대상자가 될 젊은 세대와 긴밀히 협업해야 한다. 어떤 고객사는 이런 교육과정을 만들어서 시행할 때, 기획 단계부터 20~30대 젊은 직원으로 이루어진 사내 소통위원회(일종의 주니어보드)와 협업했다. 그랬더니 교육 콘텐츠도 좋고, 그 전달 방식도 트렌디하다는 좋은 평을 받았다.

글을 마치며

가치체계는 먹고살 만할 때 하는 작업이 아니다. 오히려 창업 초기에 이를 잘 잡아두는 것이 필요하다. 그것이 세련되지 않고 다소 투박해도 괜찮다. 창업자와 초기 멤버들이 생각하는 우리 회사의 존재 이유, 사회적 가치, 이상적인 조직문화 같은 것을 몇 문장으로라도 적어보길 바란다. 그것을 예쁘게 다듬는 것은 말 그대로 나중에 먹고살 만할 때 해도 늦지 않다. 그 문장 하나하나에 담긴 진심/진정성이 더 중요하지 않겠는가?

만약 여러분의 회사에 미션, 비전, 핵심가치가 없다면, 인사담당자로서 한번 경영진에게 제안해봐라. 하루 워크숍 정도만 해도 꽤 괜찮은 생각들을 모아볼 수 있을 것이다. 만약 귀사에 이런 가치체계가 이미 존재한다면, 그것이 구성원들에게 현재 어떤 의미인지, 과연 의미는 있는지를 점검해봐라. 만약 의미가 없거나 퇴색됐다면, 이를 리부트(Reboot)하는 것도 생각해봐라. 이 리부트 과정 자체가 꽤 괜찮은 조직개발(OD)인 데다가, 또 좋은 조직문화 활동이 될 수 있다.

Dreaming of a new HR

직원들이 느끼는
답답함의 원인은 무엇일까?

우리 회사의 주력 서비스 중 하나인 조직(문화)진단에는 회사에 대한 감정/느낌을 묻는 문항이 있다. 어떤 회사가 구성원에게 객관적으로 좋은 직장으로 다가가는 것과 주관적/감성적으로 좋은 일터로 다가가는 것은 조금 다른 문제이다. 연봉이 높고 복지가 좋은 회사라고 해서 그 안의 모든 구성원이 행복한 것은 아니기 때문이다. 그래서 나는 이 문항을 좋아한다. 실제로 고객사에 적용했을 때, 직급/직군/사업단위별로 뚜렷한 차이가 나타나고, 그 이유를 탐색해보면 꽤 좋은 시사점을 찾을 수 있다.

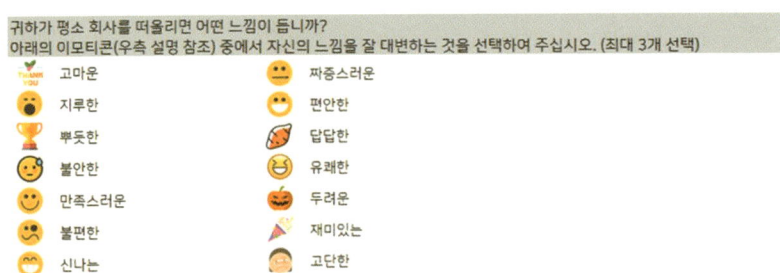

그림 34. 회사에 대한 감정/느낌을 묻는 문항

얼마 전 모 고객사에서 설문조사를 한 결과, 위의 감정/느낌 선택지 중 '답답한'이 많이 선택된 사례가 있었다. 그 후 그 원인이 무엇인지에 대해 최고경영자와 한참 동안 토론을 벌인 적이 있다. 그의 궁금증은 이것이다. "객관적으로 충분히 좋은 회사이고 종합 만족도도 꽤 높은 수준인데, 직원들이 도대체 왜 답답하다고 호소하는 걸까?" 그 일이 계기가 되어 나도 지적 호기심이 생겨 우리의 조직(문화)진단 빅데이터를 이용해 원인을 탐색해보았다. 참고로, 이때 사용한 데이터는 특정 회사의 데이터가 아닌, 우리가 지금까지 조사한 100여 개 회사의 전체 데이터이다.

'답답한'을 선택한 그룹과 그렇지 않은 그룹 간 차이

먼저, 감정/느낌 선택지 중 '답답한'을 선택한 그룹과 그렇지 않은 그룹의 응답 데이터를 분리했다. 그다음 이들이 선택한 〈불만족 요인〉에 어떠한 차이가 있는지 살펴보았다. 그 결과, 일부는 예상했던 것과 일치하는 것도 있지만, 또 다른 일부는 내 예상을 벗어나는 것도 있었다.

우선, 여러분도 예상할 수 있듯이, '답답한'을 선택한 그룹에서 가장 높은 비율로 불만족을 호소한 요인은 〈인사평가 및 승진〉이었다. 쉽게 말해, 본인의 성과나 기여도에 비해 인정받지 못한다고 생각하는 것이다. 이는 특히 인원 규모가 크고 성숙기에 접어든 산업에 속한 회사에서 많이 나타난다. 조직 확장에 한계가 있다 보니 승진 적체가 있을 수밖에 없다. 그러니 선배 세대를 보면서 '나도 이제 슬슬 팀장 정도는 할 때가 됐는데…'라고 생각하지만, 수년 내 팀장이 될 가능성은 없어 보이니 답답함을 느낀다. 본인이 회사 내에서 (정당한 이유 없이) 저평가 또는 홀대당한다고 느끼면 누구나 답답할 것이다.

'답답한'을 선택한 그룹과 그렇지 않은 그룹 간에 뚜렷한 차이를 보이는 두 번째 요인은 〈의사결정 체계 및 일하는 방식〉이다. 이 역시 논리적 추론만으로도 충분히 예상할 수 있던 결과이다. 한마디로, '우리 회사/부서의 의사결정이 자꾸 이상한 쪽으로 나는 것 같고, 일하는 방식이 합리적이지 않다'라고 생각하는 것이다. 실무자가 보기에 A라는 사안에 대해 누가 봐도 상식적으로 B라는 결론이 나야 하는데, 경영진이 C라는 결론을 내고 그쪽으로 업무 추진을 지시하면 답답할 것이다. 또는, 상사가 보고서를 수십 회 고쳐 쓰게 하고, 더구나 그것이 콘텐츠의 발전적인 수정이 아니라 형식/양식/표현의 반복적인 수정이라면 누구라도 답답함을 느낄 것이다.

여기까지는 모두의 예상을 벗어나지 않는 결과이다. 그런데, 세 번째 특징은 내 예상을 조금 벗어났다. '답답한'을 선택한 그룹이 그렇지 않은 그룹 대비 유의미하게 많이 선택한 불만족 요인은 〈상사의 리더십〉이었다. 위 문항의 질문 자체가 '회사에 대한 감정/느낌'이기 때문에, 나는 구조적인 문제가 '답답한'의 원인일 것이라 예상했다. 리더십 같은 인간적인 부분이 크게 작용할 것으로 예상하지 못했다. 그런데, 결과를 놓고 곰곰이 생각해보니 그럴 수 있겠다 싶다. 흔한 말로, "직원은 회사를 떠나는 것이 아니라 상사를 떠나는 것이다"라고 하지 않나? 본인이 느끼기에 나쁜 리더 밑에 있다고 느끼면, 전반적인 회사 생활이 답답할 것이다. 리더십의 문제가 위의 〈인사평가 및 승진〉, 〈의사결정 체계 및 일하는 방식〉에도 영향을 많이 미칠 것이다. 결국 이 두 가지도 리더십에 큰 영향을 받으니까 말이다.

반대로, '답답한' 감정에 영향을 주지 않는 불만족 요인은 〈보상 및 복리후생〉과 〈회사의 미래 전략 및 방향성〉이었다. 다시 말해, '답답한'을 선택한 구성원이 그렇지 않은 구성원에 비해 뚜렷한 차이를 보이지 않는 영역이 이 두 가지였다. 이는 '답답한' 감정이 객관적인 근로조건이나 처우가 아닌, 개인적인 상황에 따른 것임을 보여준다.

자기결정이론(Self-determination Theory)으로 본 '답답한' 감정 해소 방안

자기결정이론은 에드워드 데시(Edward Deci)와 리처드 라이언(Richard Ryan)이 오래전에 발표한 이론이다. 이는 사람들의 타고난 성장 경향과 심리적 욕구에 대한 사람들의 동기부여와 성격에 관해 설명해주는 이론으로, 개인의 행동이 스스로 동기부여 되고 스스로 결정된다는 것에 초점을 둔다. 구성원이 느끼는 '답답함'을 이 이론을 통해 어느 정도 해소할 수 있다고 생각한다. 물론, 승진 적체 같은 구조적인 문제까지는 해결할 수 없지만, 구성원들의 개인적이고 심리적인 부분은 해결의 실마리를 줄 수 있다.

첫째, 업무에서 유능감(Competence)을 느낄 수 있어야 한다. 사람은 금전적 보상(외재적 보상)만을 위해 열심히 일하는 것이 아니다. 누구나 자신이 능력 있는 존재이기를 원하고, 자신의 능력을 향상하기를 원한다. 그러므로 너무 어렵거나 너무 쉬운 과제가 아닌, 도전적이지만 달성할 수 있는 일을 하고 싶어 한다. 구성원에게 적절한 직무와 과제를 주고, 그 진행 과정에서 긍정적인 피드백과 지지를 보내줘야 한다. 이를 통해 구성원이 스스로 학습 및 성장하고 있다는 느낌을 받을 수 있다면 금상첨화이다. 이 관점에서 보면, 최근 많이 회자된 OKR을 비롯한 상시성과관리와 코칭이 의미 있을 듯하다. 객관적인 처우가 중요하지 않다고 말하는 것은 아니다. 그러나 보상수준의 높고 낮음이 그 직업/직무의 모든 것을 말해주지는 못한다. 우리는 감정과 신념을 가진 사람이지, 일하는 기계가 아니기 때문이다.

둘째, 자기결정이론에서 중요하게 생각하는 것이 자율성(Autonomy)이다. 자율성은 개인들이 외부의 환경으로부터 압박 혹은 강요받지 않으며 개인의 선택을 통해 자신의 행동이나 조절을 할 수 있는 상태에서 자신들이 추구하는 것이 무엇인지에 대하여 개인들이 선택할 수 있는 것을 의미한다. 회사에서 모든 것을 자기 마음대로 하는 구성원은 없을 것이다. 우리는 회사라는 조직의 일부이기 때문이다. 그러나, 철저하게 기계화/도구화되거나 소외된 구성원이 없는지 살피는 것은 필요할 수 있다. 되도록 구성원이 스스로 생각하고 옳다고 믿는 방향으로 선택하여 업무를 추진할 수 있게 돕는 것도 필요하다. 이 점에서 보면 지나친 마이크로 매니지먼트는 지양해야 한다. 구성원들의 자율성을 말살하기 때문이다. 조직을 작게 쪼개고, 현장에 많은 결정권을 위임하며, 구성원

간 상시성과관리(/소통)를 강조하는 애자일 조직을 도입하는 회사가 늘고 있는 것도 이와 관련되어 있다.

셋째, 관계성(Relatedness)에 주목해야 한다. 자기결정이론에서 타인과의 안정적인 관계성을 유지하려는 욕구는 개인의 내재동기를 유지하게 하는 데 매우 중요하다. 일반적으로 타인에 의해 강요된 일은 개인이 흥미를 가지고 행동하는 것이 아니므로 그 자체로는 흥미롭지 못해 개인이 쉽게 행동하려 하지 않는 경향을 보이나, 동기부여를 하는 타인(회사에서는 주로 상사)이 자신에게 의미 있는 사람일 경우 더 쉽게 시작이 가능한 것을 의미한다. 이는 관계성이 타인과 연결되어 있다고 느끼는 감정에 기반하기 때문이며 공동체의 소속감에 기반을 두고 있기 때문이다. 나는 결국 이것이 리더십의 중요성을 의미한다고 본다. 상사의 리더십이 훌륭하여 업무적으로나 인간적으로 믿고 따를 수 있는 사람이라면, 구성원은 그 상사가 지시하는 일에 책임감뿐만 아니라 의미까지 부여할 수 있을 것이다. 자연스럽게 '답답한' 감정은 줄어들기 마련이다.

글을 마치며

내가 주니어 때 선배에게서 자주 들었던 이야기가 있다. 모두 힘드니까 웃자고 한 해학적인 표현이지만, 이 말이 무척 싫었다. 그것은 "회사 생활이 힘드니까 월급 받는 거지, 회사 생활이 즐겁고 행복하면 돈 내면서 다녀야지…"였다. 나는 회사 생활도 충분히 즐거울 수 있다고 믿는다. 또, HR이라면 그것을 추구해야 한다. 그것이 설사 닿을 수 없는 이상향이더라도 말이다. "원래 회사가 다 그렇지 뭐…"라는 말로 직원 행복을 쉽게 포기한다면 인사담당자로서 자격은 상당 부분 상실된다 생각한다. 더구나 Z세대가 가장 못하는 것이 '참고 견디는 것'이라고 하지 않나? 언젠가 올지 모르는 직장 내에서의 행복을 위해 오늘 당장의 불행을 인내하는 것은 이 시대에 맞지 않는다.

위의 주장이 옳다면, HR이 구성원을 동기부여 하는 방법도 달라져야 한다. 안정적인 직장에서 순차적으로 승진하여 연봉이 오르고 점점 더 중요한 직책을 맡는 것으로 충분하다고 생각해서는 안 된다. 이런 식의 동기부여는 지금 당장의 행복을 미래로 유예하는 저축형이라고 부를 수 있다. 이 시대에도 여전히 유효하긴 하지만, 또 그것이 전부라고 생각하는 것은 구시대의 유물 같다. 오늘 내가 출근하는 직장에서 느끼는 편안함, 함께 일하는 상사/동료와 좋은 관계, 지금 내가 하는 일이 중요하다는 의미 부여 등 지금의 만족이 미래의 큰 보상이나 승진보다 더 큰 의미를 갖는 시대가 됐다. 어쩌면 이 맥락에서 직원 경험(Employee Experience)이 중요해진 것 같다.

새로운 HR을 꿈꾸는
인사담당자를 위한
실무 안내서

기타 편

Dreaming of a new HR

인사담당자가 자주 틀리는 맞춤법 바로잡기

나는 한평생 보고서를 써서 먹고살다 보니 자연스럽게 문장과 맞춤법에 예민하다. 돌이켜 생각해보니, 이 직업을 갖기 전에도 남들보다 예민했던 것 같다. 이렇게 예민한 내 눈에는 우리 인사담당자가 습관적으로 잘못 쓰고 있는 오류가 자주 보인다. 이를 바로잡고자 교육 자료를 만들다 보니, 이런 글까지 쓰고 싶어졌다.

맞춤법 실수

보고서에서 맞춤법이 좀 틀려도 의미를 전달하는 데는 문제가 없다. 하지만 읽는 사람에게 좋은 인상을 주기는 어렵다. 내용이 좋아도 맞춤법이 많이 틀리면, 그 보고서의 퀄리티와 정보의 사실 여부까지 의심받을 수 있다. 내가 좋아하는 표현 중에 '문질빈빈(文質彬彬)'이 있다. 『논어(論語)』「옹야(雍也)」편에서 유래한 말이다. 무늬와 바탕이 함께 빛난다는 뜻으로, 형식과 내용이 잘 어우러져 조화로운 글을 가리킨다. 맞춤법은 형식에 해당한다. 나는 그 형식이 상당히 중요하다 생각한다. 여기서는 일상에서 자주 틀리는 맞춤법(예: '돼', '되')은 모두 제외하고, 인사 담당자가 보고서를 작성할 때 자주 틀리는 것만 추렸다.

어떤 분은 이런 오류들을 MS Office에 탑재된 맞춤법 검사기가 다 잡아주는 것 아니냐고 생각할 수 있다. 하지만 그 기능을 너무 믿지 말아라. 내 경험상 그 맞춤법 검사기가 제대로 잡아내지 못하는 경우가 더 많다. 이것은 한글이 아니라 영문에서 우수한 성능을 발휘한다. 따라서 노골적인 오탈자를 잡아내는 것 외에는 완전히 믿기 어렵다고 보는 것이 정확하다. 되도록 본격적이고 전문적인 맞춤법 검사기를 활용할 것을 추천한다.

| **자주 틀리는 맞춤법 1: 수 밖에 vs 수밖에**

내가 글쓰기 교육을 할 때 항상 첫 번째로 내는 퀴즈이다. 그만큼 우리가 자주 틀리는 맞춤법 중 하나이다. 심지어 방송 자막에서도 잘못 쓴 것을 자주 본다. 예를 들어, "이번 기본급은 3% 이상을 인상할 수 밖에 없음"이라는 문장을 쓴다. '수밖에'가 하나의 단어이다. 선택권이 없음을 의미하는 '밖에'는 붙여 써야 한다. 예를 들어, "너를 위해 할 수 있는 것이 이것밖에 없다"라는 식으로 말이다. '밖에' 앞을 띄는 경우는 '외부(Outside)'의 의미일 때이다. "서류 보관 장소는 건물 밖에 있다" 같은 경우이다.

▎ 자주 틀리는 맞춤법 2: 인상율 vs 인상률

이 역시 자주 보인다. '율'과 '률'을 잘못 쓰는 경우가 많다. 앞의 글자에 받침이 없거나 'ㄴ' 받침이면 '율'을, 'ㄴ'을 제외한 어떤 받침이 있는 경우에는 '률'을 붙여 써야 한다. 쉽게 요약해서, 앞의 글자에 받침이 없으면 '율'을, 받침이 있을 경우 웬만하면 '률'을 쓴다고 기억하라. 내가 오랜 세월 보고서를 쓰면서 체득한 것인데, HR에서 자주 쓰는 단어가 정해져 있다 보니 '율'보다는 '률'을 쓰는 경우가 훨씬 많다. 이것 역시 기억하면 좋은 팁이다. 이제 한번 연습해보자.

응답율 vs. 응답률
진도율 vs. 진도률
진행율 vs. 진행률
달성율 vs. 달성률
백분율 vs. 백분률

▎ 자주 틀리는 맞춤법 3: 하기보다 vs 하기 보다

여기 "이 재원을 기본급 인상에 쓰기 보다 성과급으로 지급하는 것이 낫다"라는 문장이 있다고 하자. 자연스럽게 보이는가? 하지만, '쓰기'와 '보다' 사이를 붙여 써야 한다. 반면, "올해 우리는 목표달성을 위해 보다 노력해야 한다"라는 문장에서 '보다'는 '더욱(More)'의 의미이므로 띄어 쓰는 것이 맞다. 이 때문에 많은 사람이 '보다'를 습관적으로 띄어 쓰는 경향이 있는데, 잘 구분해야 한다. 그렇다면, "구조조정을 시행하기 보다는 임금을 삭감하는 것이 낫다"에서 '시행하기 보다는'은 띄어 써야 할까, 붙여 써야 할까? 정답은 '붙여 써야 한다'이다.

| 자주 틀리는 맞춤법 4: 그것뿐만 아니라 vs 그것 뿐만 아니라

'뿐만'은 명사 뒤에 나오면 붙여 써야 하고, 동사 뒤에 나오면 띄어 써야 한다. 그래서, "정규직 뿐만 아니라, 계약직에게도 보너스를 지급함", "우리 회사는 시간 외 수당을 지급할뿐만 아니라 대체휴무제도 병행한다"는 모두 맞춤법에 맞지 않다. 이렇게 명사 뒤에는 붙여 쓰고, 동사 뒤에서는 띄어 쓰는 또 다른 단어에는 '만큼'과 '대로'가 있다. "배우고 익히는 만큼 성장한다", "고용안정만큼 중요한 것은 없다", "규정대로 처리해야 한다", "직원들이 바라는 대로 진행했다"처럼 사용해야 한다.

| 자주 틀리는 맞춤법 5: ~로서 vs ~로써

학교에서도 배우고 시험까지 봤던 기억이 있는데, 어른이 돼서도 여전히 쓸 때마다 잠깐 생각한 후에 선택해야 하는 표현이다. '~로서'는 지위, 신분, 자격을 나타낸다. '~로써'는 수단, 도구를 말한다. 그렇다면, "그는 팀장으로써 맡은 업무에 최선을 다했다"는 맞춤법에 맞는 표현일까? 정답은 '이니오'이다. '팀장으로서'로 고쳐 써야 한다. 나는 일단 앞에 명사가 사람이면 '~로서'를, 물건이면 '~로써'를 먼저 생각해본다.

| 자주 틀리는 맞춤법 6: 하는데 있어 vs 하는 데 있어

'데'를 앞 단어와 붙여 쓸 때와 띄어 써야 할 때가 있다. 보통, 사람들은 다 붙여 쓰는 경향이 있다. 예를 들어, "그 의사결정은 새로운 사업을 추진하는데 방해가 되었다", "이 제도 개편은 직원들을 동기부여 하는데 일조할 것이다" 같은 식이다. 여기서 '데'는 모두 띄어 써야 한다. 문장 속에 '데'가 나오면 이를 '데에' 또는 '것에'로 바꿔 읽어봐라. 위의 예에서는 "그 의사결정은 신사업을 추진하는 데에 방해가 되었다", "이 제도

기타 편

개편은 직원들을 동기부여 하는 것에 일조할 것이다"로 바꿔겠다. 말이 잘 통하는가? 더 매끄러워지지 않나? 그렇다면 띄어 써야 한다. 대상이나 목표(Target)를 가리키는 의미이기 때문이다. '데'를 앞 단어와 붙여 쓸 때는 문장과 문장을 잇는 경우이다. 문장을 나눠 쓴다면 '그런데'라는 접속사로 이어질 때이다. "직원들은 반대할 가능성이 있는데, 이는 총보상이 줄어들 것을 우려하기 때문이다"가 좋은 예이다.

매끄러운 문장 쓰기

맞춤법에 오류가 없다고 해도, 읽어보면 뭔가 어색한 문장들이 있다. 그런 텍스트를 읽으면 '조금만 고치면 더 매끄럽고 고급스러워질 것 같은데…' 하는 아쉬운 감정이 생긴다. 그런데, 이런 교정 또는 윤문(潤文) 작업은 생각보다 시간이 오래 걸리기 때문에 일일이 고치다 보면 날 새는 줄 모른다. 이게 무서워서 남이 쓴 글에 함부로 손을 잘 댈 수가 없다. 그러니 문장을 쓸 때는 초안이더라도 처음부터 완성도 높게 써야 한다는 것이 나의 신조이다. 아래에서는 인사담당자가 보고서를 쓸 때 문장상에서 자주 저지르는 잘못을 다뤄보겠다.

| 문장 작성 시 잘못된 습관 1. 접속사의 남발

한 단락에 다수의 접속사를 남발하는 경우가 있다. '그러나', '하지만', '그런데', '그러므로', '그래서'를 매 문장 앞에 넣는다. 글쓴이는 문장을 매끄럽게 잇거나 각 문장의 의미를 선명하게 만들기 위해서 그렇게 하겠지만, 독자 입장에서는 읽는 맛이 나빠진다. 심지어 접속사로 인해 글이 산만해져서 정작 글쓴이가 주장하려는 바가 무엇인지를 놓치는 경우마저 있다. 예를 들어보겠다.

> "다면진단 결과, 우리 회사 리더들에 대한 후배 직원의 평가는 대체로 양호함. 그리고, 계속 함께 일하고 싶다는 의지도 강한 것으로 나타남. 그러나 일부 팀장의 평판이 좋지 않음. 그래서 올해 하반기부터 이들에 대한 리더십 교육을 추진하고자 함. 그럼에도 불구하고, 교육 외에 직무 전환 등 회사 차원의 노력도 요구됨. 하지만, 이 역시 부문별 임원의 협조가 없으면 실행이 불가능함"

어떤가? 무슨 말을 하고 싶은지는 알겠지만 읽는 맛이 좋은가? 여기서 접속사를 빼거나 과감하게 줄여보겠다. 문장이 어떻게 바뀌는지 보자.

> "다면진단 결과, 우리 회사 리더들에 대한 후배 직원의 평가는 대체로 양호함. 계속 함께 일하고 싶다는 의지도 강한 것으로 나타남. 단, 일부 팀장의 평판이 좋지 않음. 올해 하반기부터 이들에 대한 리더십 교육을 추진하고자 함. 교육 외에 직무 전환 등 회사 차원의 노력도 요구되며, 이 역시 부문별 임원의 협조가 필수적임"

| 문장 작성 시 잘못된 습관 2. 외국어의 남용

부끄럽지만, 현업 인사담당자보다 컨설턴트가 쓰는 글이 이런 경우가 많다. 우리나라에 경영컨설팅이 본격 도입된 20여 년 전, 외국계 컨설팅사가 이 산업을 주도했기 때문이지 않을까 추측해본다. 그때는 외국에서 나온 컨설팅 보고서를 번역해서 고객사에 전달하는 데 급급한 경우가 많았기 때문이다. 그리고, 외국어를 많이 써야 더 똑똑해 보인다고 믿는 옛날 분들도 가끔 있다. 이렇게 외국어가 가득한 보고서를 보면, 이 글을 쓴 사람이 누구인지 궁금해진다. 외국에서 태어나고 자라서 우리말이 서투른 사람이면 어느 정도 이해가 되는데, 외국이라고는 여행으로만 몇 번 다녀본 것이 전부인 사람이 외국어를 남용하는 것은 허세라고 볼 수밖에 없다. 보고서는 상호 간 커뮤니케이션을 위한 수단 아닌가? 상대방이 읽어서 내 주장과 의지, 그리고 그 근거가 되는 정보를 잘 이해해주길 바라는 마음으로 쓰는 것이다. 그런데 왜 보고서에서 허세를 부리나? 좀 극단적인 예를 들어보려고 한다.

> "다양한 Dimension에서 작업자들의 Morale을 측정한 결과, Implication은 아래 두 가지임. 우선, 강제 Rotation은 직원들의 Needs가 반영되지 않은 제도라는 의견이 다수임. 이에 대한 임원과 직원 간 인식의 Gap이 큰 것으로 보임. 둘째, Leadership 측면에서 심각한 문제가 있는 Leader가 일부 있어, 향후 이에 대한 Follow-up이 요구됨"

여러분이 쓰는 보고서에도 외국어가 몇 개나 있는지 세어봐라. 그리고, 그것들을 우리말로 바꿀 수는 없는지 검토해봐라. 완전히 바꿀 수 없다면 최소한 외래어 표기법에 맞춰 한글로 적을 수 없는지 살펴봐라. 고유명사, 전문용어, 번역이 어려울 정도로 의미가 아주 고유한 외국어처럼, 정말 어쩔 수 없을 때만 외국어를 적어라. 나는 위의 문장을 이렇게 수정했다.

> "다양한 측면에서 작업자들의 사기(士氣)를 측정한 결과, 시사점은 아래 두 가지임. 우선, 강제 직무순환 제도는 직원들의 목소리가 반영되지 않은 제도라는 의견이 다수임. 이에 대한 임원과 직원 간 인식차가 큼. 둘째, 리더십 측면에서 심각한 문제가 있는 리더가 일부 있어, 향후 이에 대한 후속 조치가 요구됨"

문장 작성 시 잘못된 습관 3. 외국어의 남용과 외래어의 오용

외래어를 적을 때 사람들이 자주 실수하는 것 몇 가지만 언급하겠다. 첫째, '리더십'을 '리더쉽'으로 적는 분들을 자주 본다. 영어에서 '~ship'으로 끝나는 단어를 우리나라 말로 표기할 때는 모두 '십'으로 적어야 한다. 둘째, '팀워크'를 우리가 일상에서 쓰는 발음 그대로 '팀웍'이라고 쓰는 분도 많다. 그 외에도 인사담당자가 자주 틀리는 외래어는 다음과 같다.

리더쉽(X) | 리더십(O): '~ship'은 모두 '십'으로 표기

팀웍(X) | 팀워크(O): 함부로 줄여 쓰지 말 것

컨택(X) | 콘택트(O): (위와 같은 이유)

워크샵(X) | 워크숍(O): '~shop'은 모두 '숍'으로 표기

까페(X) | 카페(O): 된소리(ㄲ,ㄸ,ㅃ,ㅆ,ㅉ) 사용 자제

인싸이트(X) | 인사이트(O): (위와 같은 이유)

화이팅(X) | 파이팅(O): 'f'는 'ㅍ'으로 표기, 'ㅎ'으로 쓰는 것은 일본식

레포트(X) | 리포트(O): '보고서'라고 쓸 것을 권장

비지니스(X) | 비즈니스(O)

메세지(X) | 메시지(O)

스케쥴(X) | 스케줄(O)

오리지날(X) | 오리지널(O)

컨탠츠(X) | 콘텐츠(O)

굳모닝(X) | 굿모닝(O)

| 문장 작성 시 잘못된 습관 4. 습관적인 현재진행형 어미 사용

모든 문장의 어미를 현재진행형으로 끝맺음하는 사람이 있다. 우리나라의 오랜 영어 교육의 부작용인 것 같다. 아니면, 어미가 짧으면 허전하다고 생각해서 그런 것일까? 예를 들어, "해당 과제는 성공적으로 추진되고 있음" 같은 텍스트는 정말 '진행 중'이라는 의미를 살려야 하니까 괜찮은데, "조사 결과는 직원들의 만족도가 하락 중임을 나타내고 있음"이라는 식으로 쓰는 것은 과하다. 이는 '조사 결과는 직원들의 만족도가 하락 중임을 나타냄'이라고 줄여 써도 된다. 더 나아가, 나라면 "조사 결과, 직원들의 만족도가 하락세임"으로 더 줄일 것 같다. 글꼬리가 짧을수록 문장력이 살아난다. 글꼬리가 길면 글이 주는 힘이 현저히 떨어지고 말끝을 흐리는 느낌을 준다.

| 문장 작성 시 잘못된 습관 5. 수동태의 남발

수동태가 무조건 나쁜 것은 아니다. 필요에 따라서는 수동태를 쓸 수밖에 없는 때도 있다. 그러나 수동태는 주어/주체가 모호한 경우가 많다. 주어가 없어도 문장을 완성할 수 있기 때문이다. 그러므로, 수동태를 쓰면 더 권위가 있도록 느끼게 하거나, 불편한 사실을 흐릿하게 만들 수 있다. 속된 말로 '유체이탈식 화법'에 유용하다. 그래서 학자나 정치

인이 수동태를 더 자주 많이 사용한다는 통계도 있다. 우리는 유체이탈식 화법을 쓸 이유가 없으니 되도록 능동태를 쓰려고 노력해야 한다. '~됨'은 '~함'으로, '~되어'는 '~하여'로 고쳐 써봐라. 글이 훨씬 더 자연스러워질 것이다.

| 문장 작성 시 잘못된 습관 6. 과도하게 긴 문장

나는 대학과 대학원을 거치면서, 문장을 될 수 있으면 짧게 쓰라는 가르침을 자주 받았다. 글이 길어지면 주어와 서술어가 일치하지 않는 등의 실수를 할 가능성이 커지고, 글이 갖는 힘이 떨어진다고 가르친 교수님이 여럿 계셨다. 그래서 지금도 모든 문장을 웬만하면 두 줄 내에서 끝맺으려고 노력한다. 이 습관은 매우 유용하다. 여기서도 예를 들어보겠다.

> "지난 2주간 직원들과 인터뷰를 해보니, 인사제도 중 평가제도, 그 중에서도 평가항목에 대한 불만이 큰데, 그 이유는 KPI가 Top-down으로 일방적으로 결정되어 실제 업무 내용을 반영하지 못하여 현실과 동떨어져 있다는 의견이 많음"

어떤가? 무슨 말인지는 알겠지만, 중언부언한다는 느낌이 있지 않은가? 인사담당자가 직속 팀장에게 구두(口頭)로 보고할 때는 이렇게 말할 수 있겠지만, 보고서로 구성해야 할 때는 이렇게 단문 위주로 고쳐 써야 한다. 의미상 중복되는 표현도 줄여보겠다.

"지난 2주간 직원 인터뷰를 진행함. 평가제도 중 특히 평가항목에 대한 불만이 큼. KPI가 Top-down으로 결정되어 실제 업무 내용을 반영하지 못한다는 의견이 많음"

글을 마치며

인사담당자가 작가나 시인도 아닌데, 이렇게까지 맞춤법과 문장에 예민해야 하는지 의문이 들 수 있다. 하지만, 인사담당자는 말과 글로 일하는 면이 크다. 아무리 정보통신 기술이 발전한다고 하더라도, 사람과 관련한 일을 하는 HR의 속성상 이는 바뀌지 않을 가능성이 크다. AI가 극도로 발달한다 해도 AI가 도출한 정보를 인간의 언어로 해석하고 전달하는 것은 말과 글로 이루어질 것이다. 그러니 말과 글을 남들보다 잘 다루는 것은 인사담당자에게 큰 무기이다.

나는 말과 글이 그 사람이 가진 사고의 깊이, 더 나아가 삶의 양식까지도 관련되어 있다고 믿는다. 맞춤법이 완벽하고 문장이 매끄럽게 구성된 보고서를 쓰는 일이 어마어마한 노력을 요구하는 것도 아니어서, 조금만 공부하고 노력하면 훨씬 더 단정하고 정갈한 사람으로 보일 수 있다. 여러분 모두 보고서의 달인이 되길 바라며 이 글을 마친다.

Dreaming of a new HR

PowerPoint 보고서 예쁘게 쓰는 Tip

이 글에서는 디자인 측면에서 예쁜 문서를 만드는 데 유용한 Tip을 나누고자 한다. 미감(美感)은 사람마다 다른 것이라 함부로 말하기 어려운 면이 있다. 그럼에도 오랜 세월 문서 작업을 한 사람으로서 나의 노하우와 몇 가지 Tip을 나눠보겠다. 만약 귀하가 '나는 보고를 하기보다 받는 경우가 더 많다'라고 생각하신다면 이 글은 읽지 않아도 좋다.

PowerPoint에 대한 비판

본격적으로 이야기를 풀기 전에, 잠깐 다른 이야기를 해보겠다. PowerPoint로 쓰는 보고서에 대한 비판이 높아진 것 같다. 이게 어제 오늘의 일은 아니고, 2010년 무렵 아마존(Amazon), 현대카드 등에서 PowerPoint 사용을 금지하면서 이러한 기조가 점점 강해지는 추세이다. 나 역시 무분별한 PowerPoint의 사용에 대해서 비판적인 입장이다. PowerPoint는 그 특성상 디자인적 요소를 생각할 수밖에 없다. 그러다 보니 내용과 디자인을 동시에 고민해야 하고, 때로는 디자인에 치중하면서 내용이 빈약해지는 주객전도(主客顚倒)가 일어나기 일쑤이다. 억지로 차트, 그림, 표를 하나라도 더 그려 넣어야 한다는 강박도 생긴다. 그래서, MS-Word에 텍스트로 쓰면 2~3장 정도면 되는 내용인데, PowerPoint로 그리기 시작하면 10장이 훌쩍 넘어가고는 한다.

정부/공공기관/공기업에서는 MS Word 또는 한컴오피스를 이용해 1~3페이지짜리 문서를 많이 쓴다. 나도 해당 기관에서 프로젝트를 할 때 그런 문서를 처음 보고 너무 투박하다고 생각했다. 그런데, 시간이 지날수록 그렇게 정형화/표준화된 문서가 얼마나 효율적인지 깨닫게 됐다. 일단 문서 서식을 고민하지 않아도 된다는 것만으로도 큰 장점이 있다. 그 후로 나도 프로젝트 시에 이러한 1-page Report를 잘 활용한다. 공식 보고서가 아닌 경우, 즉 간단한 논의 자료나 아이디어를 정리한 문서는 줄글이나 개조식(個條式) 문서로 만들어 공유한다. 여러분도 이런 방식을 많이 사용해봐라. 물론, 요즘은 이렇게 보고서를 써서 소통하는 것보다 훨씬 더 발전한 도구/수단이 많아졌다. 트렐로(Trello) 같은 좋은 협업용 앱이 많다. 다만, 여전히 고객이나 협력 업체와 소통할 때는 여전히 이메일과 첨부문서가 주를 이루므로, 1-page Report를 잘 쓰는 것은 여러 가지로 유용한 기술이 될 것이다.

이러한 나의 주장과 기호에도 불구하고, 아래에서는 PowerPoint로 보고서를 쓸 때 예쁘게 쓰는 법을 다루겠다. PowerPoint를 아예 사용하지 않기는 어려우니, 기왕 보고서를 써야 한다면 보기 좋고 깔끔하게 만들면 좋을 테니 말이다.

PowerPoint 보고서 예쁘게 쓰는 Tip

| 컬러의 사용

보고서의 컬러 톤은 문서의 전체 느낌을 좌우한다. 필요 이상으로 컬러를 여러 개 사용하거나 원색(原色)을 많이 쓸수록 보고서가 촌스러워진다. 한 문서에는 최대 3개까지만 컬러를 써야 한다. 2개만 쓰는 것이 좋지만, 가끔 강조해야 하는 경우가 있으므로 메인 컬러 2개에 강조색 하나를 더해서 3개가 적당하다.

컬러를 선택할 때 원색보다는 미색(微色)을 쓰는 것이 좋다. 미색의 예는, 진회색, 담갈색, 군청색, 짙은 녹색 같은 것이다. 만약 어떤 컬러를 써야 서로 잘 어울릴지 모르겠다면 이 웹사이트에 가봐라. 꽤 유명한 컬러 조합 사이트이다. Two Color Combinations라는 곳인데, 주소는 https://2colors.colorion.co/이다. 좀 더 본격적으로 컬러 조합을 해야 하는 분은 Adobe Color(https://color.adobe.com/)를 방문해봐라. 여기서는 5개의 컬러 조합을 보여주며, 이미지 파일(예: 회사 로고)을 올리면 그 이미지의 컬러를 추출함과 동시에 가장 잘 어울리는 후보색까지 추천해준다. RGB 코드도 알려줘서 PowerPoint에서 그대로 같은 느낌을 낼 수 있다.

컬러와 관련하여 사족 같은 마지막 팁은, 프레젠테이션 자료라면 모를까 보고서에서는 문서의 배경색을 꼭 흰색으로 설정하라는 것이다.

프레젠테이션 자료에서는 배경을 검은색으로 하면 세련되어 보이겠지만, 출력해서 읽어야 하는 보고서에서 그렇게 하면 가독성이 심하게 떨어져서 거의 읽을 수 없는 지경이 된다. 게다가 실수로 프린트 버튼을 누르는 날에는 프린터 토너가 심하게 소모된다.

| **폰트의 사용**

 컬러와 동일하게 어떤 폰트로 문서를 작성했는지에 따라 느낌이 완전히 달라진다. 예를 들어, 바탕(명조)을 메인 폰트로 사용하면 문서가 클래식해 보인다. 다만, 바탕(명조)은 세로획의 굵기가 가늘기 때문에 모니터에서 볼 때는 가독성이 떨어지고 힘이 없어 보인다는 단점이 있다. 국문 기준 바탕(명조), 영문 폰트 기준 Times New Roman은 인쇄해서 읽을 때 적합한 폰트이다. 그래서 논문에 많이 쓰이는 것이다. 이런 폰트와 정반대로 모니터에서 볼 때 가독성이 높은 대표적인 폰트는 '맑은 고딕'이다. 이 '맑은 고딕'은 자간(字間)이 넓다. 그래서 굵직하면서 시원시원한 느낌이 있다. 이런 이유로, 한정된 지면에 많은 내용을 담을 수 없다는 단점이 있다. 그래서 보고서보다는 프레젠테이션용 자료에 더 적합하다.

 이런 양극단의 특성을 가진 폰트가 아닌, 인쇄해서 보기도 좋고 모니터에서도 잘 보이는 무난한 폰트로는 나눔고딕, 나눔스퀘어, KoPub돋움체, Noto Sans CJK KR이 있다. 이것들은 모두 무료 폰트이니 다운로드해서 사용해봐라. 다만, 이렇게 다운로드하여 설치한 파일로 문서를 작성 후 타인에게 보낼 때는 저장 옵션에서 '파일의 글꼴 포함 저장'을 선택해야 한다. 그래야 문서에 폰트가 함께 저장되어 발송된다. 그렇지 않으면 나는 최선을 다해 예쁘게 만들었는데, 받은 사람이 열었을 때 폰트가 다 깨져서 삐뚤빼뚤하게 보일 수 있다. (아니면, PDF 형식으로 저장해서 보내는 것이 제일 좋은 방법이다. 다만, PDF는 공동작업을 할 수 없다는 단점이 있다)

아주 드물게 비즈니스 문서에 엽서체, 편지체, 목판체를 쓰는 사람이 있다. 심지어 하늘보리체 같은 것을 쓰는 분도 본 적이 있다. 비즈니스 문서에 쓰는 폰트는 보수적인 것 위주로 1~2개 정도 쓰는 것이 좋다. 내 눈에 예뻐 보인다고 상대방도 같은 생각을 하지 않을 수 있음을 알아야 한다. 또 폰트를 3개 이상 사용하면 가독성이 확 떨어진다.

폰트 크기도 잘 정해야 한다. 이 역시 가독성이 기준이다. 일반적으로 보고서의 경우 최소 12pt는 되어야 한다. 주석처럼 작게 써야 하는 텍스트를 제외하고 메인에 해당하는 것은 12pt를 넘어야 출력해서 읽을 때 잘 읽힌다. 제목이나 강조하고 싶은 부분은 14~16pt가 적당하다. 프레젠테이션용 자료라면 이보다 글씨가 더 커야 한다. 최소 16pt 이상, 평균적으로 22pt가 되어야 멀리서도 잘 보인다. 여러분도 많이 경험했겠지만, 불을 끈 상태에서 빔프로젝터로 발표 자료를 스크린에 띄우면 생각보다 가독성이 많이 떨어진다.

여기서 간단한 퀴즈를 하나 내겠다. '바탕과 바탕체', '돋움과 돋움체', '굴림과 굴림체'의 차이를 아는가? 어떤 분들은 이 두 개의 차이가 없다고 생각하고 아무거나 쓰던데, 사실 이 두 폰트 간에는 큰 차이가 있다. '바탕, 돋움, 굴림'은 자간이 글씨에 따라 조절된다. 가로 폭이 좁은 글자(예: 1)와 넓은 글자(예: 8)가 있는데, 이 폰트들은 가장 예뻐 보이도록 이 글자 사이의 간격을 자동으로 조절해준다. 반대로, '바탕체, 돋움체, 굴림체'는 자간이 일정하게 유지된다. 결과적으로 동일한 길이의 텍스트라도 후자(後者) 쪽이 좌우로 더 퍼져 보인다. 그러니 우리는 보고서를 쓸 때는 전자(前者)를 쓰는 것이 좋다.

| 글자/단락 스타일

볼드체, 이탤릭체, 밑줄을 남용해서는 안 된다. 이런 효과는 모두 특정 텍스트를 강조하기 위해 쓰이는데, 그것들을 과하게 쓰면 역설적으로 읽는 사람은 정작 무엇이 중요한지 모르게 되고 눈도 피로해진다. 그러므로 우리는 평범한 스타일을 주로 사용하되 정말 특정 부분을 강조하고 싶을 때 볼드체 정도만 제한적으로 사용해야 한다.

PowerPoint로 보고서를 쓰면 개조식(個條式) 문체('~임', '~함')를 많이 활용한다. 그래서 텍스트 상자 안에서 글머리 기호를 이용해서 구분점을 주는 것이 좋다. 순서가 있는 내용이면 ①, ②, ③…을, 순서가 없이 대등한 내용이면 ■, ●, ▶을 쓰면 된다. 이렇게 글머리 기호는 잘 썼는데, 줄 간격이나 단락 간 간격이 너무 좁아서 읽기 힘들 때도 있다. 나는 줄 간격은 1.0~1.2배수, 단락 앞/뒤 간격은 6~12pt를 선호한다. 이렇게 설정하면 문서가 전체적으로 세련되어 보인다.

| 이미지와 아이콘의 사용

이미지와 아이콘을 잘 사용하면 문서가 부드럽고 고급스러워진다. 물론, 보고서보다는 프레젠테이션용 자료에서 더 유용하다. 한 연구에 따르면, 텍스트와 이미지를 함께 사용할 경우, 3일이 지나도 청중들이 전체 내용의 65% 이상을 기억한다고 한다. 저작권에 위배되지 않은 좋은 이미지를 구했다고 해도 가끔 뭔가 그 이미지를 변형하고 싶을 때가 있다. 기본적인 변형은 PowerPoint 내 [그림 서식] 메뉴에서도 충분히 할 수 있다. 심지어 배경 제거, 속칭 '누끼따기'도 어느 정도 된다. 그러

나 깔끔하게 배경을 제거하고 싶을 때는 REMOVE.BG (https://www.remove.bg/)를 이용해봐라.

아이콘 또는 픽토그램을 잘 쓰면 내가 전달하고자 하는 것을 좀 더 이미지화하여 정확히 말할 수 있다. 단, 이것도 너무 남발하면 문서가 지저분해지니 주의가 필요하다. 최근에 내용이 빈약할 경우 아이콘/픽토그램으로 공간을 채워서 뭔가 있어 보이게 하는 잔기술이 발전하는 것 같다. 이런 잔기술은 바람직하지 않다. 내용을 충실하게 하는 것이 먼저이고, 디자인은 덜어낼수록 훌륭해진다. 그럼에도 가끔 아이콘을 써야 할 때가 있다면, 아래의 2개 웹사이트를 추천한다. Noun Project(https://thenounproject.com/)와 Flaticon(https://www.flaticon.com/)이다. 나는 이 둘 중에서 Flaticon을 더 선호한다. 다운로드하기 전에 이미지를 원하는 형태로 쉽게 변형할 수 있어서 사용하기 편하다. 참고로, 요즘엔 PowerPoint에서 제공하는 아이콘도 상당히 쓸 만하다. 상단 메뉴 [삽입]에 가면 〈아이콘〉이라는 버튼이 따로 있다. 웬만한 것은 잘 갖춰놓았으니, 특별히 예쁜 아이콘을 찾는 것이 아니라면 여기서 충분히 해결할 수 있다.

| 차트/그래프의 사용

차트/그래프는 잘 쓰면 아주 좋은 시각화 수단이 되지만, 잘못 쓰면 독(毒)이 된다. 심하게 말하면 차트를 이용해 사기를 칠 수도 있다. 그래서 차트를 그릴 때 제일 먼저 신중하게 선택해야 하는 것은 차트의 종류이다. 세로 막대형, 가로 막대형, 꺾은선형, 원형, 분산형, 방사형 중에서 무엇을 쓸지를 잘 정해야 한다. 각각은 데이터의 크기와 종류에 따라 적합한 경우도 있고, 반대로 전혀 맞지 않는 상황도 있다. 예를 들어,

꺾은선형은 시간에 따른 추이를 나타낼 때 적합한데, 이를 항목 간 수치를 비교할 때 쓴다면 그 차트는 그리지 않느니만 못하다. 이와 관련해서는 좋은 책이 있으니 그것을 추천하는 것으로 충분할 듯하다. 『월스트리트저널 인포그래픽 가이드』(도나 M. 웡)이다. 2014년에 번역되어 나왔는데, 이 분야에서 이 책보다 좋은 참고서를 아직 본 적이 없다. 부제가 "데이터, 사실, 수치를 표현할 때 지켜야 할 기본 원칙"인데, 정말 그런 원칙이 강박적일 만큼 자세히 수록되어 있다.

차트를 그릴 때 주의해야 하는 두 가지만 언급하겠다. 첫 번째는, 범례를 달지 않는 것이다. 차트를 그리다 보면 사소하게 손볼 것이 많아서 자기도 모르게 몰입해버리기 쉽다. 그래서 화폐 단위, 연도, 기호에 대한 설명을 달지 않고 마무리하는 경우가 많다. 이러면 그 차트는 공들였지만 무너진 탑이 되는 것이다. 차트의 화룡점정은 범례를 꼼꼼히 다는 것이다. 두 번째는, 차트에 도형 효과(예: 그림자 또는 입체)를 쓰는 것이다. 이렇게 되면 2D 그래프가 3D 그래프가 되면서 시각적으로 왜곡되는 부작용이 있다. 차트뿐만 아니라 보고서 전반에서 도형 효과는 자제하는 것이 좋다. 큰 효과도 없는데, 괜히 손만 많이 가고, 디자인도 지저분해지며, 정보마저 왜곡할 수 있기 때문이다.

글을 마치며

글의 내용상 글이 아니라 유튜브를 찍어야 하나 싶었다. 말이나 글로 하고 싶은 이야기를 전달하는 것이 힘든 주제이니까 말이다. "백문이 불여일견"이라는 격언이 딱 들어맞는 상황이다. 그럼에도 이 글을 읽는 분들은 중급 이상의 보고서 작성 실력과 내공을 갖고 있기 때문에 글로 읽어도 잘 이해해 주시리라 믿는다.

직무 특성상 인사담당자가 유난히 문서 작업이 많으니, 피할 수 없다면 즐기는 것이 좋다. 즐길 수 있으려면 단단한 내공이 있어야 한다. 그래야 속도도 붙으니 빨리 작성하고 칼퇴근할 수 있다. 이 글이 여러분의 슬기로운 보고서 생활에 조금이나마 도움이 되길 바라며 이만 줄이겠다.

Dreaming of a new HR

벤치마킹의
허와 실

본래 벤치마킹은 기업 경쟁력 제고를 위해 타사에서 배우는 혁신 기법이다. 복제나 모방이 아니라, 타사의 제품/서비스/제도를 분석한 후 우리 것을 업그레이드하는 것이다. 그러나 현실은 그렇지 않다. 내가 필드에서 경험한 벤치마킹은 혁신보다는 단순한 타사 조사에 가까웠다. 보통 벤치마킹은 경영진이 "다른 회사는 어떻게 하고 있는지 알아봤어?"라고 묻는 말로 시작된다. 또, 유난히 벤치마킹을 좋아하고 중시하는 회사와 리더들이 있다. 이것도 조직문화 및 리더십 스타일과 관련이 큰 것 같다. 내가 처음 컨설팅을 시작했던 시절에는 "삼성은 어떻게 해요?"가 고객들이 자주 물었던 질문이고, 그 후 글로벌 경영이 유행하던 시절에는 "GE는 어떻게 해요?"가 자주 묻는 질문 1위였다. 지금 생각해보면 좀 황당하지만, 모 그룹사에서 GE의 HR에 관한 모든 것을 벤치마킹하라는 프로젝트를 발주한 적도 있다.

나도 벤치마킹이 중요하다는 것은 안다. 벤치마킹 결과는 제도를 변경하거나 새롭게 개편할 때 안전장치가 되어준다. 경영진도 우리보다 더 크고 좋은 회사들이 그렇게 하고 있다고 하면 안심하고 쉽게 결정을 내린다. 그래서 실무자에게도 벤치마킹은 만능열쇠 같은 역할을 한다. 그러나, 벤치마킹에만 집착하는 것은 바람직하지 않다. 말로는 창의와 혁신을 외치면서, 벤치마킹이 결국은 복제와 모방을 강요하는 수단이 될 수 있기 때문이다. 또, 똑똑하고 창의적이며 제로베이스 사고(Zero-based Thinking)를 잘하는 인재보다, 여러 회사를 떠돌아다닌 덕분에 인맥이 넓은 구성원이 벤치마킹을 잘해온다고 더 큰 인정을 받는 어이없는 상황이 오기도 한다.

오늘은 벤치마킹에 관해 사실적으로 이야기해 보겠다. 여기서 말하는 벤치마킹은 인사담당자의 벤치마킹이니, 주로 인사제도나 시장임금에 관한 벤치마킹임을 미리 밝힌다.

벤치마킹 방법

벤치마킹 방법은 크게 세 가지가 있다. 이 방법에 따라서 정보의 질과 깊이도 달라진다. 그래서 벤치마킹을 해야 할 때 그 결과물이 어떻게 쓰이는지를 고려하여, 즉 경중(輕重)에 따라 이 방법을 골라야 한다. 물론, 한 가지만 쓰는 것보다는 여러 가지를 섞어서 하는 것이 좋다.

| 방법 1. 인터넷 검색을 통한 문서, 신문 기사, 홈페이지 조사

제일 쉽고 빠른 간편한 방법이다. 벤치마킹하라는 지시를 받으면 일단 검색 사이트부터 여는 것이 보통이다. 예를 들어, 우리 경쟁사인 A사의 인사제도가 궁금하면 어떻게 하나? 보통은 A사 홈페이지를 가보지 않나? 특히 채용 홈페이지에 가면 대강의 인사제도에 관한 내용이 있다. 해외에 있는 유명기업을 조사해야 하면 어떻게 하나? Apple 社가 궁금하다면? Apple 社, 하다못해 스티브 잡스에 관련한 책을 사서 보거나 신문 기사를 검색해서 본다. 요즘 화제인 회사라면, 신문 기사만 검색해도 인사제도에 관한 내용이 우르르 나온다. 그런 회사라면 최근 이슈까지 신문 기사에서 다루니 쉽게 접근할 수 있다.

이 방법이 나쁘다고 주장하는 것은 아니지만, 이런 방법으로 얻어진 정보는 조심스럽게 써야 한다. 왜냐하면 정보가 파편화되어 있거나, 아니면 외부로 노출된 것과 현실이 다른 경우가 상당히 많기 때문이다. 누구나 마찬가지지만, 사람이나 회사는 좋은 이야기는 밖으로 많이 해도, 나쁜 이야기는 감추고 싶다. 예를 들어, 작년에 모 회사가 새롭게 직급체계를 개편한다고 신문에서 떠들어댔다. 우선, 그 신문 기사의 내용 자체가 오보였다. 기자가 잘못 받아쓴 내용이 많았다. 게다가 그 기사가 나간 후 그 직급체계 개편 작업 자체가 취소됐다. 그런데 그에 대한 후속 기사는 한 줄도 없었다. 그러니 수많은 인사담당자가 그 회사의 직급체계가 그렇게 바뀐 줄 알고 있었다.

나는 '활자화된 정보는 그것이 아무리 최신이라 해도 한 번쯤 의심해 봐야 한다'라는 믿음이 있다. 활자화되는 과정에서 작성자의 해석 때문에 오류가 있을 수도 있고, 이미 한참 지난 정보를 정리한 것일 수 있으며, 짧더라도 시차가 있으므로 그 사이에 변화가 있을 수 있기 때문이다.

| 방법 2. 발로 뛰는 조사와 직접 인터뷰(+지인 찬스)

앞의 조사 방법이 자기 자리에 앉아서 검색으로 정보를 얻는 것이라면, 이 방법은 발로 뛰어서 사람을 만나 정보를 얻는 것이다. 머리와 몸이 함께 고생하는 방법이지만, 조사 대상자만 잘 확보한다면 깊이 있는 정보를 얻을 수 있다는 장점은 확실하다.

나는 이 벤치마킹 방법을 선호하지만, 이게 또 쉽지는 않다. 앞에서도 말했지만, 몸이 힘들다. 시간도 오래 걸린다. 만나러 가는 데 교통비도 든다. 더 큰 문제는 조사 대상자를 아예 확보할 수 없을 때이다. 내 인맥 내에서 좋은 인터뷰 대상자(Interviewee)를 찾을 수 있으면 어떻게든 부탁이라도 해보는데, 아예 인맥 안에 없으면 친구의 친구, 사돈의 팔촌까지 동원해야 할 때가 있다. 이러면 상당히 피곤해진다. 또, 가끔은 애써서 인터뷰 대상자를 확보해서 찾아갔는데, 이분이 아는 것이 별로 없거나, 아니면 아는데도 제대로 이야기해주지 않을 때도 있다.

이런 단점과 위험성이 있긴 하지만, 그럼에도 제대로 하는 벤치마킹은 이 정도 수고와 노력은 들어가야 한다는 것이 나의 믿음이다. 그래야 그 회사에 어떤 제도가 있고, 그 제도가 정말 현실에서 잘 돌아가고 있는지, 구성원들의 반응은 어떤지, 운영 중에 문제는 없는지 등을 확인할 수 있기 때문이다.

| 방법 3. 컨설팅 社 또는 리서치 회사의 보고서 및 데이터 구입

컨설팅 또는 리서치 회사는 이런저런 프로젝트 중에 취득한 정보가 많이 있다. 또한, 아예 패널 서베이 같은 형태로 조사를 해서 정리해둔 자료도 있다. 이런 자료나 데이터를 구입해서 벤치마킹을 할 수 있다. 가장 대표적인 예가 시장임금조사 데이터이다. 글로벌 회사의 한국 지사는 이 데이터가 있어야 다음 해 기본급 인상률을 정할 수 있기 때문에 정기적으로 구매한다.

이 자료로 벤치마킹하는 것은 비용이 많이 들기는 하지만, 돈만 내면 되는 일이기 때문에 간편할 뿐만 아니라 나름대로 공신력 있는 정보라는 장점이 있다. 그러나, 이 자료/데이터에도 결함이 있을 수 있다는 것은 알아야 한다. 위에서 말한 단점과 위험성도 이 자료에 그대로 존재한다. 예를 들어, 해외 유명기업의 인사제도를 잘 정리해놓은 벤치마킹 보고서가 있다고 칩시다. 해당 컨설팅사의 컨설턴트가 그 기업들에 직접 방문하거나 그 회사에 근무하는 지인을 통해 정보를 얻어서 정리한 결과물일까? 물론 그럴 수도 있지만, 대부분은 자료 조사 결과를 정리한 것일 것이다. 그러면 귀사에서 직접 조사하는 것과 뭐가 다를까? 시간을 절약할 수 있고, 좀 세련되게 문서 정리를 한 정도 아닌가?

또 한 가지는, 컨설팅 회사의 자료가 언제 작성되었는지 시점을 확인해야 한다. 얼마 전 지인이 모 컨설팅 회사로부터 어떤 자료를 구매했는데, 거기 담긴 정보를 보니 최소 3년에서 최대 10년 전 정보였다. 그것을 보고 얼마나 화가 났는지 모른다. 자료에 담긴 정보의 출처와 연도/시점을 꼭 확인해야 사기당하는 일이 없다. 더 좋은 것은 그 정보가 어떻게 수집, 가공, 분석됐는지까지 모두 아는 것인데, 사실 이것을 알려주는 컨설팅 회사는 없을 것이다. 알려주더라도 피상적인 내용만 알려준다.

벤치마킹 잘하는 Tip

| 벤치마킹 대상 회사와 주제의 선정에 신중하라

우리 회사에 벤치마킹을 의뢰하는 고객 중에 다다익선(多多益善)을 요구하는 경우가 있다. 이러면 나는 의뢰를 거절한다. 이러면 끝도 없기 때문이다. 벤치마킹을 잘하려면, 어떤 회사의 어떤 점에 대해 벤치마킹해야 하는지가 명확해야 한다. 어쩌면 그 범위가 좁고 적을수록 더 좋은 결과물이 나올 수도 있다. 예를 들어, "국내 10대 기업의 인사제도 전반에 관해 조사해주세요"와 "동종업계 회사 중 상위 3개 사의 평가제도를 조사해주세요"는 완전히 다른 이야기이다. 벤치마킹 대상 회사를 선정할 때는 'ㅇㅇ 그룹'처럼 범위를 넓게 잡아서는 안 된다. 요즘에는 동일 그룹 내 계열사마다 인사제도가 다 다르므로, 90년대처럼 'ㅇㅇ 그룹 전체의 인사제도' 같은 것은 거의 없다.

한발 더 나아가 주장하고 싶은 것은, 꼭 동종/유사 업계만 벤치마킹하는 것이 맞는지 생각해보라는 것이다. 내 경험상 동종/유사 업계의 HR은 비슷한 경우가 많다. 그 산업의 특성상 자연적으로 그렇게 닮아간 것도 있지만, 서로서로 주기적으로 모방하다 보니 비슷해지기도 한다. Excel로 비유하자면 순환 참조의 오류에 빠진 셈이다. 우리 산업과 다른 아예 이종(異種)의 산업에 있는 회사를 벤치마킹하는 것도 생각해봐라. 정말 창의적이고 혁신적인 아이디어를 얻기 위해 하는 벤치마킹이라면 말이다. 현대카드가 제품과 디자인을 개발할 때 의도적으로 금융회사를 벤치마킹 대상에서 모두 제외한 것은 유명한 일화이다. 현대카드는 미술관, 자동차 회사, 잡지사 등 새로운 마케팅으로 주목받는 완전히 다른 산업의 회사만 벤치마킹해서 독특함을 만들어냈다.

| SNS를 활용해서 조사 대상자를 구해봐라

벤치마킹 주제 및 내용상 꼭 발로 뛰는 조사를 해야 하는데, 그 회사나 업계에 아는 사람이 없다면 소셜네트워크서비스(SNS)를 활용하라. 효과를 장담할 수는 없지만, 우리 회사는 이 방법을 꽤 잘 쓰고 있다. 링크드인(Linked In)을 보면 자신의 근무 경력이나 현재 재직 중인 회사와 부서를 적어놓은 분이 많다. 벤치마킹하고 싶은 회사에 현재 재직 중인 분이나 최근에 퇴사한 분에게 DM을 보내봐라. 20~30% 정도의 확률로 회신이 온다.

이들에게 무턱대고 DM을 날리면 욕먹고 차단당할 테니, 반드시 자신의 소속과 이름을 밝히고 인터뷰하고 싶은 주제와 목적을 밝혀라. 간단한 질문지를 작성해서 함께 보내는 것도 좋다. 운이 좋아서 정말 마음씨 좋은 인터뷰 대상자를 만난다면, 그분이 또 다른 대상자를 소개해줄 수도 있다. 이를 질적연구방법에서는 스노볼링(Snowballing)이라고 하는데, 처음에 눈을 단단하게 뭉쳐서 몇 번만 굴리면 금방 커지듯이, 인터뷰 대상자도 그들의 네트워크를 이용해서 넓혀갈 수 있다.

최근에는 전문가 네트워크 서비스를 제공하는 회사도 있다. 이 회사는 수만 명의 각 분야 전문가를 확보하고 있으며, 업무를 의뢰하는 고객의 요구에 따라 이 회원들과 연결해주는 서비스를 제공한다. 시간이 없다면 이러한 전문업체에 돈을 내고 네트워크를 구매하는 것도 효율적일 수 있다. 다만, 이 서비스에 너무 과하게 의지해서는 안 된다. 진정한 고수는 이런 곳에 본인을 오픈하지 않았을 가능성이 크기 때문이다.

| 화상회의를 잘 활용하라

예전 같으면 인터뷰를 해주는 것에 대한 고마움에서라도 직접 찾아

가서 만나는 것이 예의였지만, 요즘은 그렇지 않다. 팬데믹으로 비대면이 익숙해지기도 했고, 인터뷰 대상자 입장에서도 너무 시간을 많이 뺏기는 것을 선호하지 않는다. 그래서 화상회의 서비스를 이용해서 만나는 것을 더 선호하기도 한다. 게다가 이 화상회의를 잘 활용하면, 해외 기업에 근무하는 한국인 직원 또는 현지 직원과도 인터뷰를 할 수 있다. 벤치마킹이 엄청나게 풍부해질 수 있다. 팬데믹 덕분에 화상회의 시스템에 대중화되어 국경이 없어졌으며, 심리적 거부감도 줄어들었다.

물론, 좀 비밀스러운 정보를 얻어야 하거나 앞으로 장기적으로 좋은 네트워크로 여러 번 연락할 계획이라면, 직접 만나서 식사라도 하면서 인터뷰를 하는 것이 좋다. 이때는 작은 선물이라도 준비할 것을 권장한다.

| 실패 사례도 찾아라

무조건 좋고 밝은 것만 찾는 것이 벤치마킹이 아니다. 반면교사(反面教師), 타산지석(他山之石) 삼을 수 있는 사례를 찾아서 자세히 조사하는 것이 중요하다. 물론, 인사담당자 입장에서는 본인이 주장하고 싶은 바나 방향이 있을 테니, 잘되고 있는 우수 사례만 찾아서 보고하고 싶을 것이다. 하지만, 세상의 모든 일은 균형이 중요하다.

실패 또는 문제사례를 찾는 것이 성공사례보다 몇 배 더 어렵다. 각 사는 좋은 면만 보여주고 싶어 하지, 잘 안됐거나 지금 문제를 일으키는 부분을 외부에 노출하기를 꺼리기 때문이다. 그럼에도 이런 실패 사례를 벤치마킹해야 우리가 앞으로 만들 제도 및 운영에서 리스크를 예측할 수 있고, 그것을 보완한 새로운 것을 만들어내거나 아니면 아예 새로운 시도 자체를 포기하는 결정을 할 수 있다.

| 모든 것은 기브 앤 테이크

벤치마킹에 도움을 준 분들에게 꼭 사례(謝禮)를 하라. 여기서 말하는 사례는 꼭 돈, 상품권 같은 물질적인 것을 의미하지 않다. 나는 벤치마킹에 적극적으로 참여하고 좋은 정보를 제공한 분들에게는 꼭 완성된 벤치마킹 보고서를 공유하려 한다. 물론, 발주한 고객사의 중요한 정보는 제외한 채 공유 가능한 정보로만 재가공한 버전을 제공한다.

벤치마킹에 참여한 분도 한 회사의 직원이고, 그 역시 언젠가 타사의 정보가 필요할 것이다. 따라서, 그분에게 잘 정리된 보고서를 주고 미래에 요긴하게 잘 사용하도록 하는 것이 더 큰 사례일 수 있다. 세상에 공짜 점심은 없다. 이 점을 깨닫지 못하고 항상 정보, 데이터, 인터뷰를 구걸만 하고 다니면 금방 정보원들이 떨어져 나갈 것이다.

글을 마치며

이 글의 서두에서도 언급했지만, 벤치마킹은 기업경영에서 중요한 기법이다. 그러나 그것이 복제나 모방의 동의어가 되는 것은 안타깝다. "삼성이 이렇게 한다고 하니 우리도 이렇게 하자"는 이제 유효하지 않다. 지금은 다양성의 시대이다. 회사마다 산업, 역사, 조직문화, 구성원이 다 다른데, 어떻게 어떤 특정 회사가 롤모델이 될 수 있겠는가? 각 사의 HR과 인사담당자가 주체적이고 창의적이길 바란다. 우리만의 것을 만들고 가꾸는 데 집착하길 바란다. 그러므로, 벤치마킹은 벤치마킹이고, 남의 회사 이야기는 참고자료일 뿐이라는 생각으로, 이를 뛰어넘는 우리 회사만의 무엇인가를 만들기 위해 벤치마킹을 하길 바란다.

마지막으로 꼭 하고 싶은 말이 있다. 혹시 이 글을 읽는 분 중에 CHRO 또는 HR 담당 임원이 계신다면, 후배 인사담당자에게 벤치마킹을 지시할 때 제발 충분한 시간을 줘라. "위에서 급하게 찾으니 어쩔 수 없다. 빨리 검색하거나 지금 가진 정보 위주로 내일까지 정리해달라"는 말을 너무 자주 하지 말아라. 그러면 인사담당자는 인터넷 검색, 즉 Googling 능력만 발전할 것이다. 새로운 정보를 찾아 외부 전문가를 수소문해서 찾아가 만날 생각은 꿈에도 하지 못하는, 늘 자기 자리에 붙박여 있는 식물 같은 인사담당자만 잔뜩 키워낼 생각은 아니지 않은가? 새로운 사람을 찾고 만나서 대화를 나누며 그 결과를 정리하는 과정 자체가 인사담당자에게 좋은 훈련이고 성장의 기회이다.

Dreaming of a new HR

좋은 컨설팅 팀을 고르는 법

팬데믹으로 인해 일하는 방식과 조직문화가 많이 바뀌었다. 지난 수년간 정부와 기업이 아무리 노력해도 더디게 바뀌던 것을 코로나19가 1년 만에 해냈다는 웃픈 이야기도 있다. 그 때문인지 HR 컨설팅 수요도 폭발한 느낌이다.

벌써 20년 전이라서 비교하는 것조차 어색하지만, IMF 시절의 호황과 지금의 호황은 몇 가지 점에서 차이가 있다. 과거 HR 컨설팅이 호황이었을 때는 프로젝트 주제가 한두 가지로 정해져 있었다. 대표적인 것이 '직무성과주의 인사제도 설계'였다. 좀 더 정확하게 말하면, 호봉제를 연봉제로 전환하는 것이었다. 이 시절에 했던 거의 모든 프로젝트명이 신기할 정도로 똑같다. 그런데, 최근에는 고객사가 컨설팅 社에 요청하는 주제가 매우 다양해졌다. 전통적인 인사제도 설계 컨설팅 외에도, 조직진단 및 역량진단 같은 진단 수요도 많고, 인사정보시스템(HRIS) 설계와 구축 프로젝트도 많아졌다. 여기에 더해, 여러 회사에서 노사 간에 임금인상 및 성과급 논란이 있어서 그런지, 시장임금조사를 포함한 보상제도 개편 프로젝트도 많이 요청한다.

이렇게 HR 컨설팅 주제와 서비스 주체가 다양해지는 것은 바람직하다. 전통적인 컨설팅의 영역은 약간 진부하기도 하고, 두꺼운 보고서 외에 고객사에 어떤 가치를 제공하는지 늘 고민하게 만드는 면이 있다. 이제 기업들도 컨설팅 회사를 어떻게 써야 하는지, 그들에게 어떤 서비스를 요청할 수 있는지, 또 그 서비스를 어떤 방식(예: 프로젝트, 자문, 자료 제공)으로 받는 것이 효과적인지 점점 잘 이해하게 된 것 같다.

좋은 컨설팅 회사 및 팀을 고르는 법

PM이 중요합니다. 회사보다는 PM을 잘 선택하십시오

컨설팅 회사의 브랜드가 중요한 프로젝트가 있다. 똑같은 옷이라도 명품 브랜드의 라벨이 있으면 더 있어 보이듯이, 컨설팅도 비슷한 경우가 있다. 예를 들어, 직원들의 반대를 무릅쓰고 인사제도에 큰 변화를 추진해야 할 때를 가정해보자. 이 상황이라면 "기왕이면 다홍치마"라고 직원들도 다 알 만한 유명 컨설팅 회사가 이렇게 권고했다고 주장하는 편이 낫다. 브랜드라고 하는 권위가 주는 힘이 분명히 있다. 그런데, 모든 프로젝트가 이렇게 브랜드가 필요하진 않다. 실체가 아주 뚜렷한 결과물 또는 서비스가 필요하거나, 큰 변화보다는 소소한 변경에 해당하는 프로젝트가 이에 해당한다. 이때는 회사보다는 PM(Project

Manager)을 잘 선택하라. 컨설팅 프로젝트의 결과물은 PM의 능력과 경험에 의해 좌우된다. 나는 극단적으로 제안 프레젠테이션은 제안 내용의 품질을 판단하기 위해서가 아니라, PM에 대한 면접 시간이어야 한다고 생각할 정도이다. 좋은 PM을 고르기 위해서 노력을 아끼지 마라. 공식적인 제안 프레젠테이션 외에 별도의 1:1 인터뷰나 과거 고객사에 평판 조회(레퍼런스 체크)를 해보는 것도 좋다. 짧게는 몇 개월, 길게는 몇 년을 함께 일할 직원을 뽑는다는 진지한 태도로 접근하면 된다.

| **팀원의 조합과 구성을 잘 보십시오**

컨설팅 품질을 좌우하는 것이 PM이긴 하지만, 함께 일하는 팀원도 중요하다. 각자의 능력과 경력도 중요하겠지만, 나는 그 조합과 구성을 더 잘 살펴보라고 조언한다. 요즘 컨설팅 회사는 대부분 허리층이 얇다. 즉, 경력 5~10년 정도 되는, 대기업으로 말하면 한창 실무에 물이 오른 대리~과장급이 부족하다는 뜻이다. 그래서 다수의 HR 컨설팅 회사들이 프로젝트팀을 구성할 때, PM 한 명에 경력 5년 미만의 주니어 몇 명으로 조합한다. 이러한 초급 주니어들은 (능력이 출중한 소수를 제외하면) 자료 검색과 보고서 작성 같은 단순 업무 외에는 기여할 것이 없다. 따라서, PM을 제외하고 그 팀에서 차선임자가 누구인지, 그 사람이 얼마나 경험을 갖췄는지 파악하라. 그리고 전체적으로 컨설팅 팀의 인력구조가 연령, 경력, 직급에 따라 적절한 균형을 갖췄는지 살펴볼 것을 권장한다.

만약 확인할 방법이 조금이라도 있다면, 제안받은 컨설팅 팀 구성원 간에 팀워크를 확인해라. 큰 컨설팅 회사, 소위 빅펌(Big Firm)의 경우에는 같은 회사 소속이긴 해도 얼굴을 처음 본 사이인 경우도 허다하다.

꼭 서로 친해야만 좋은 성과를 내는 것은 아니지만, 보통 프로젝트가 2~4개월로 짧게 진행되기 때문에, 팀워크가 좋고 이미 오랫동안 합을 맞춰온 팀이라면 시행착오를 줄일 수 있다.

동종업계 경험이 중요한 프로젝트와
그렇지 않은 프로젝트를 잘 구분하십시오

동종/유사 업계 경험이 있는 프로젝트팀을 과하게 찾는 고객사가 가끔 있다. 그런데, 어떤 프로젝트는 그런 경험이 꼭 필요할 때가 있고, 반대로 전혀 그렇지 않은 경우가 있다. 이러한 차이를 무시하고 무조건 "저희 산업을 잘 아세요?"라고 묻고 그것만으로 결정하는 것은 합리적이지 않다. 사업 전략을 짜는 전략 컨설팅이라면 당연히 동종/유사 업계가 중요하다. 그 산업의 흐름, 경쟁 구도, 관련 법규를 잘 알아야 하니까 말이다. 그러나 대체로 HR 컨설팅은 산업에 대한 이해가 크게 중요하지는 않다. 오히려 고객사의 역사, 조직구조, 지배구조, 인사제도 변화 추이, 현재 이슈 등을 빠르게 살 파악하는 학습 능력이 더 중요하다.

물론, 예외도 있긴 하다. 시장임금조사 또는 벤치마킹 프로젝트는 동종/유사 업계 경험과 네트워크가 중요하다. 다만, 이때도 꼭 한 가지 주의해야 하는 것이 있다. 벤치마킹은 대부분 상호호혜성의 원칙에 의해 이루어진다. 쉽게 말하면, 기브 앤 테이크이다. A라는 고객사가 B라는 경쟁사의 정보를 얻을 때는 반대로 B에 A사의 정보를 일부 공유할 수밖에 없다. 일방적으로 정보를 얻기만 하는 벤치마킹 프로젝트는 많지 않다.

다양한 서비스가 가능한지 확인하십시오

컨설팅 회사와 딱 한 번만 일하고 끝낼 계획이라면 이는 의미가 없을 것이다. 하지만, 앞으로도 여러 주제로 협업할 가능성을 열어놓겠다면, 컨설팅 회사가 어떤 서비스를 제공하는지 전체를 파악하라. 요즘에는 인사제도 설계만 하는 컨설팅 회사는 별로 없다. 대부분이 상시 자문, 심리검사, 코칭, 인사정보시스템(HRIS), 노무 컨설팅, HR 빅데이터 분석, 교육 등의 부가적인 서비스를 제공한다. 그러므로 그 회사가 제공하는 전체 서비스의 종류와 품질을 아는 것이 필요하다. 이번에 협업하는 프로젝트가 종료된 이후에 또 어떤 업무로 협업할 가능성이 있는지까지 한번 생각해봐라.

또 한 가지는, 서비스를 제공하는 방식에서 유연성이 있는지도 확인하라. 예를 들어, 제도 설계 프로젝트가 끝난 후 정해진 기간 동안 수시 자문 또는 실행지원이 가능한지, 아니면 아예 현업 인사팀이 바쁜 연말에 한 달이라도 상주하면서 인건비 시뮬레이션 같은 것을 도와줄 수 있는지 물어봐라. 이는 컨설팅 회사마다 전략과 정책이 달라서 뭐가 꼭 좋고 나쁘다고 말하긴 어렵지만, 고객사의 입장에서는 유연하게 고객의 요구에 응대할 수 있는 곳을 선택하는 것이 현명하지 않을까?

| 컨설팅 비용을 현명하게 쓰십시오

가장 예민한 돈에 관련한 부분이다. 내가 함부로 "이 정도가 적정가이다"라고 말할 수는 없다. 다만, 몇 가지 간단한 팁을 말하려 한다. 첫째, 컨설팅 비용(용역비)은 계절적 요인에 영향을 받는다. 컨설턴트끼리는 농담 비슷하게 "HR 컨설팅이 농사와 비슷한 사이클을 갖고 있다"라고 말한다. 즉, 봄과 가을이 성수기이다. 반대로, 겨울이 비수기이고, 그다음으로 (하계휴가가 있는) 여름이 좀 뜸하다. 수요와 공급의 법칙에 따라 용역비도 탄력적으로 움직인다. 따라서 꼭 특정 시기에 수행해야 하

는 급한 프로젝트가 아니라면, 겨울에 발주하면 비용을 조금이라도 절약할 수 있을 것이다.

둘째, 컨설팅 팀의 상주(On-site)를 너무 고집하지 마라. 외국에는 컨설팅 팀이 고객사의 사무실에 매일 출근해서 밤늦게까지 일하는 문화가 거의 없다고 한다. 우리나라 기업들은 돈을 더 주더라도 컨설팅 팀이 바로 곁에 있길 바라는 경향이 있다. 그래서 컨설팅 회사들도 이 점을 이용해서 상주 프로젝트에는 프리미엄을 얹는다. 한마디로 "우리 직원들이 너희 회사에 올인하니까 그만큼 보상해라"라는 것이다. 그러나 컨설팅 회사와 PM이 믿을 만하다는 전제하에서는 꼭 상주를 고집하지 마라. 비상주(Off-site) 방식으로 일해도 충분히 좋은 결과물을 낼 수 있다.

셋째, 고객사마다 사정이 달라서 일률적으로 말하기는 어렵지만, 경쟁입찰보다는 수의계약을 고려해봐라. 보통, 경쟁입찰을 하면 경쟁 때문에 용역비가 내려가리라 생각하는데 이게 절반은 맞고 절반은 틀리다. 절반이 틀린 이유는, 경쟁입찰에 들어가는 시간과 노력을 제안 가격에 너하기 때문이다. 컨설팅 회사 입장에서 제안서 작성 및 관련 서류 준비는 일종의 그림자 노동이다. 즉, 고객사에 용역비를 청구하지는 못하는데 상당한 공수가 들어가는 작업이다. 수의계약이 가능한 상황이라면, 미리 점찍어둔 우수한 컨설팅 회사에 "제안 작업에 들어가는 공수를 절약해줄 테니, 용역비에 그 점을 반영해달라"라고 잘 협상해보는 편이 낫다.

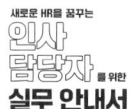

새로운 HR을 꿈꾸는
**인사
담당자**를 위한
실무 안내서

초판 1쇄 발행 2023. 12. 5.
   2쇄 발행 2024. 4. 8.

지은이 김재순
펴낸이 김병호
펴낸곳 주식회사 바른북스

편집진행 김재영
디자인 김민지

등록 2019년 4월 3일 제2019-000040호
주소 서울시 성동구 연무장5길 9-16, 301호 (성수동2가, 블루스톤타워)
대표전화 070-7857-9719 | **경영지원** 02-3409-9719 | **팩스** 070-7610-9820

•바른북스는 여러분의 다양한 아이디어와 원고 투고를 설레는 마음으로 기다리고 있습니다.

이메일 barunbooks21@naver.com | **원고투고** barunbooks21@naver.com
홈페이지 www.barunbooks.com | **공식 블로그** blog.naver.com/barunbooks7
공식 포스트 post.naver.com/barunbooks7 | **페이스북** facebook.com/barunbooks7

ⓒ 김재순, 2024
ISBN 979-11-93341-48-3 03320

•파본이나 잘못된 책은 구입하신 곳에서 교환해드립니다.
•이 책은 저작권법에 따라 보호를 받는 저작물이므로 무단전재 및 복제를 금지하며,
이 책 내용의 전부 및 일부를 이용하려면 반드시 저작권자와 도서출판 바른북스의 서면동의를 받아야 합니다.